AF372049

CINTHIA MARCELLE

UNA CONJUNCIÓN DE FACTORES
A CONJUNCTION OF FACTORS

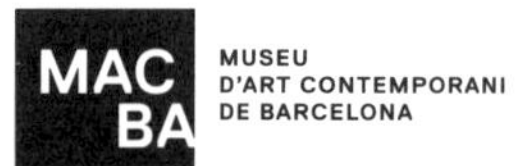

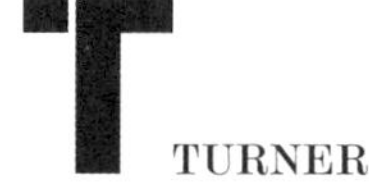

CONTENIDO | CONTENTS

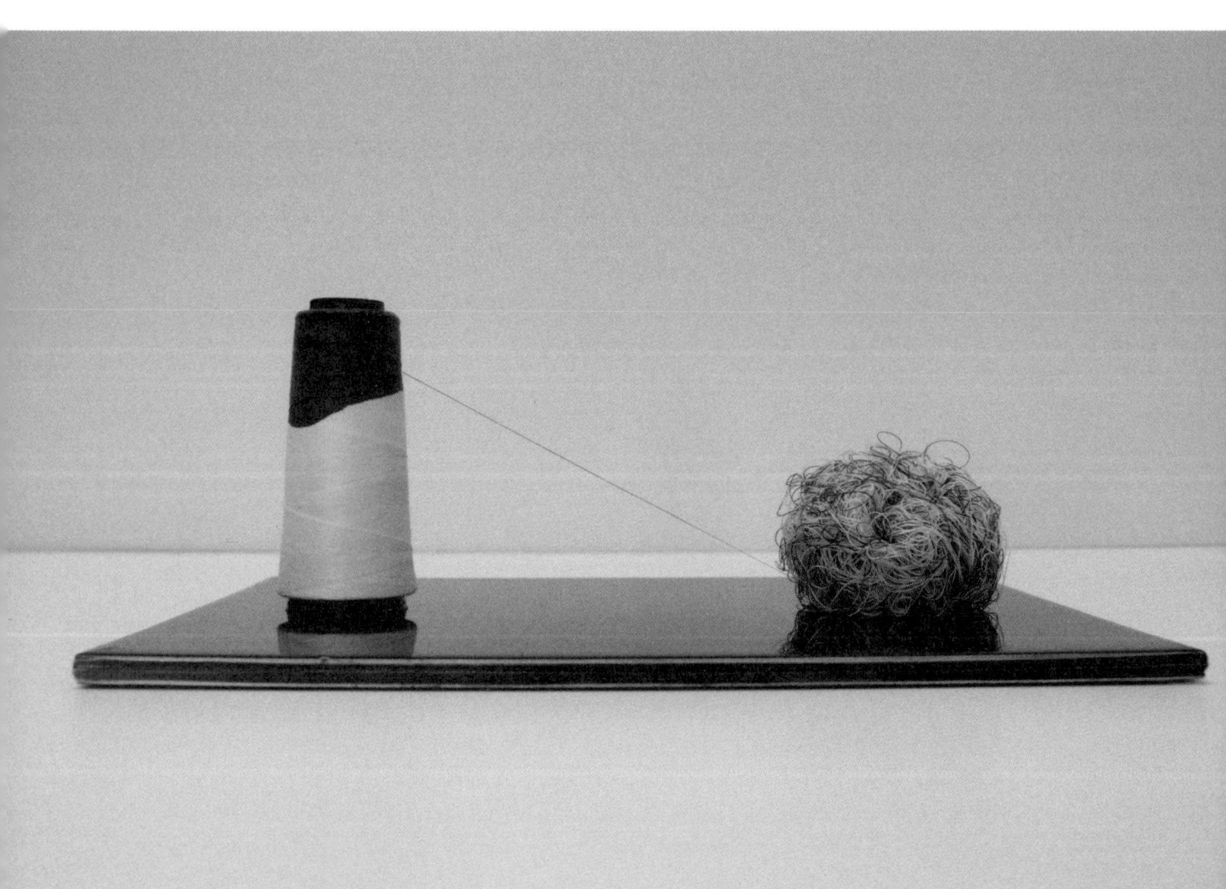

PARA EMPEZAR, UNAS NOTAS

¿Qué oportunidades nos ofrece el arte para apropiarnos de ciertas narrativas, para introducir en la historia a ciertos sujetos silenciados? ¿De qué instrumentos disponemos para esa reinvención del relato, para satisfacer ese deseo de participación? Y, una vez recurrimos a esas herramientas, ¿qué espacios comunes se generan, qué experiencias colectivas emergen, qué gestos instituyentes forjamos?

Estas preguntas parecen estar en el foco del imaginario sociopolítico que nutre la obra de la artista Cinthia Marcelle, para quien la autoría es una forma de reflexión colectiva que reformula las gramáticas canonizadas de la historia y sus dispositivos de representación. El museo, aparato clave de estas relaciones de poder –y al que la artista dirige parte de su crítica–, es también un espacio de transformación en el que la agencia colectiva por la que aboga Marcelle tiene un momento germinal.

En la obra de Marcelle lo habitual desbanca lo espectacular, erigiendo plataformas de resignificación para las historias cotidianas y sus agentes. Así, en *Una conjunción de factores* –proyecto específico para el MACBA que es también su primera retrospectiva europea– nos ofrece varios escenarios con los que interrogar el contexto en el que el museo opera para expandir su marco de representación, y hacer nuestras parte de las cuestiones que lo abordan, al crear ese espacio de producción social a través del arte. Ejemplo de ello son obras como *No ar*, proyecto participativo que aúna las salas del museo y la esfera pública a través de internet, y mediante el que gran parte del público tendrá acceso –quizá por primera vez– a la obra de teóricos radicales del pensamiento descolonial, como Abdias do Nascimento y Aimé Césaire. Do Nascimiento, dramaturgo brasileño y fundador del Teatro Experimental do Negro (TEN), y Césaire, poeta de Martinica, político y fundador, junto a Léon-Gontran Damas y Léopold Sédar Senghor, de la revista *L'Étudiant noir* y del movimiento de la Négritude, devienen aquí una suerte de principio generador, un medio para la aprehensión y la apropiación, en una aparente oda al desorden.

Este ejercicio de alteración de jerarquías anquilosadas –autor *versus* lector–, en el que intuimos una referencia a la estética del caos-mundo del poeta y teórico Édouard Glissant, es para Marcelle, y por ende para el MACBA, una propuesta de experimentación del desorden en cuanto que característica positiva y emancipadora, una tentativa de arraigo en medio de la transformación permanente, con la que reivindicar una poética de la relación que no está basada en normas, objetivos, ni métodos, sino que se perfila abierta, latente, multilingüe y en contacto con todo lo posible.

Quisiera dar las gracias a la artista Cinthia Marcelle y a la comisaria Isobel Whitelegg por su diálogo firme y constante, su dedicación y compromiso con un proyecto que la pandemia de covid-19 nos obligó a posponer. A Tanya Barson, por pensar que ese diálogo sería oportuno para el MACBA, y a Berta Cervantes, que tomó su relevo y ha comandado la iniciativa a través de los notables cambios que han afectado a la institución. A Hiuwai Chu y Anna Borrell, por acompañar en este camino, y a todos nuestros compañeros y compañeras de producción, administración, conservación preventiva, comunicación y publicaciones –amén de muchos otros profesionales encargados de la limpieza, seguridad y recepción del público, en ocasiones invisibilizados en nuestros propios créditos técnicos, y que cuyo trabajo Marcelle reformula en un gesto poético–, sin los que abrir el museo cada mañana y recibir a nuestros visitantes sería, quizá no imposible, pero sí muchísimo más complejo.

Elvira Dyangani Ose, directora del MACBA

A FEW NOTES TO BEGIN WITH

What opportunities does art afford us for appropriating certain histories, for introducing certain silenced subjects into the story? What instruments are available to us for this reinvention of the narrative, to satisfy this desire to participate? And when we use these tools, what collective spaces are generated, what communal experiences emerge, what instituting gestures do we forge?

These questions seem to be in the centre of the socio-political imaginary that underpins the work of the artist Cinthia Marcelle, for whom authorship is a form of collective reflection that reformulates the hallowed grammars of history and their representational devices. The museum – a key apparatus in these relations of power, and at which the artist aims part of her critique – is also a space of transformation in which the collective agency that Marcelle advocates has a germinal moment.

In Marcelle's work, the ordinary subverts the spectacular, erecting platforms of resignification for everyday stories and their agents. Thus, in *A Conjunction of Factors* – her specific project for the MACBA that is also her first survey exhibition in Europe – she offers us various scenarios with which to interrogate the context in which the museum operates to expand its frame of representation, and for us to espouse some of the questions that address it, by creating that space of social production through art. This is exemplified by works like *No Ar*, a participative project that links the museum's rooms and the public sphere via the internet and through which a large part of the public will have access – perhaps for the first time – to the work of radical theorists of decolonial thinking, such as Abdias do Nascimento and Aimé Césaire. Do Nascimento, a Brazilian playwright and the founder of the Teatro Experimental do Negro (TEN), and Césaire, a poet and politician from Martinique who, together with Léon-Gontran Damas and Léopold Sédar Senghor, founded *L'Étudiant noir* magazine and the Négritude movement, become a kind of generative principle here, a means of apprehending and appropriating, in an apparent ode to disorder.

This exercise in altering overstated hierarchies – author versus reader – in which we intuit a reference to the Chaos-world aesthetics of the poet and theorist Édouard Glissant, is for Marcelle, and hence for MACBA, a proposal to experiment with disorder as a positive and emancipatory principle, an attempt to put down roots in the midst of constant transformation, with which to champion a poetics of relation that is not based on norms, objectives or methods, but is instead open, latent, multilingual in nature and in contact with everything possible.

I would like to thank the artist Cinthia Marcelle and the curator Isobel Whitelegg for their steadfast and constant dialogue, their dedication and commitment to a project that the COVID-19 pandemic forced us to postpone. Tanya Barson for believing that this dialogue would be suitable for the MACBA, and Berta Cervantes, who took over from her and who has steered the initiative through the sweeping changes that have affected the museum. Hiuwai Chu and Anna Borrell for accompanying on this path, and all of our colleagues in production, administration, preventive conservation, communication and publications – and the many other staff responsible for cleaning, security and reception, occasionally ignored in our technical credits and whose work Marcelle reformulates in a poetic gesture and without whom to open the museum and welcome our visitors each day would be perhaps not impossible but certainly much more difficult.

Elvira Dyangani Ose, Director of the MACBA

1. Dirán que se trata de la primera retrospectiva de Cinthia Marcelle, pero no lo es

A família em desordem (La familia en desorden, 2018-) condensa la trayectoria artística de Cinthia Marcelle en una barricada compacta y cuidadosamente dispuesta. Esta barricada, que se replica en dos salas, se levanta a partir de materiales cotidianos que Marcelle, con el tiempo, ha hecho suyos: bobinas de plástico negro, papel kraft y tela; pilas de ladrillos; blocs de notas y listones de madera; carretes de cordón y cuerda; rollos de cinta adhesiva y velcro; sacos de piedras; barriles de tierra; cajas de tizas y granadas de humo.

Si están familiarizados con la obra de Marcelle, es posible que hayan visto ya estos materiales bajo apariencias diversas. Las barritas de tiza, por ejemplo, se usaban en *Educação pela pedra* (Educación por la piedra, 2016), incrustadas en los huecos que dejaba la argamasa entre los ladrillos de muros interiores, y también para escribir aquellas palabras borradas que levantaban montañas de polvo en *Sobre este mesmo mundo* (Sobre este mismo mundo, 2019-). El inventario-barricada de *A família em desordem* no es tan exhaustivo, pero los materiales presentes tienden un sinfín de asociaciones con la obra y con el mundo de Marcelle. Si hojean este catálogo, encontrarán más: rollos de velcro que se mueven y expanden entre las manos de otros; ladrillos que alguien acarrea como una pila de libros, y la tierra, que parece estar en todas partes, adherida a los objetos, saturando las escenas filmadas y fotografiadas.

En Barcelona (2022), como antes en Oxford (2018), São Paulo (2018) y Turín (2020), un grupo de personas ocupará una de las salas replicadas de *A família em desordem*. En ausencia de la artista, y antes de que la exposición se abra al público, harán lo que les plazca con los materiales a su disposición. Hemos dado en llamar a este espacio futuro «la sala del desorden», pero sería más preciso describirlo como un orden de signo distinto: uno que no encontraremos en la propia obra de Marcelle. Los miembros del grupo permiten, rompiendo la barricada, que surja algo nuevo. A medida que deshacen y rehacen en su tarea de instalación, las decisiones que toman y las dinámicas entre ellos transforman una y otra vez el orden de la sala: su desplegar, desenrollar, desembalar, decantar y cualquier otro gesto impredecible que resulte de ello configurarán el resultado.

La investigadora Patricia Mourão, que presenció la primera encarnación de *A família em desordem* en Oxford, define la obra como una retrospectiva: una que impugna esa misma autoridad artística que las muestras retrospectivas contribuyen a consagrar.[1] Estas exposiciones tienden –por lo general, aunque no exclusivamente– a afrontar la tarea de presentar la obra global de determinado artista ateniéndose a su biografía o a su evolución formal y, con ello, confunden la trayectoria artística de este con la vida de la obra. Si la obra de Marcelle ha crecido, sin embargo, no lo ha hecho por progresión sino por adición, sumando densidad por medio de la acumulación de capas interconectadas.

Los motivos se repiten a lo largo de su obra, con diferentes configuraciones. Aparecen gestos similares ejecutados a escalas radicalmente distintas. El acto de desenrollar que, en *Noite* (Noche, 1999), transformaba el algodón de una prieta bobina de hilo en una bola densa y enmarañada, por ejemplo, recuerda a la descomposición y la expansión que intervienen en *A família em desordem*. Los materiales cambian de forma de una instalación a otra, de una fotografía o una imagen en movimiento a otra. Las obras a gran escala se recrean, desligadas de su especificidad a un determinado espacio. Las series no empiezan ni acaban: se repliegan y resurgen, pueden mostrarse juntas o reservarse, como las cartas de una baraja en un juego de asociación. Esta exposición, por ejemplo, reúne la serie de dípticos *Conjunção de fatores* (Conjunción de factores, 2011-) de manera grupal, mientras que en otros contextos la instalación de sus pares individuales llevaba el significado vinculado a un espacio específico en direcciones distintas. *O acumulador* (El acumulador, 2019) aparecía junto a *Não existe mais lugar neste lugar* (No hay más sitio en este sitio, 2019), aquel techo panelado al borde del desplome que Marcelle instaló en el Museum of Modern Art de San Francisco, y *A tempestade* (La tormenta, 2014) acompañaba a *Dust never sleeps* (El polvo nunca duerme, 2014), en la que transformó el Grafisches Kabinett de la Secession de Viena en un espacio aparentemente abandonado y cubierto de hollín.

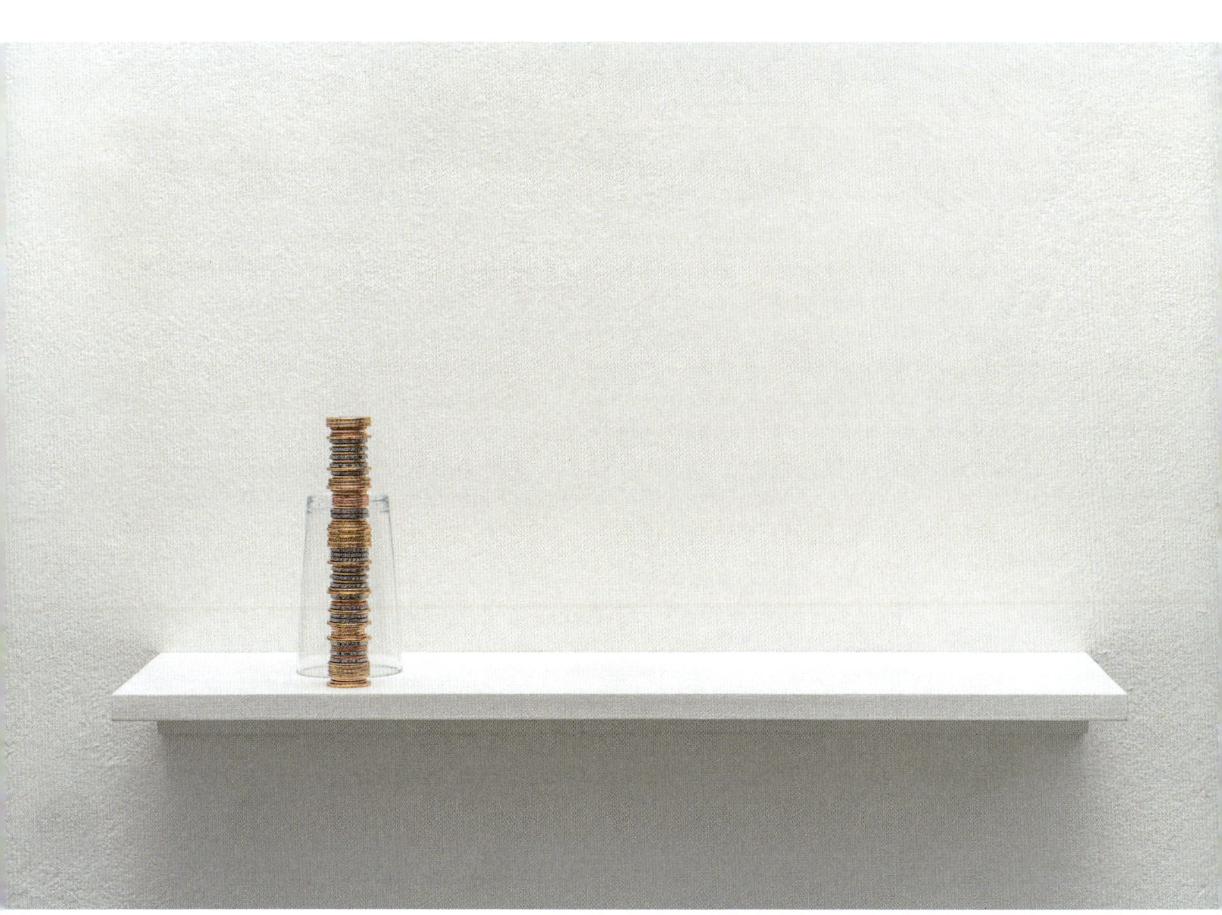

La recurrencia y la repetición que conforman la obra de Marcelle no evocan una imagen recta y lineal del tiempo, sino que nos traen a la mente algo que gira sobre sí mismo, envuelto y embrollado, como esa bola de hilo de *Noite*. El artista y teórico Simon O'Sullivan ha detectado la acción de patrones similares en la obra de otros artistas: de aquellos que también incorporan materiales, espacios, situaciones u objetos encontrados, y cuya práctica se caracteriza de modo similar por la recurrencia de motivos en obras dispares. Para O'Sullivan, la reelaboración de lo que se encuentra en el mundo permite que dicha práctica se refiera a un tiempo a sí misma y a unos registros de significación preexistentes, mientras que la producción de continuidad y conexión permite que el tiempo en sí se convierta en un material. Esta práctica, sostiene, constituye un mundo propio que es también, a su vez, una «ficcionalización» del mundo-tal-como-es.[2]

El mundo que surge de este tipo de obra no es un lugar de fuga o retirada, sino que forma parte indiscutible del mundo-tal-como-es y guarda relación con él. Puede servir, por tanto –como ocurre con la obra de Marcelle–, para poner en tela de juicio lo que aceptamos como nuestra única y cierta realidad y su futuro inevitable. Es una obra global que tiene la posibilidad, en cuanto que mundo propio, de cuestionar los medios de los que disponemos para encontrarle sentido al mundo-tal-como-es, inventar nuevas vías de conocimiento y buscar una imaginación capaz de alterar los patrones y códigos arraigados. Como dice O'Sullivan, es al reimaginar el mundo-tal-como-es cuando el arte da con su propósito y obtiene su poder.

2. Una cosa está clara: no será fácil de comprender[3]

Una conjunción de factores arranca con la serie que ilustra este texto, *Já visto* (Ya visto, 2019-). Compuesta por la aparición reiterada de los mismos tres elementos trazando relaciones sutilmente distintas entre sí, su inclusión –aquí, en estas páginas, y en la exposición– tal vez invite a seguir la lógica asociativa que vertebra la obra de Marcelle. No obstante, *Já visto* puede entenderse también como un homenaje a la experiencia de la que toma su título, esto es, la de estar convencidos de haber visto en una situación exacta algo que sabemos, al mismo tiempo, que no hemos visto. Esta escisión efímera, y por lo general segura, de la percepción habitual se ha mostrado deliciosamente evasiva frente a toda explicación: los científicos han encontrado formas sofisticadas de inducir un *déjà vu*, pero no disponen de ningún argumento satisfactorio sobre sus causas.

La experiencia del *déjà vu* da fe de nuestra capacidad de estar simultáneamente seguros e inseguros de lo que es real, y también ilustra todo aquello que elude una explicación, por lo que ha ejercido una atracción irresistible sobre los filósofos. Para Henri Bergson, que lo llamó «falso reconocimiento», el *déjà vu* es el repunte de una memoria del presente, generalmente suprimida, que se entreteje con cada una de nuestras percepciones. Que este reconocimiento del presente como pasado sea falsa no le resta a la experiencia ni un ápice de intensidad. Lo falso, en este aspecto, saca fuerza de su proximidad a la verdad.

La conjunción de verdad y falsedad, o de realidad y ficción, es característica de alguno de los vídeos que Marcelle ha realizado en colaboración con Tiago Mata Machado. *Nau* (2017), por ejemplo, muestra un plano estático de un tejado en el que las tejas se van retirando progresivamente desde dentro. Emergen varios hombres, uno tras otro, por los huecos que han abierto y se reúnen en la superficie del tejado. Algunos portan antorchas y banderas confeccionadas con camisetas que otros se colocan a modo de pasamontañas. Encienden un fuego, despedazan colchones de espuma, se envuelven en mantas. Las acciones y la vestimenta de los hombres dan a entender que se trata de reclusos organizando una protesta en el tejado. La escena parece de por sí un suceso real y verosímil, y el hecho de que los hombres no sean actores refuerza nuestro falso reconocimiento.

La banda sonora de la obra y su título original *Nau* (traducido al inglés como el homónimo «now»), sin embargo, siembran otras alusiones. Por un lado, mientras la miramos, los ruidos de las tejas al desplazarse y del chisporroteo del fuego se suman a los del mar; por otro, *nau* significa «barco»: más en concreto, aquellos buques grandes y lentos que se usaban tradicionalmente en el comercio colonial. Cuando se mostró por primera vez, como parte de la intervención de Marcelle en el pabellón brasileño de la Bienal de Venecia, *Nau* remitía también a las pateras de inmigrantes, flotando desamparadas frente a las costas del Mediterráneo. Esa superposición de asociaciones, por las que el tejado es también una cubierta y la cárcel la bodega, reformula la escena, que pasa a ser una alegoría cuyas implicaciones oscilan entre el presente y el pasado.

La primera exposición monográfica de Marcelle, en 2005, en la que se mostraban sus trabajos más recientes por aquel entonces –*O Conversador* (El conversador), *Retirantes*, *Cerca miragem* (Valla espejismo), *Pista* y *Confronto* (Confrontación)– como una instalación unificada bajo el título *Viagem solar* (Viaje solar), intensifica este sutil compromiso suyo con lo ficticio. Surge entre las obras reunidas y el texto escrito para acompañarlas un relato inventado que adopta la forma de un diálogo entre un viajero y un caballo sin cabeza.[4] Cuando se encuentran en el camino, el viajero anda desorientado. El paisaje es cambiante, su barco lo ha abandonado, y él se aferra a una certeza en la que ya no confía. La intensidad del viaje parece haberlo saturado hasta bordear el delirio. El lugar del que viene lo retiene, no lo suelta.

Adivinamos, por sus vestigios, que este lugar le ha dejado al viajero los calcetines blancos impregnados de tierra, y el sombrero acribillado de púas (*Retirantes*), que la carretera se ha enrollado sobre sí misma (*Pista*) y que los postes de la valla –arrancados y boca abajo– solo pueden ofrecer ya una ilusión de control (*Cerca miragem*). Podríamos deducir que el viaje tuvo lugar en el estado brasileño de Minas Gerais (Minas Generales), llamado así por los yacimientos de los que extrae todavía su prosperidad. Más en concreto, podría tratarse de la zona de Belo Horizonte, ciudad que fue creciendo en torno a un pueblo fundado por uno de aquellos cazafortunas coloniales conocidos como *bandeirantes* (portaestandartes) hasta convertirse en la tercera metrópolis más grande de Brasil, con islas de bosque antiguo y cercada por ese terreno escarpado y montañoso que le dio el nombre de «bello horizonte».

El resto (como le dice el caballo al viajero) se deja a nuestra imaginación.

La ficcionalización que lleva a cabo Marcelle de este paisaje conocible[5] nos sugiere un viaje no solo a través del espacio sino del tiempo, entre un pasado anterior a la ciudad y un futuro en el que una naturaleza distinta a la humana tal vez lo reclame. Con *Confronto*, sin embargo, se diría que nuestro viajero reaparece. Ha vuelto al mundo-tal-como-es. Se trata de una escena cotidiana: un cruce concurrido en el que un par de malabaristas entretiene con un número de fuego a la hilera de coches que aguarda en el semáforo. Al cambiar la luz, como es habitual, los malabaristas se apartan y los coches desfilan. Cuando se vuelve a poner en rojo, hay cuatro malabaristas; a la siguiente, seis. Se apartan cada vez, pero al poco son ya ocho. Llegados a este punto se hace evidente que algo no cuadra. Los malabaristas, desobedeciendo a la señal, tardan demasiado en retirarse. En cuestión de segundos, el espectáculo se transforma en una barricada.

3. Ya somos siempre más de uno[6]

El relato del regreso de un viajero de una travesía solar a una escena urbana aparentemente normal traslada *Confronto* al ámbito de la ficción, pero la obra tiene cabida también en otros lugares, como parte de la serie titulada *Unus Mundus* (2003-). El título hace referencia al concepto medieval de «un solo mundo»: una realidad primordial, absoluta y unitaria, atemporal y aespacial, que trasciende las divisiones entre la mente y la materia, y que más tarde adoptarían la psicología y la física teórica del siglo XX, de la mano de Carl Jung y Wolfgang Pauli, respectivamente. En la obra de Jung, el *Unus Mundus* sustenta su concepto hipotético de la sincronicidad, que vendría a explicar por qué los sucesos fortuitos sintonizan con nuestros pensamientos, nuestros sueños o sentimientos. En el marco clínico, Jung consideraba que la experiencia de los pacientes con estas coincidencias significativas era una herramienta poderosa, una herramienta capaz de abrir «la brecha deseada en su racionalismo» y romper «el hielo de su resistencia intelectual».[7]

El suceso en el que ocho malabaristas ocupaban el mismo paso de cebra no se produjo como la manifestación de un orden oculto que une el universo. El *Unus Mundus* de Marcelle juega más bien con el efecto de la coincidencia, recopilando lo que acostumbra a estar apartado y desperdigado y reformulando la sincronicidad como una concentración orquestada de elementos tan omnipresentes que rozan lo invisible. En un momento dado, fácilmente podría haber más de ocho personas entreteniendo al tráfico de cualquier gran ciudad brasileña; es por efecto de condensar estas acciones dispersas en un único espacio por lo que pasamos a notar y percibir su presencia colectiva.

El escenario dinámico en el que se desarrolla *Confronto*, como un suceso orquestado inmerso en el flujo de tráfico, permite también una inversión de poder mediante la que los malabaristas rompen su tácito contrato social y generan una forma de acción colectiva sin precedentes. Es una obra que se sitúa a caballo del mundo ficcionalizado y el mundo-tal-como-es, estableciendo relaciones reales con y entre los que actúan como malabaristas y entre estos y los conductores y transeúntes, que forman también parte de la escena. Las obras fotográficas y videográficas de Marcelle en solitario, así como las colaboraciones con Mata Machado, se asientan en un proceso de implicación del otro que, aunque no es explícito, sí resulta evidente en la obra final. En una entrevista en 2017, los dos artistas describen una técnica similar a la del teatro improvisado: ellos disponen un «escenario» y ciertas acciones y motivaciones preestablecidas, pero deben convencer también a los no actores de la fuerza de los gestos que se les pide realizar.

El uso característico de planos estáticos –que encontramos tanto en *Confronto* como en *Leitmotiv* (2011) y en la trilogía formada por *Fonte 193* (Fuente 193, 2007), *475 Volver* (2009) y *Cruzada* (Cruce, 2010)– le otorga al cuadro un aire escénico, que cede la prominencia al marco y al conjunto cambiante que lo ocupa. En *Cruzada*, este efecto se ve reforzado por el uso del color, no solo el de la intersección, arada en la tierra rojiza que recorre la escena y constituye el marco, sino también por los que visten los cuatro grupos de cuatro músicos cada uno. Cuando entran en plano por sus respectivos caminos, cada grupo va vestido de un color distinto y toca una sección instrumental concreta del «Avante, camarada!». En la intersección, se unen y se mezclan, logrando con ello una interpretación armoniosa antes de separarse de nuevo. Cada grupo, ahora variopinto, se retira por un camino distinto hacia su respectiva esquina de la pantalla. Mientras salen, seguimos oyendo la música, apagándose poco a poco.

La actuación de estos no actores debe ir enfocada a crear una escena tal como la ha imaginado Marcelle. Y, tanto en *Fonte 193* como en *475 Volver*, los que lo hacen lo hacen solos. El conductor del camión de bomberos y el de la excavadora realizan ambos una tarea que les es habitual, pero con otra finalidad. El camión de bomberos ha de trazar un círculo perfecto en la tierra, descargando agua en el centro para formar una fuente invertida. Y la excavadora debe arar en el suelo el símbolo del infinito. La experiencia de esa jornada de trabajo es distinta a la de responder ante una emergencia o contribuir a la construcción. Se asimila al tiempo de una labor creativa, que (aun con todas las exigencias que implica) es más productivo cuando no se lo somete a demandas de productividad.

Las técnicas ensayadísimas que emplea Marcelle para involucrar a otras personas en la producción de sus obras están presentes también en los procesos que sustentan *A família em desordem*, aunque con diferencias notables. Los encargados de reordenar colectivamente la sala reciben ciertas instrucciones básicas, pero la forma preconcebida de Marcelle no les marcará ningún camino. En encarnaciones anteriores, *A família em desordem* ha enrolado a los trabajadores de los centros que la albergaban para desempeñar un nuevo papel. Así, ha forzado un desplazamiento desde las funciones establecidas a una forma de trabajo que va más allá de «la actividad principal». Por tanto, no solo el grupo debe estar convencido del valor del tiempo creativo, sino también la institución que alberga la obra.

4. El escondite

En los vídeos de Marcelle, no se ve a la gente. Las personas se mezclan en una formación colectiva, o no se distinguen de las herramientas de su oficio. En *475 Volver*, vemos el vehículo, pero no al conductor; en *Leitmotiv*, escobas barriendo, pero no a quien las maneja. En la serie *Conjunção de fatores*, nos acercamos a ellas. Las personas que aparecen en ella tienen con Marcelle un grado

SEM TÍTULO (INVERTIDO, ALI BABÁ, LACRAIA), série JÁ VISTO
2019

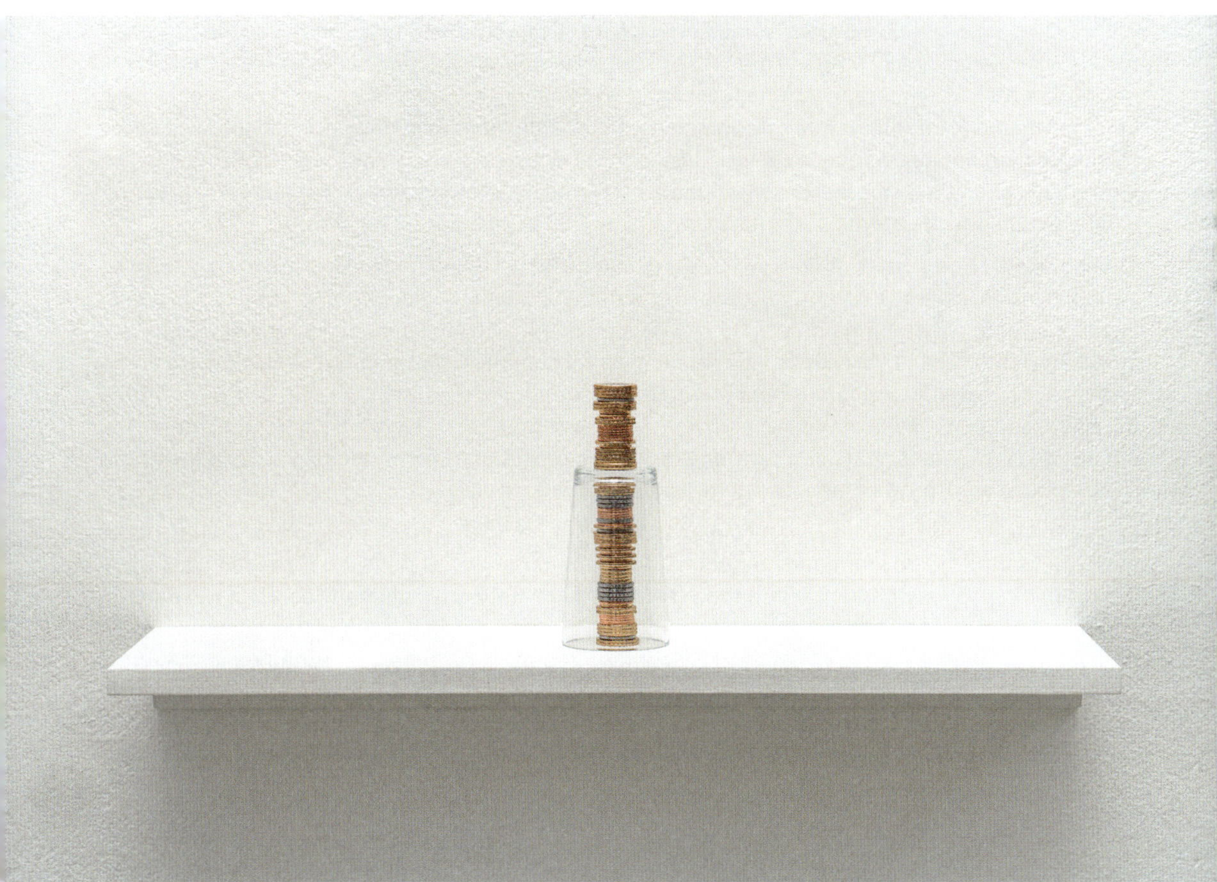

de relación u otro –de un conocimiento superficial a un vínculo familiar– y ella, al igual que en sus vídeos, las invita a interpretar acciones que las involucran a ellas mismas y a todo lo que las envuelve en un escenario particular. El título de cada uno de los dípticos transforma al colaborador de Marcelle en el intérprete de un papel que no es el que desempeña habitualmente, y el salto entre las dos imágenes de cada par aporta cierta apariencia de narrativa, sin brindar ninguna relación explícita entre causa y consecuencia.

En la primera de las dos imágenes que conforman *A tempestade*, por ejemplo, vemos a Bia da Silva vestida de uniforme, de pie en un sótano construido contra un afloramiento rocoso y con una pierna sumergida hasta la rodilla en un cubo de agua que bien podría estar a punto de volcar. En la segunda, ha desaparecido, y solo queda el cubo, tirado en el suelo junto a un charco de agua derramada. Da Silva, que pasa de limpiadora a tormenta, se deshace de un papel para enfundarse en otro, y la frase hecha brasileña «chutar o balde» (pegarle una patada al cubo) insinúa la motivación tras este acto. La expresión puede denotar una furia que se manifiesta como una pérdida de control, pero también una rabia irreprimida que se traduce en un acto de necesaria y catártica liberación: la inminente tormenta que además de doblar los árboles, podrá alimentar la tierra,[8] lanzándolo todo por los aires.

En otra obra de la serie, *Discípulo praticante* (Discípulo practicante, 2011), Marcos Lacerda parece entregarse con una dedicación tan exagerada a la tarea de lijar la pared que llega al punto de desaparecer él mismo: este borrar el límite entre el yo y el entorno evoca un motivo presente en otras obras de Marcelle. En *Gigante detrás* (2006) y *O conversador* (El conversador, 2005) recurre al camuflaje para difuminar el corte entre las figuras y el paisaje que las contiene, anulando así cierta jerarquía entre el fondo y el primer plano y desdibujando la línea que separa lo que es interior y exterior respecto a nosotros mismos.

Los actos de desaparición que emergen del conjunto de la obra de Marcelle incluyen la de su propia subjetividad, que por lo general se presenta solo como una más entre y en relación con otras. Y también muy rara vez la vemos a ella. *Capa morada* (2003), una serie realizada en colaboración con Jean Meeran durante una residencia en Ciudad del Cabo, es una de las excepciones. En ella, Meeran fotografía a Marcelle inmersa en actos de camuflaje. Echando mano de sábanas de colores y prendas de ropa, la vemos tratando de desvanecerse en el fondo de las calles, los muros y los puestos de mercado de la ciudad; no busca hacerse invisible, sino más bien minimizar la diferencia entre el entorno y ella misma, fundirse con él en lugar de resaltar.[9]

Como señala la cineasta Hanna Rose Shell, el camuflaje no es un mero estampado estándar: es también una técnica que se aprende sobre el terreno. En este sentido, es una forma de «subjetividad cultivada»: una «forma de ver, de ser, de moverse y de trabajar en el mundo» significativa y autoconsciente.[10] En el caso de la vida no humana, el camuflaje tampoco ha evolucionado como un simple proceso de copiado (en palabras del autor Theo Reeves-Evison), sino como una forma de invisibilidad que «enmascara el rugido» de un ser que está «luchando por prosperar».[11] El intento de desaparecer traiciona por tanto la dependencia entre interioridad y exterioridad, que queda oculta en el propio territorio, pero expuesta fuera de él.

El camuflaje más efectivo de Marcelle resulta ser su superficie, su piel. Esta, sirviéndole de máscara y de portadora de identidad, le permite desaparecer entre los pasajeros que van camino de los *townships*, los suburbios segregados de la periferia. Tal como afirma Meeran, parecernos a una pared no nos convierte en pared, y parecernos a un grupo de personas no nos convierte en una de ellas, pero, en algunos aspectos, podemos reconocer a Brasil en Sudáfrica y viceversa; por ejemplo –como señala el artista y curador Gabi Ngcobo–, en el papel que desempeñaron ambos en sus respectivos continentes a la hora de sentar un marco para la ideología racista.[12] La combinación de etnia y color es relevante en ambos, pero sus pasados respectivos han generado formas distintas de subjetividad racializada.

La ambigua percepción de la raza que encontramos en Brasil carga con los vestigios tanto de la ideología del *branqueamento* (blanqueamiento) del siglo XIX como de la apropiación, surgida en la década de los treinta, del sujeto de ascendencia mestiza como una identidad nacional generalizada (esto es, culturalmente europea y blanca).[13] Se ha creado un espacio en el que identificar el legado específico indígena, pero el censo de Brasil sigue pidiendo a sus ciudadanos que elijan el color con el que se perciben a sí mismos: *branco*, *preto* –no *negro*–, *pardo* o *amarelho* (blanco, negro, moreno o trigueño). Esta elección de adjetivos, que difieren de los empleados en el día a día, no afirma la vinculación de la mayoría no blanca de la población con ninguna herencia específica, y tampoco con el legado de la migración, la colonización, la esclavitud y el mestizaje forzoso. Tal como la fotografía Meeran, Marcelle pierde su puesto en esta escala de colores, y se sume en una invisibilidad que encubre la autoidentificación.

Isobel Whitelegg es historiadora del arte, comisaria y escritora especializada en el arte brasileño contemporáneo y sus relatos.

1   Patricia Mourão: «O beijo de Judas de Cinthia Marcelle», *ARS*, vol. 16, núm. 33 (agosto de 2018), pp. 43-57.
2   Simon O'Sullivan: «Myth-Science and the Fictioning of Reality», *Paragrana*, vol. 25, núm. 2 (2016), pp. 80-93.
3   Ibíd., p. 82.
4   André Sena: «Temos direito ao vetor. O que tangencia apenas vem», Léo Bahia Arte Contemporânea, Belo Horizonte, 2005.
5   Simon O'Sullivan: «Fictioning the Landscape», *Journal of Aesthetics and Phenomenology*, vol. 5, núm. 1 (2018), pp. 53-65.
6   Simon O'Sullivan: «Myth-Science and the Fictioning of Reality», op. cit., p. 84.
7   Carl Jung: *Synchronicity. An Acausal Connecting Principle*. Princeton: Princeton University Press, 1969, pp. 109-110. Edición en castellano: «Sobre sincronicidad», en *Escritos sobre espiritualidad y transcendencia*. Madrid: Editorial Trotta, 2016.
8   Audre Lorde: «The Uses of Anger: Women Responding to Racism», *Women and Language*, vol. 11 (1), 1987, p. 4. Edición en castellano: «Usos de la ira: las mujeres responden al racismo», *La hermana, la extranjera. Artículos y conferencias*. Madrid: Editorial Horas y Horas, 2003.
9   Hanna Rose Shell: *Hide and Seek: Camouflage, Photography, and the Media of Reconnaissance*. Nueva York: Zone Books, 2012, p. 10.
10   Ibíd., p. 19.
11   Theo Reeves-Evison: «Surface Fictions», en Henriette Gunkel, Ayesha Hameed y Simon O'Sullivan (ed.), *Futures and Fictions*. Londres: Repeater, p. 193.
12   Gabi Ngcobo: «Galinha d'angola: no retreat no surrender no retreat no surrender», en Jochen Volz, Júlia Rebouças y Gabi Ngcobo, *Cinthia Marcelle: Chão de Caça* (cat. exp.). São Paulo: Fundação Bienal de São Paulo, 2017, p. 65.
13   Véase Abdias Nascimento: *O Genocídio do negro brasileiro. Processo de um racismo mascarado*. São Paulo: Perspectiva, 2016 (1977).

1. This exhibition will be claimed as Cinthia Marcelle's first retrospective but it is not

A família em desordem (The Family in Disorder, 2018–) collapses Cinthia Marcelle's work as a whole into a dense, neatly stacked barricade. Duplicated within two rooms, this barricade is built from materials common to the world that have over time also become Marcelle's own: rolls of black plastic sheeting, brown paper and fabric; stacks of bricks, notebooks and wooden battens; reels of shoelace, rope, tape and velcro; bags of stones; barrels of earth; and boxes of chalk sticks and smoke grenades.

If you are familiar with Marcelle's work, you may have seen these materials before in different guises. Sticks of chalk, for example, were stuck into gaps in the grout between interior brick walls to make *Educação pela pedra* (Education by Stone, 2016) and used to write the erased words that produce mountains of dust in *Sobre este mesmo mundo* (This Same World Over, 2009–). *A família em desordem*'s inventory-as-barricade is not exhaustive, but its materials produce multiple associations with her work and the world. If you leaf though the pages of this book you will find more: coils of velcro moving and expanding in the hands of others; bricks carried like a stack of books; and earth that seems to be everywhere – clinging to objects, saturating filmed and photographed scenes.

In Barcelona (2022), as in Oxford (2018), São Paulo (2018) and Turin (2020), a group will occupy one of *A família em desordem*'s duplicate rooms. In the absence of the artist and before the exhibition begins, they will do as they desire with the materials left at their disposal. We have taken to naming this future space the room of disorder, but it is better described as being of a different order: one not found in Marcelle's own work. By breaking open the barricade, the group will allow something else to emerge. As they undo and redo the labour of installation, this room will be reordered by the decisions they make and the dynamics between them. What they produce will be patterned by unrolling, unreeling, unboxing, decanting and every other unpredictable gesture that follows.

The researcher Patricia Mourão, who witnessed *A família em desordem*'s first incarnation in Oxford, describes this work as a retrospective, one that acts against the very artistic authority that retrospective exhibitions serve to enshrine.[1] Conventionally, but by no means exclusively, retrospective exhibitions resolve the task of presenting one artist's work as a whole by ordering it according to biography or formal development. So doing, they confuse the life of the work with the line of an artist's career. If Marcelle's work has grown, however, it has done so not by progression but by accretion, gaining density through the accumulation of interconnected layers.

Across her work, motifs recur, in different configurations. Similar gestures are performed at radically different scales. The unravelling that transforms a length of tightly bound cotton into a dense tangled ball in *Noite* (Night, 1999), for example, recalls the undoing and expanding at play in *A família em desordem*. Materials shift shape, travelling across installations, photographs and moving images. Large-scale works are re-made, loosened from specificity to any one site. Series do not begin and end; they recede and emerge, and may be shown together or held in reserve like a pack of cards to be played in a game of association. This exhibition will assemble the series of diptychs *Conjunção de fatores* (Conjunction of Factors, 2011–) as a group, for example, but elsewhere the placement of individual pairs has pulled the meaning attached to site-specific installations in other directions. *O acumulador* (The Accumulator, 2019) appeared alongside *Não existe mais lugar neste lugar* (There is no more place in this place, 2019), the gridded ceiling on the verge of collapse Marcelle installed at San Francisco Museum of Modern Art, and *A tempestade* (The Tempest, 2014) accompanied *Dust never sleeps* (2014), her transformation of Vienna Secession's Grafisches Kabinett into a seemingly abandoned space coated in soot.

The recurrence and repetition that forms Marcelle's work as a whole does not resemble an image of time as a straight line. Instead, it brings to mind something looped in on itself, wrapped and tangled like *Noite*'s cotton ball. Artist and theorist Simon O'Sullivan has detected similar patterns

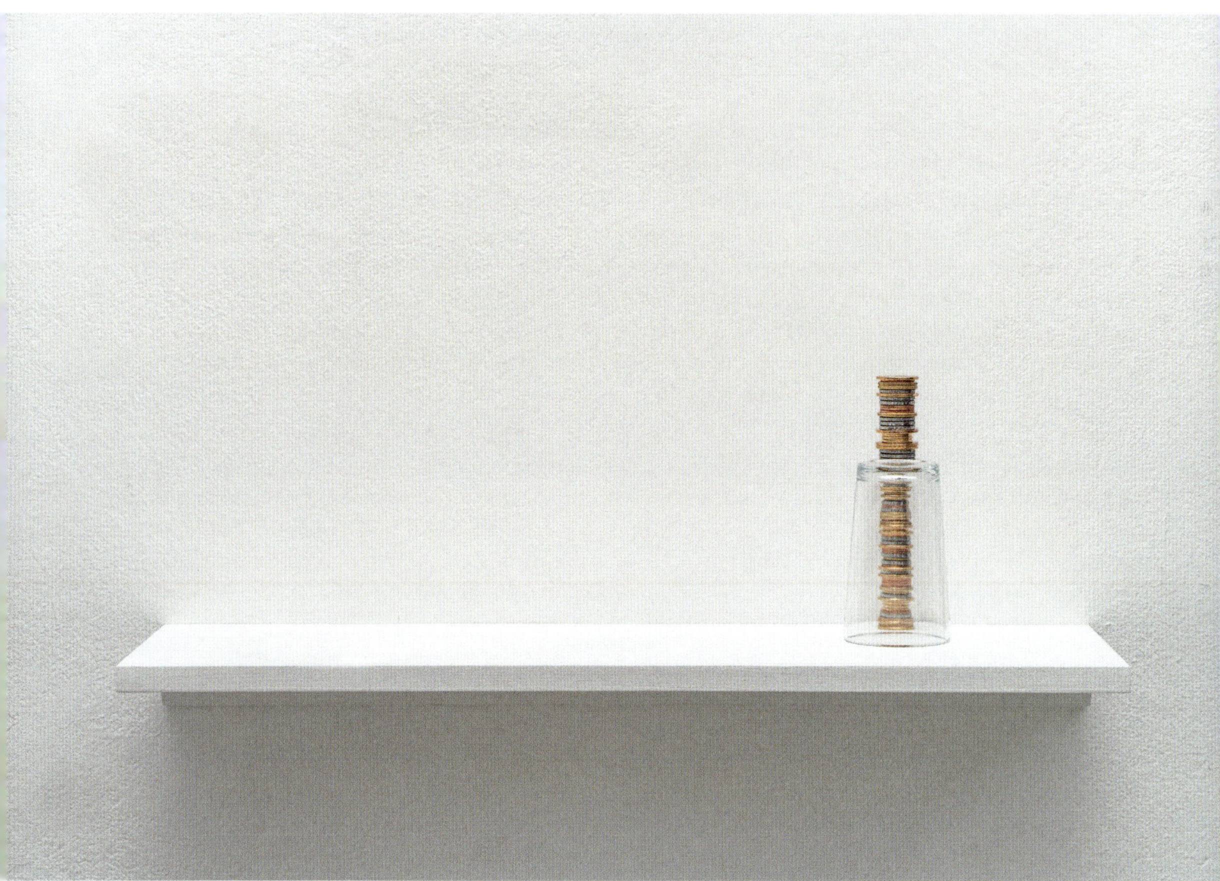

at play in the work of other artists: those who also adopt found materials, sites, situations or objects, and whose ongoing practice is similarly marked by the recurrence of motifs across disparate works. For O'Sullivan, a reworking of what is found in the world allows such practice to refer at once to itself and to already-existing registers of signification, while the production of continuity and connection allows time itself to become a material. Such a practice, he argues, constitutes a world of its own that is also a 'fictioning' of the world-as-it-is.[2]

The world such work makes is not a place of escape or withdrawal. It is undoubtedly both of the world-as-it-is and relevant to it. It can therefore serve – and this is true of Marcelle's work – to question what is taken to be our single and certain reality and its inevitable future. This work as a whole as world of its own can challenge our existing means of making sense of the world-as-it-is, invent new ways of knowing and search for an imagination able to shift entrenched patterns and codes. As O'Sullivan says, it is by reimagining the world-as-is that art finds its purpose and gains its power.

2. One thing is clear: it will not be easy to understand[3]

A Conjunction of Factors will begin with the work that illustrates this text, *Já visto* (Déjà vu, 2019–). Formed by the repeated appearance of the same three things in a subtly different relation to each other, its position – here on these pages and within the exhibition – may serve as an invitation to follow the associative logic that binds Marcelle's work together. *Já visto*, however, could also be a tribute to the experience from which it takes its title, namely that of being convinced you have already been in this exact same situation while also knowing that you have not. This usually safe and fleeting escape from habitual perception has proved deliciously evasive to powers of explanation. Scientists have found sophisticated ways to induce déjà vu but can offer no satisfactory cause for why it occurs.

While testifying to our potential to be simultaneously convinced and doubtful of what is real and exemplifying all that evades explanation, the experience of déjà vu has also held an irresistible pull for philosophers. For Henri Bergson, who called it 'false recognition', déjà vu is the upsurge of a usually suppressed remembering of the present intertwined within every instance of perception. The falseness of this recognition of present as past, however, makes our experience of it no less vivid. What is false, in this sense, gains force from proximity to truth.

The conjoining of truth and falsity or reality and fiction is characteristic of several of the films that Marcelle has made as a duo with Tiago Mata Machado. *Nau* (Now, 2017), for example, offers a static shot perspective of a roof whose tiles are gradually being displaced from within. One by one, men emerge through the gaps they have created and gather on the roof's surface. Some of them bear torches or flags fashioned from the t-shirts that others have used to make ski masks. They light a fire, tear up cheap foam mattresses, wrap themselves in blankets. The men's actions and their clothing suggest that they are prisoners staging a rooftop protest. As such, this scene resembles a real and very plausible event, and the fact that these men are not actors enhances our false recognition.

The work's soundtrack and its original title *Nau* (translated into English as the homonym 'now'), however, seed other allusions. As we watch, sounds of shifting roof tiles and crackling fire join that of the ocean, and the word 'nau' means ship and more specifically refers to the larger, slower vessels historically used for colonial commerce. When first shown as part of Marcelle's occupation of the Brazilian Pavilion at the Venice Biennale, *Nau* also recalled migrant boats, drifting offshore and unaided on the Mediterranean Sea. A layering of associations, by which the roof is also a deck and the prison a hold, recasts the scene as an allegory whose implications oscillate between present and past.

Marcelle's first solo exhibition in 2005, which presented her then-recent works *O Conversador* (The Conversationalist), *Retirantes* (Retreatants), *Cerca miragem* (Fence Mirage), *Pista* (Clue) and *Confronto* (Confrontation) as a unified installation entitled *Viagem solar* (Solar Voyage), amplifies her subtle engagement with the fictive. An invented narrative emerges between the assembled works and a text, written to accompany them, which takes the form of a conversation between a traveller and a headless horse.[4] By the time they meet on the road, the traveller has become disoriented. The landscape is shifting, his vessel has abandoned him, and he holds on to a certainty he no longer trusts. The intensity of his voyage seems to have saturated him to the brink of delusion. Where he has been clings to him, it will not let him go.

We can see from its vestiges that this place has left the traveller's white socks impregnated by earth and his hat stuck with burrs (*Retirantes*), that the road has rolled back (*Pista*) and that fence posts – unearthed and upended – can now present only an illusion of control (*Cerca miragem*). We might guess that this voyage took place within the Brazilian state named 'General Mines' (Minas Gerais) for the extraction from which it still thrives. More specifically, it could be in and around Belo Horizonte, a city that grew from a village founded by one of the colonial fortune hunters known as *bandeirantes* ('flag-bearers') to become Brazil's third largest metropolis, one that contains islands of ancient forest and is hugged in on all sides by the rugged, mountainous terrain that lent it the name beautiful horizon.

The rest (as the horse tells the traveller) is for us to invent.

Marcelle's fictioning of this knowable landscape[5] suggests a journey not only through space but across time, between a past before the city began and a future when natures other than human may reclaim it. With *Confronto*, however, our traveller seems to have resurfaced. He is back in the world-as-it-is. The scene is a familiar one: a busy intersection where a waiting queue of cars is entertained by two fire-jugglers. The lights change and, as usual, the jugglers stand aside and the cars pass through. At the next red light there are four jugglers, and at the next one, six. Each time they stand aside, but then there are eight. At this point, it becomes evident that something remains askew. Disobeying their signal, the jugglers remain in place too long. In a matter of seconds, their entertainment becomes a roadblock.

3. We are always already more than one[6]

The narrative of a traveller's return from a solar voyage to an apparently normal urban scene transports *Confronto* into the realm of fiction, but this work also belongs elsewhere, as one of a series of works entitled *Unus Mundus* (2003-). This title refers to the medieval concept of 'one world' – an undivided, all-encompassing timeless, spaceless, primordial reality transcending divisions between matter and mind – which was later taken up in the domains of twentieth-century psychology and theoretical physics by Carl Jung and Wolfgang Pauli. In Jung's work, the *Unus Mundus* underpins his hypothetical concept of synchronicity as an explanation for why chance events sometimes chime with our thoughts, feelings or dreams. In a clinical setting, Jung found patients' experience of these meaningful coincidences to be a powerful tool, one that could 'puncture a hole' in rationalism and 'break the ice' of 'intellectual resistance'.[7]

The event of eight fire-jugglers occupying the same pedestrian crossing did not occur as the manifestation of an unseen order that unites the universe. Marcelle's *Unus Mundus* instead plays with the effect of coincidence by assembling what is normally scattered and separate, and recasting synchronicity as an orchestrated concentration of things so ubiquitous they become close to invisible. At any one time, there could be many more than eight people within any one Brazilian metropolis playing the role of entertainer to waiting traffic. The effect of collapsing these scattered actions into one space is that their collective presence is felt and is seen.

The dynamic setting for *Confronto*, as a staged event caught up in the flow of traffic, also enables a reversal of power whereby the entertainers break their unspoken social contract and produce an unprecedented form of collective action. This work straddles the border between fictioned and as-it-is worlds by establishing real relations with and amongst those who perform as fire-jugglers and between them and the drivers and passers-by who also form part of the scene. Marcelle's solo works in photography and film, as well as those made with Mata Machado, rely on a process of engaging others that is not explicit but nonetheless evident in the final work. In a 2017 interview, the two artists describe a technique akin to improvised theatre: they provide a 'stage' and certain pre-established actions and motivations, but they must also convince non-actors of the strength of the gestures they are asked to perform.

The characteristic use of static camera shots – seen in *Confronto* as well as *Leitmotiv* (Leitmotif, 2011) and the trilogy comprising *Fonte 193* (Fountain 193, 2007), *to come to* (2009) and *Cruzada* (Crossing, 2010) – lends the scene a stage-like quality, one that gives prominence to the setting, and the changing ensemble within it. In *Cruzada*, this effect is enhanced by the use of colour – not only that of the crossroads, ploughed into red earth, which transect the scene and form its setting, but also those worn by the four sets of four musicians. On entering the scene via four separate paths, each group is dressed in a different colour and playing an isolated instrumental section from 'Avante Camarada!'. At the intersection, they unite and comingle, achieving a harmonious rendition before dividing again. Each group, now a mixed set, marches a separate path toward the four corners of the screen. As they exit, their gradually fading music remains audible.

The actions of these acting non-actors must focus on creating a scene as envisaged by Marcelle. In both *Fonte 193* and *to come to* those who do this do so alone. As the drivers of a fire-truck and an earthmover respectively, each is performing work they normally do but with a different motivation. The fire-truck must drive a perfect circle into the ground, emptying water into the centre to form an inverted fountain. The earthmover must plough the image of an infinite figure of eight. Their experience of work time is distinct from that of responding to emergencies or facilitating construction. It becomes akin to the time of creative labour, which (despite claims made over it) is more productive when not subject to demands for productivity.

The long-rehearsed techniques Marcelle uses to engage others in the production of work are also present in the processes underpinning *A família em desordem*, but in this case, there are notable differences. Those who collectively re-order one room will be given some ground rules, but Marcelle's pre-envisaged form will not guide them. In previous incarnations, *A família em desordem* has involved workers employed by host institutions to perform other roles. As such, it has forced a displacement from established functions to a form of labour beyond 'core business'. Not only this group, therefore, but also the institution hosting the work must be convinced that creative time has value.

4. Hide and Seek

Within Marcelle's films, people are not seen. They merge into a collective formation or become indistinguishable from the tools of their trade. In *to come to,* we see the vehicle not its driver; in *Leitmotiv*, sweeping brooms but not those wielding them. In *Conjunção de fatores* we get closer. The people portrayed in this series are known to Marcelle to degrees ranging from passing acquaintance to familial bond and, as in her films, she engages them in the performance of actions involving themselves and everything else that entangles them within a particular setting. The title of each diptych transforms Marcelle's collaborator into the performer of a role that they do not normally play, and the passage between each set of two images lends a semblance of narrative without offering any explicit relationship between cause and consequence.

In one of the two images that form *A tempestade*, for example, we see Bia da Silva, dressed in a uniform and standing in a basement room that is built against a rocky outcrop, with one leg submerged to the knee in a bucket of water that she may well be about to kick over. In the second, she has gone, leaving only the bucket, lying on its side near a pool of spilled water. As cleaner turned tempest, Da Silva has cast off one role to take on another, and the Brazilian idiom 'chutar o balde' (kick the bucket) suggests a motivation for this act. The phrase (in distinction to the meaning of a similar English idiom) can imply rage manifesting as a lack of control but also unrepressed anger as the enaction of a necessary and cathartic liberation: a gathering storm that will feed the earth while bending the trees[8] by throwing everything up in the air.

In another work from this series, *Discípulo praticante* (Practicing Disciple, 2011), Marcos Lacerda seems to have exaggerated his dedication to the task of sanding a wall to the point of self-obliteration: performing an erasure of the border between self and environment that echoes a motif seen in other works by Marcelle. In *Gigante detrás* (Background Giant, 2006) and *O conversador* (The Conversationalist, 2005), she uses camouflage to partially erase the cut between figures and the landscape that contains them, thus undoing a hierarchy between background and foreground and blurring the line that divides what is interior and exterior to ourselves.

The vanishing acts that emerge from within Marcelle's work as a whole include that of her own subjectivity, typically made present only as one amongst and in relation to others. Rarely too is she seen. An exception to this is *Capa morada* (Stay, 2003), a series made with Jean Meeran during a residency in Cape Town. Here, Meeran captures Marcelle engaged in acts of camouflage. Using coloured sheets and items of clothing, she is seen attempting to recede into the background of the city's streets, walls and market stalls, not trying to be invisible but rather to minimise the difference between herself and the environment, not to show up[9] but instead blend in.

As Hanna Rose Shell has noted, camouflage is not just an off-the-shelf pattern. It is also a technique, taught in the field. As such, it is a form of 'cultivated subjectivity': a self-aware and meaningful 'way of seeing, being, moving, and working in the world'.[10] For non-human life too, camouflage has not evolved merely as a process of copying but (as the author Theo Reeves-Evison puts it) a form of invisibility that 'masks the roar' of a being that is 'fighting for its ability to flourish.'[11] Attempting to disappear thus betrays the dependency between interiority and exteriority that is hidden within home territory but revealed outside of it.

Marcelle's most effective camouflage proves to be her surface, her skin. Serving as mask and bearer of identity, it allows her to disappear amongst passengers heading to the townships. As Meeran has said, looking like a wall does not make you a wall, and looking like a group of people does not make you one of them either, but there are ways that Brazil can be recognised in South Africa and vice versa, including – as the artist and curator Gabi Ngcobo has pointed out – the role each played in laying down a framework for racist ideology in their respective continents.[12] The conflation of ethnicity and colour is significant to both, but their respective pasts have produced different forms of racialised subjectivity.

The ambiguous perception of race in Brazil bears traces of both the nineteenth-century ideology of *branqueamento* (whitening) and the 1930s-born appropriation of the mixed heritage subject as a generalised (that is, culturally white European) national identity.[13] Space has now been made to identify specific Indigenous heritage, but Brazil's census still asks the remainder of its citizens to choose a colour they perceive themselves to be: *branca*, *preta* (not *negra*), *parda* or *amarelha* (white, black, brown or yellow). Differing from those used in daily life, this choice of words cannot affirm this majority non-white population's association with any specific heritage, or with legacies of migration, colonisation, slavery and enforced miscegenation. As captured by Meeran, Marcelle loses her place in this colour scale by finding herself in an invisibility that hides self-recognition.

Isobel Whitelegg is an art historian, curator and writer who specialises in Brazilian contemporary art and its histories.

1   Patricia Mourão, 'O beijo de Judas de Cinthia Marcelle', *ARS*, 16 (2018) no. 33., pp. 43–57.

2   Simon O'Sullivan, 'Myth-Science and the Fictioning of Reality', *Paragrana*, vol. 25, no. 2, 2016, pp. 80–93.

3   Ibid., p. 82.

4   André Sena, 'Temos direito ao vetor. O que tangencia apenas vem', Léo Bahia Arte Contemporânea, Belo Horizonte, 2005.

5   See Simon O'Sullivan, 'Fictioning the Landscape', *Journal of Aesthetics and Phenomenology*, vol. 5, no. 1, 2018, pp. 53–65.

6   Simon O'Sullivan, 'Myth-Science and the Fictioning of Reality', op. cit., p. 84.

7   Carl Jung, *Synchronicity: An Acausal Connecting Principle*. Princeton: Princeton University Press, 1969, pp. 109–10.

8   Audre Lorde, 'The Uses of Anger: Women Responding to Racism', *Women and Language*, vol. 11(1), 1987, p. 4.

9   Hanna Rose Shell, *Hide and Seek: Camouflage, Photography, and the Media of Reconnaissance*. New York: Zone Books, p. 10.

10   Ibid, p. 19.

11   Theo Reeves-Evison, 'Surface Fictions', in Henriette Gunkel, Ayesha Hameed and Simon O'Sullivan (eds.), *Futures and Fictions*. London: Repeater, p. 193.

12   Gabi Ngcobo, 'Galinha d'angola: no retreat no surrender no retreat no surrender', in Jochen Volz, Júlia Rebouças and Gabi Ngcobo, *Cinthia Marcelle: Chão de Caça* (exh. cat.). São Paulo: Fundação Bienal de São Paulo, 2017, p. 65.

13   See Abdias Nascimento, *O Genocídio do negro brasileiro: Processo de um racismo mascarado* [The Genocide of the Black Brazilian: Process of a Masked Racism]. São Paulo: Perspectiva, 2016 (1977).

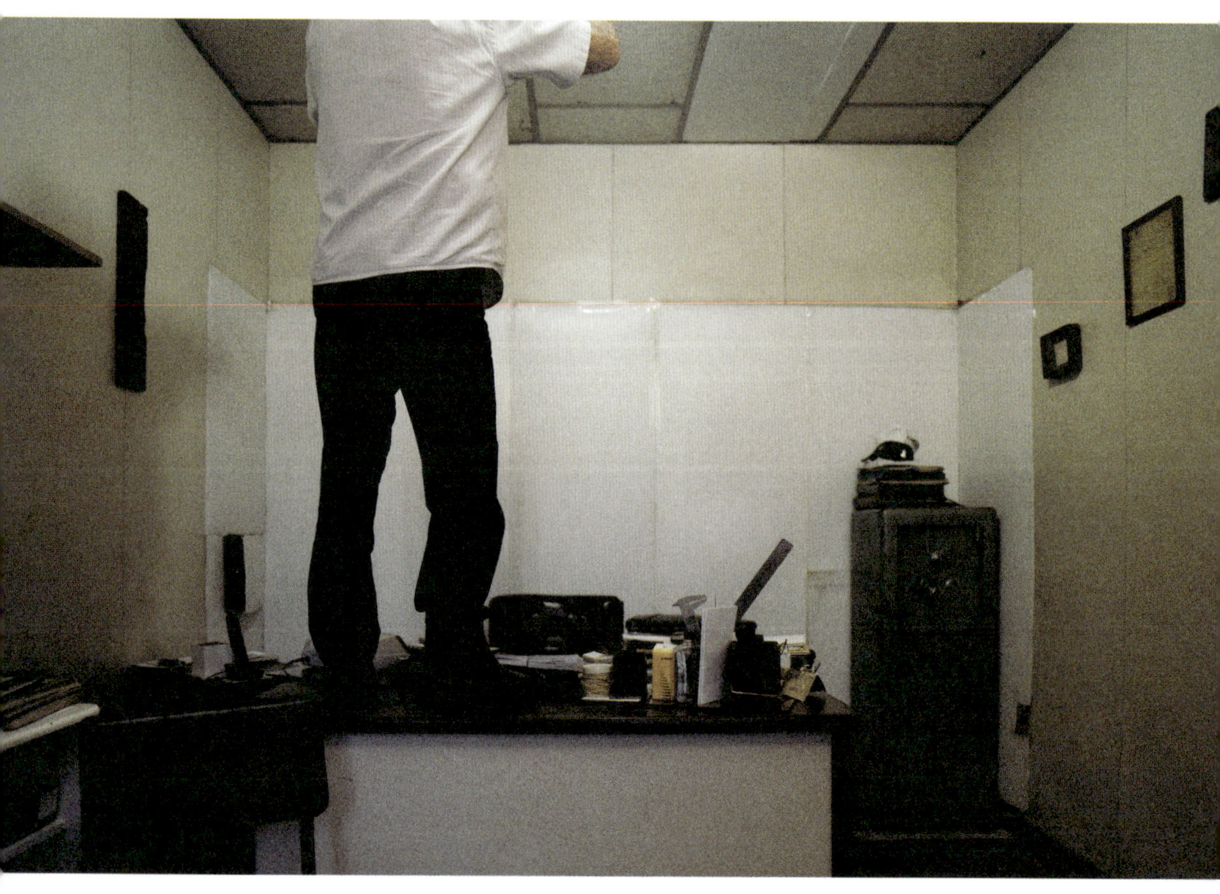

O ACUMULADOR (série CONJUNÇÃO DE FATORES)
2019

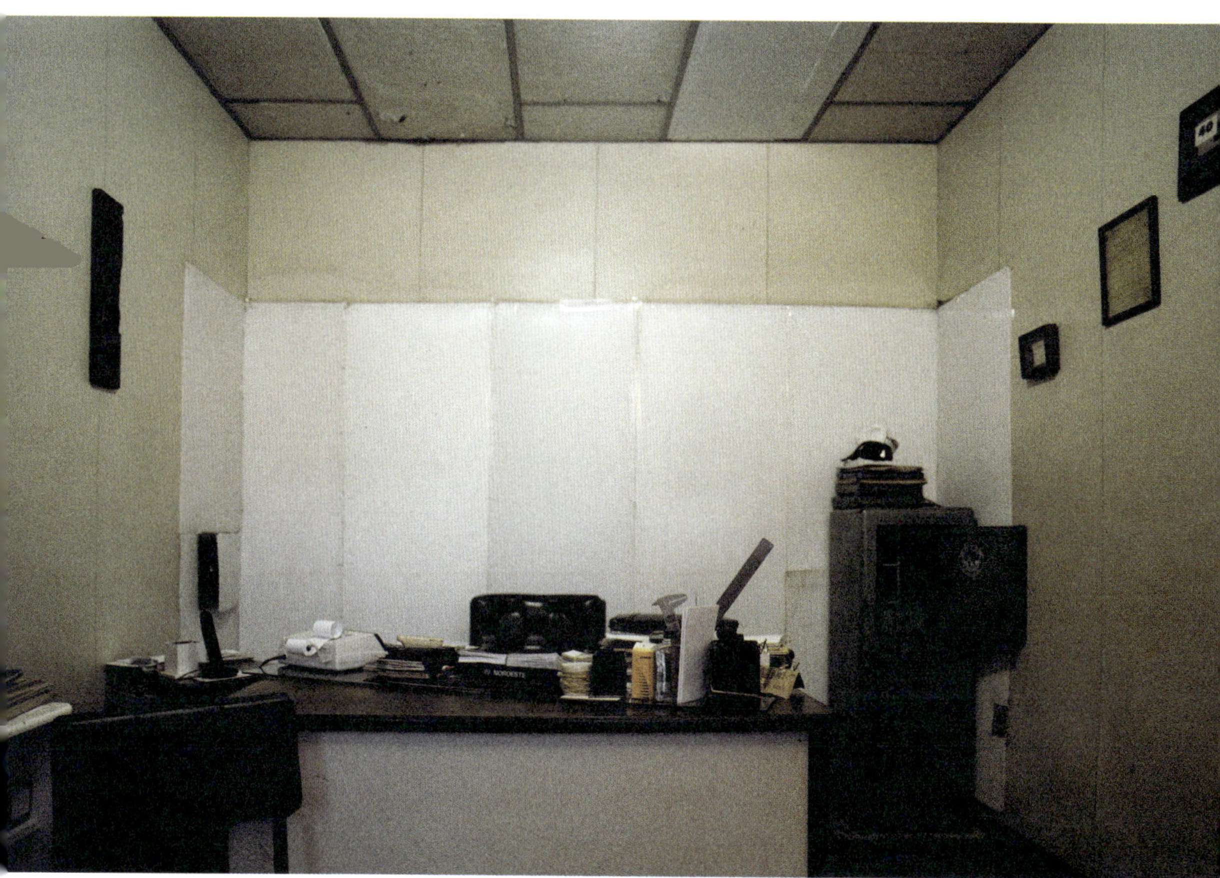

A FAMILIA EM DESORDEM
2018

pp. 27-37
[sala del desorden | disorder room]
Participantes | Participants: Aline Tima, Aaron Head,
Chris Jackson, Kamila Janska, Andy Owen, Seb Thomas

pp. 38-43
[sala del orden | order room]

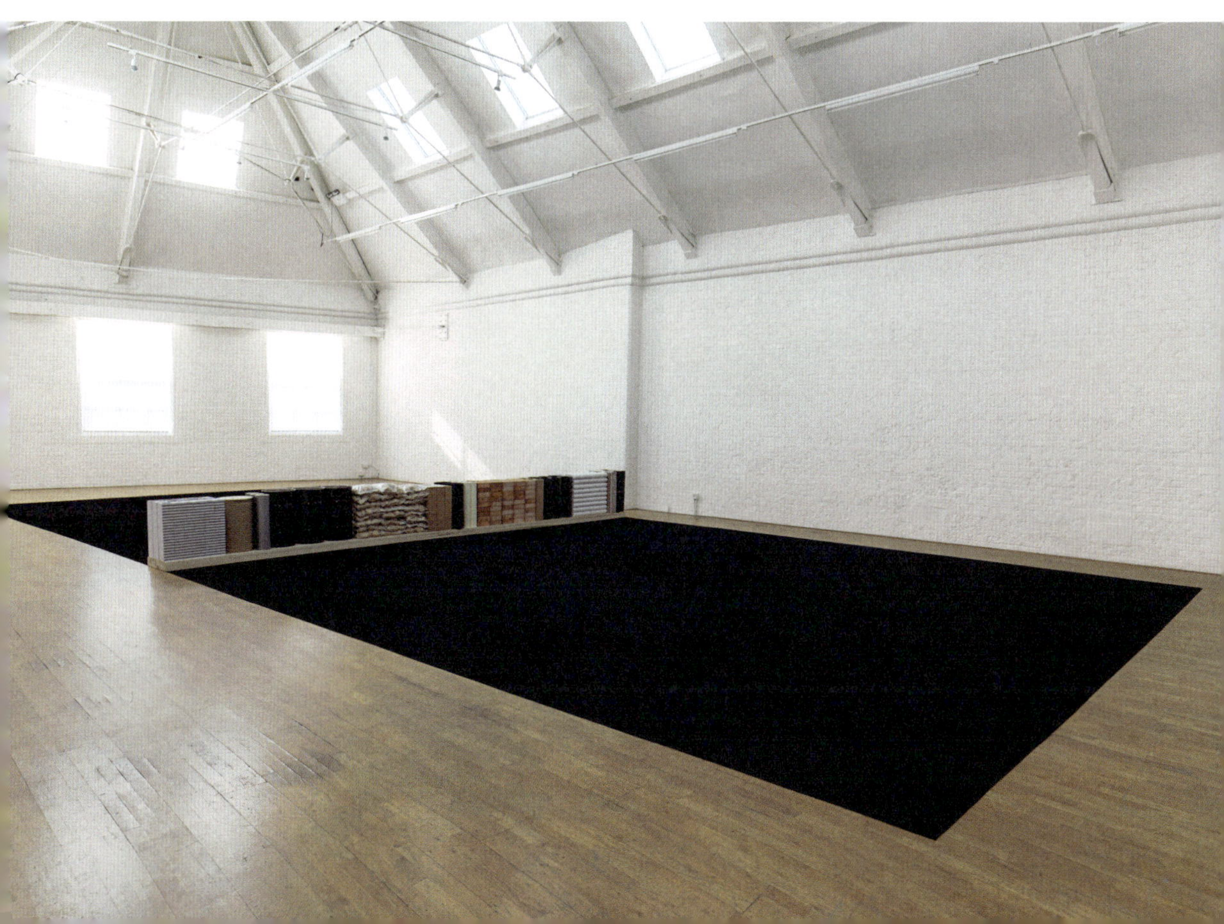

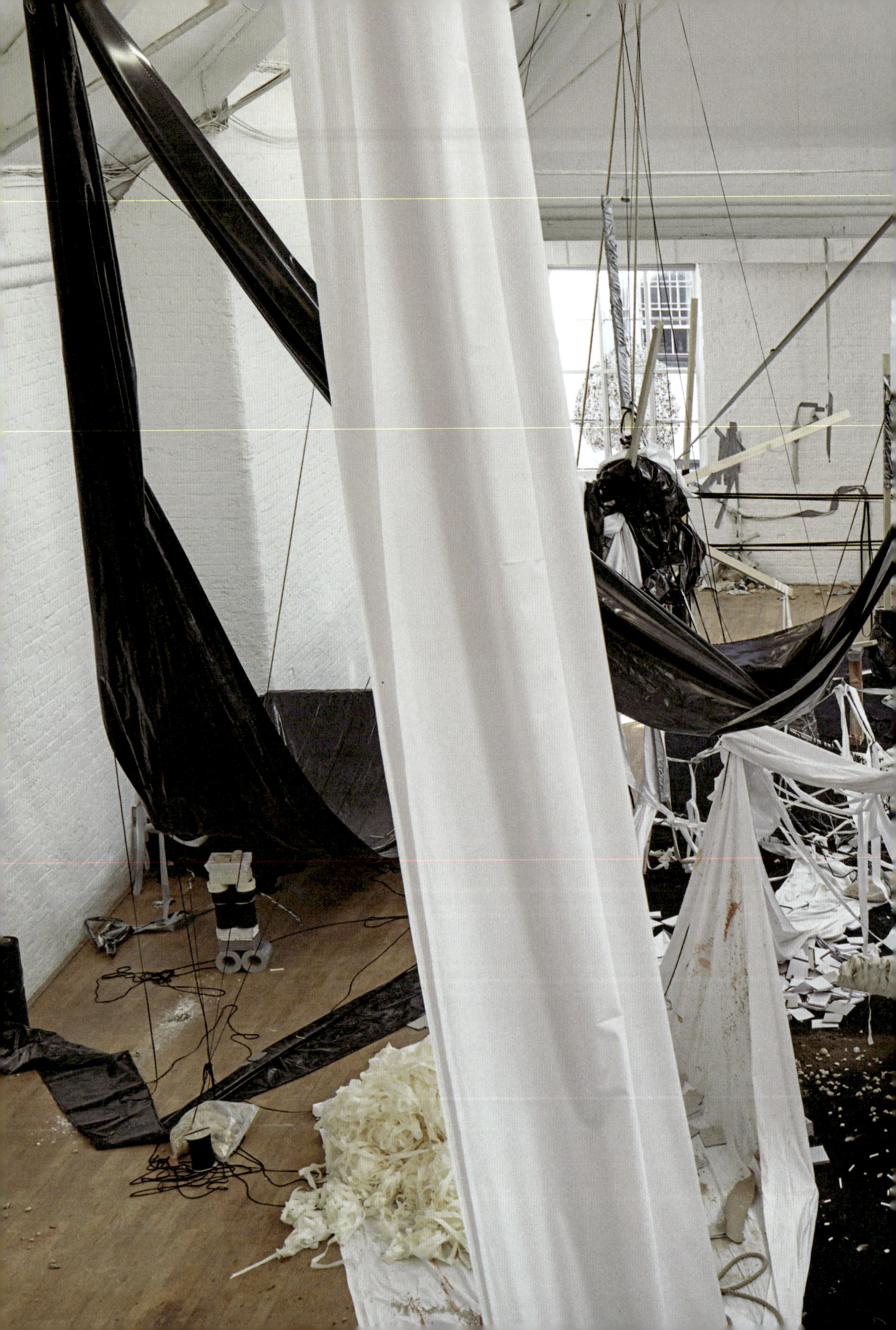

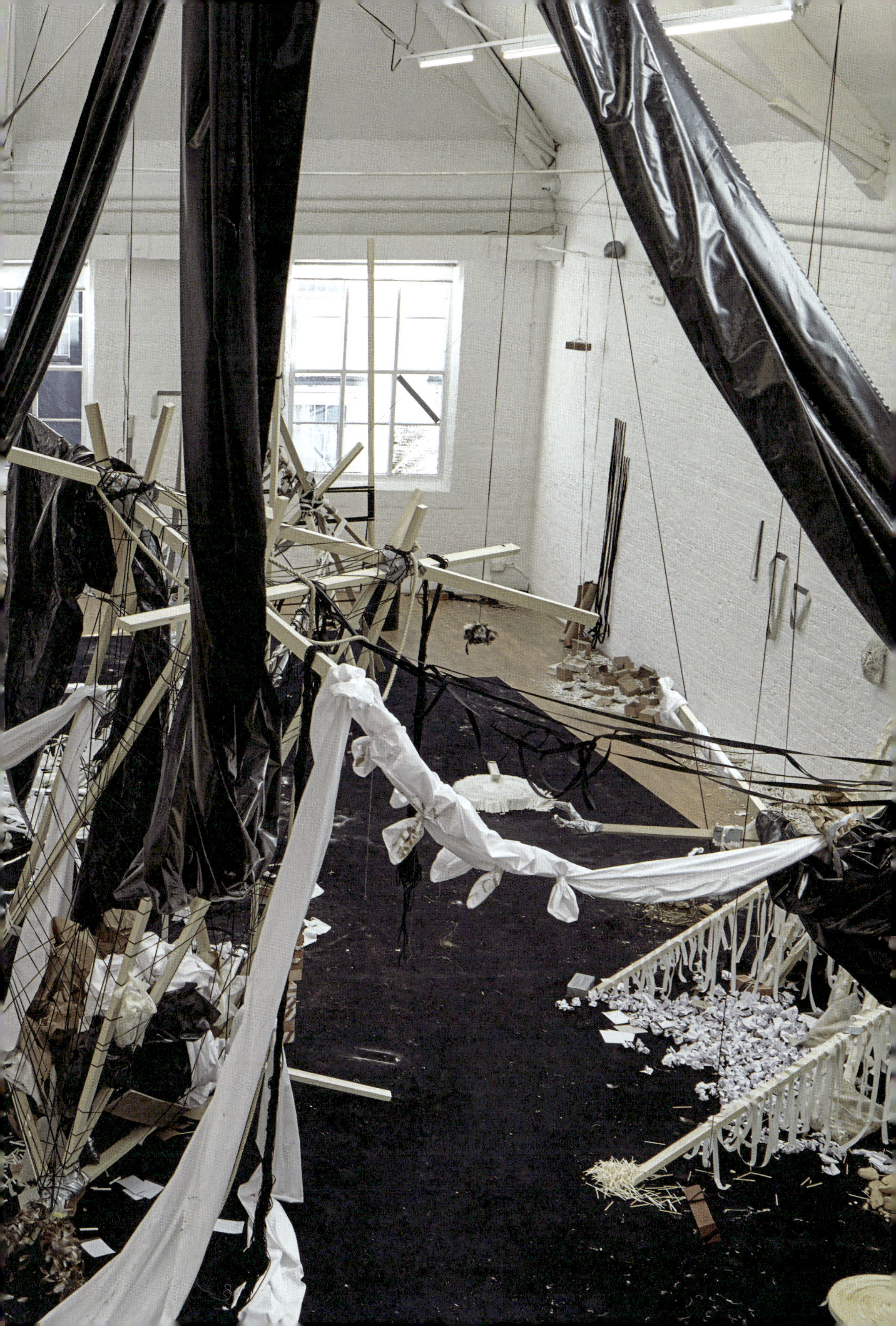

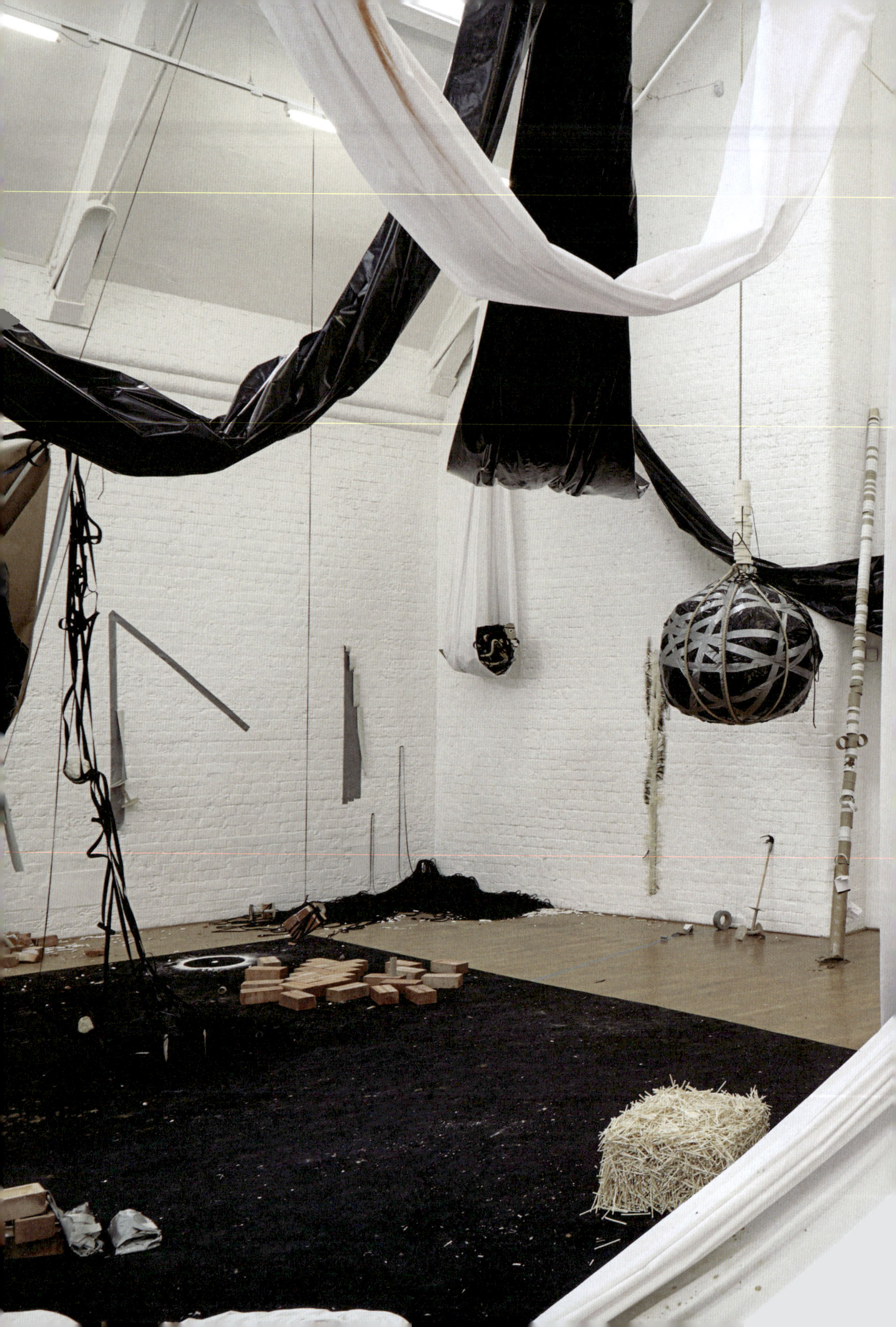

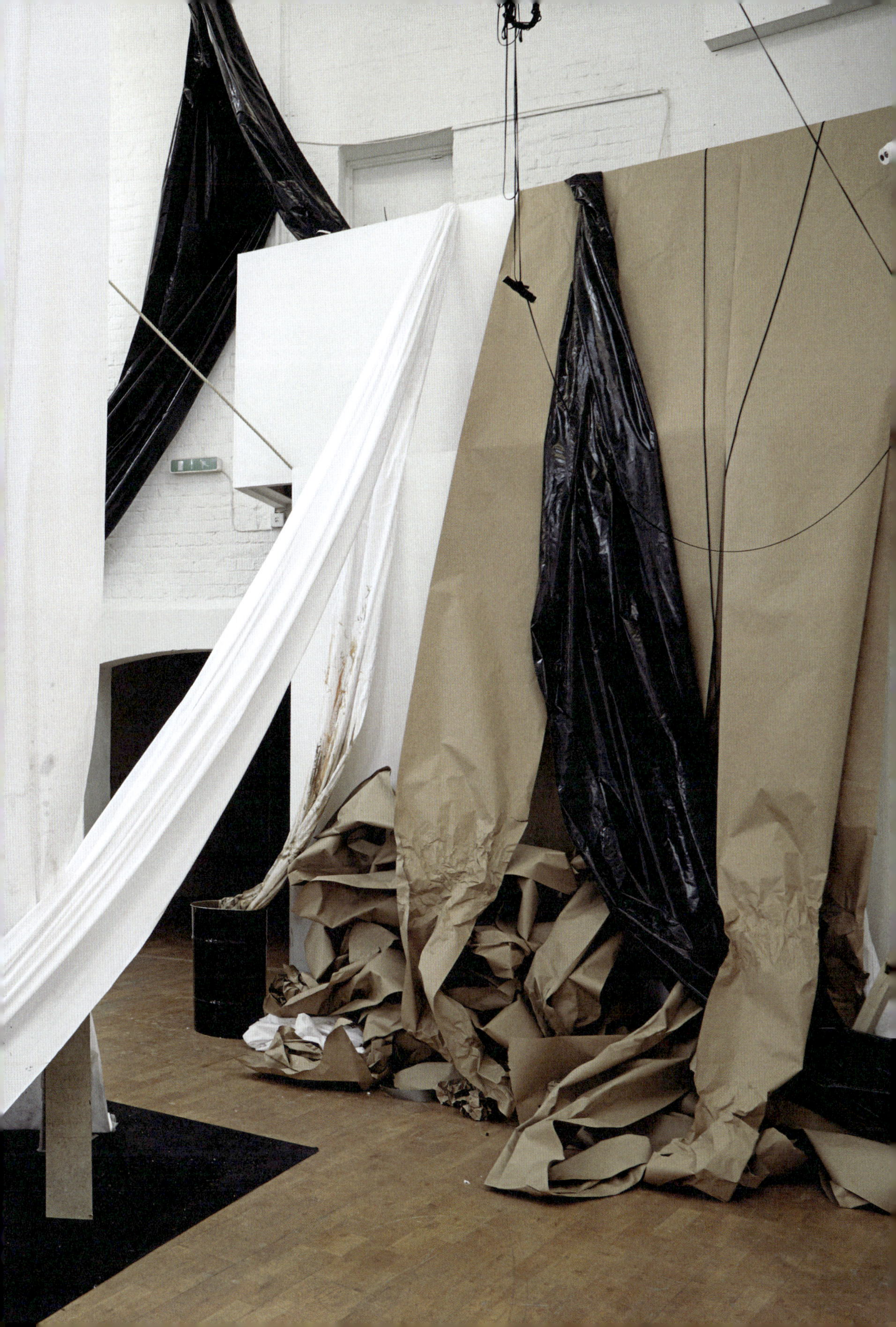

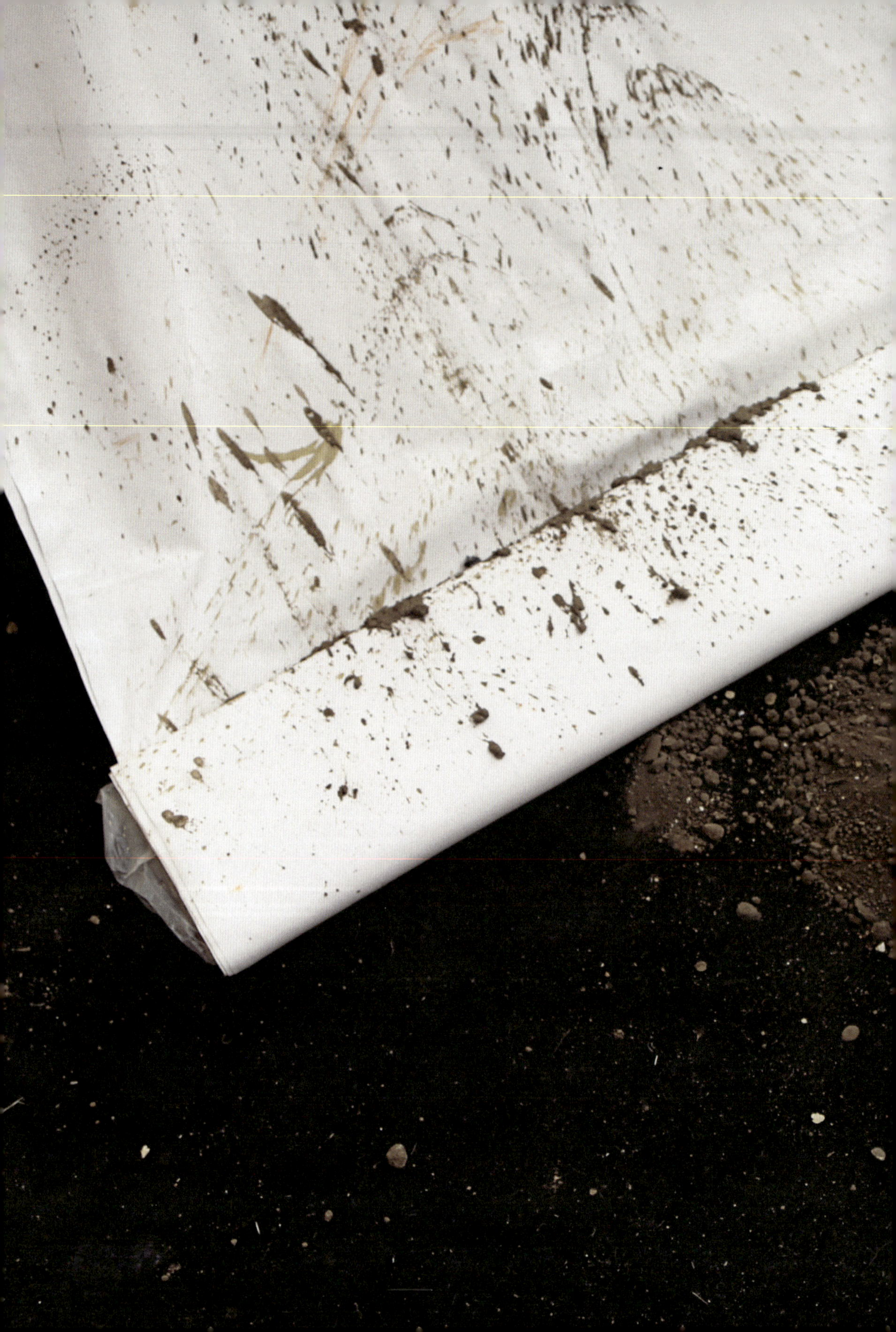

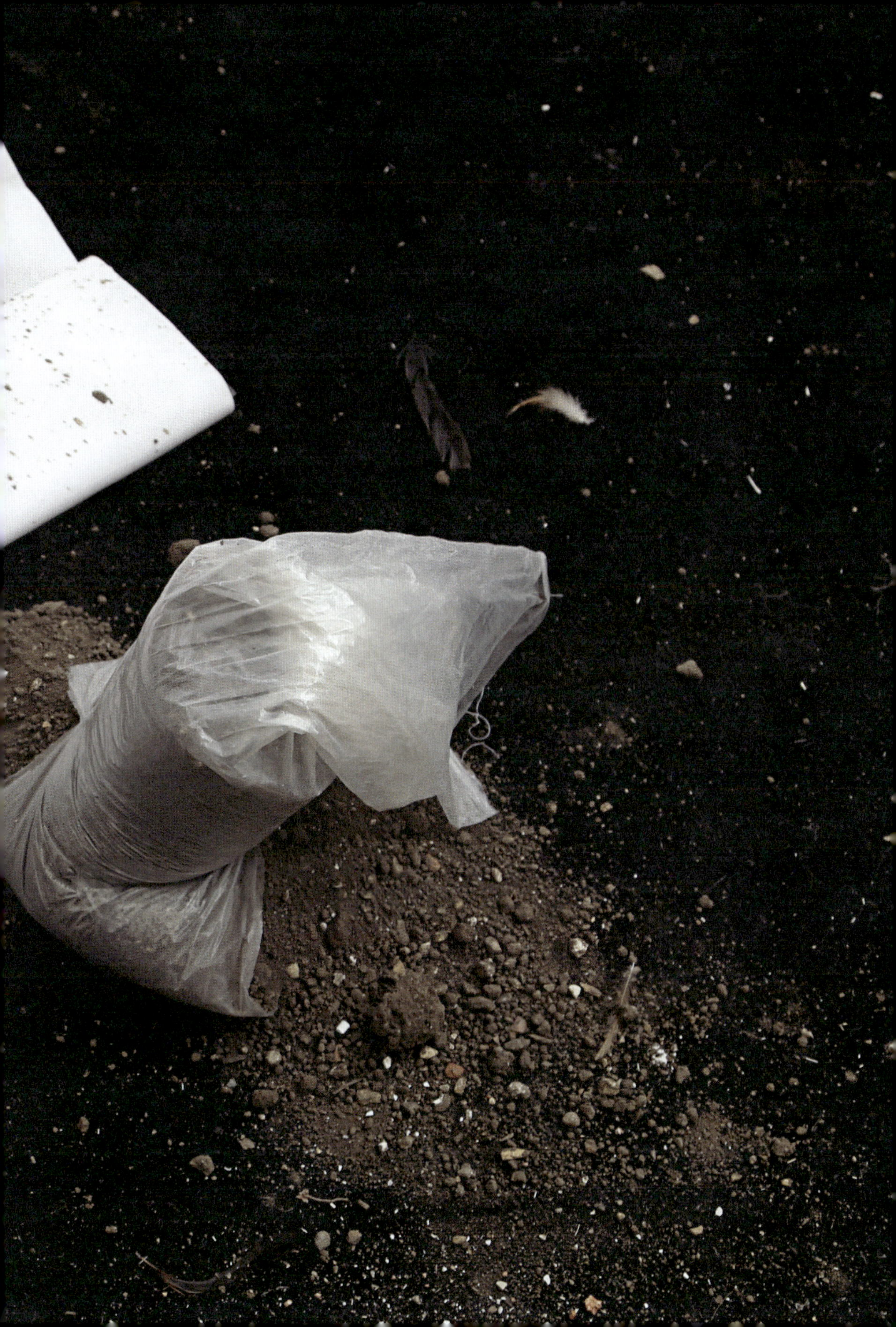

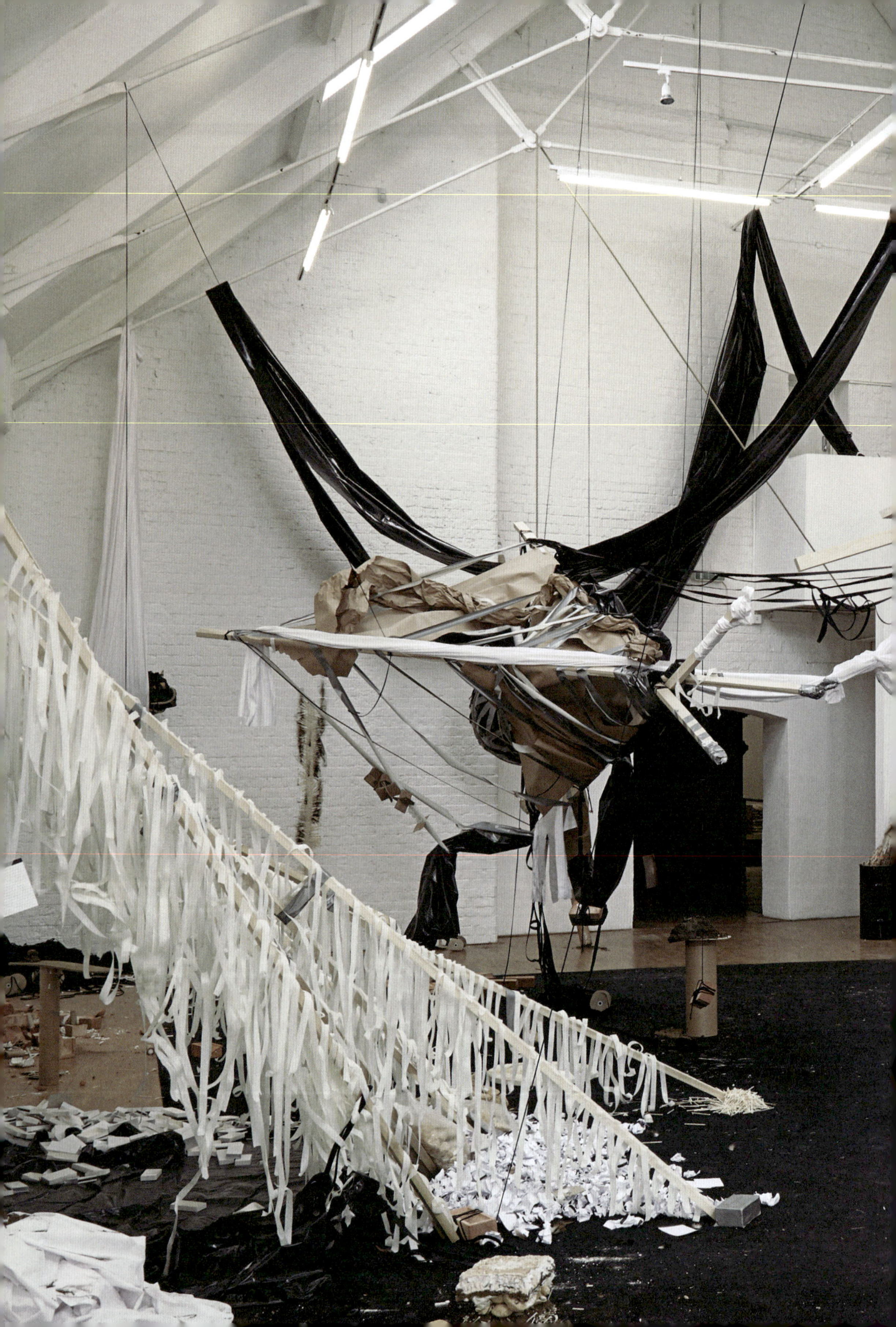

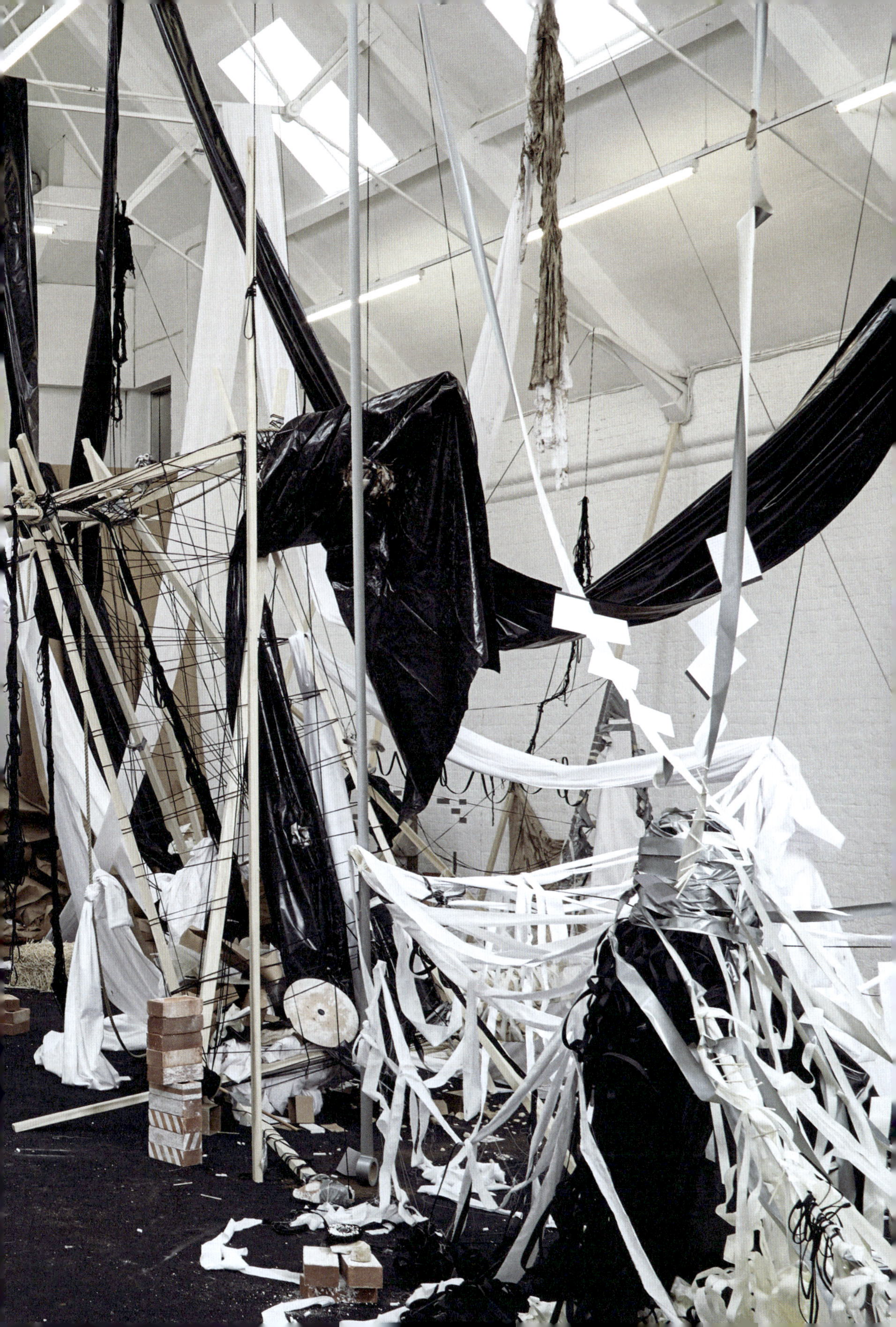

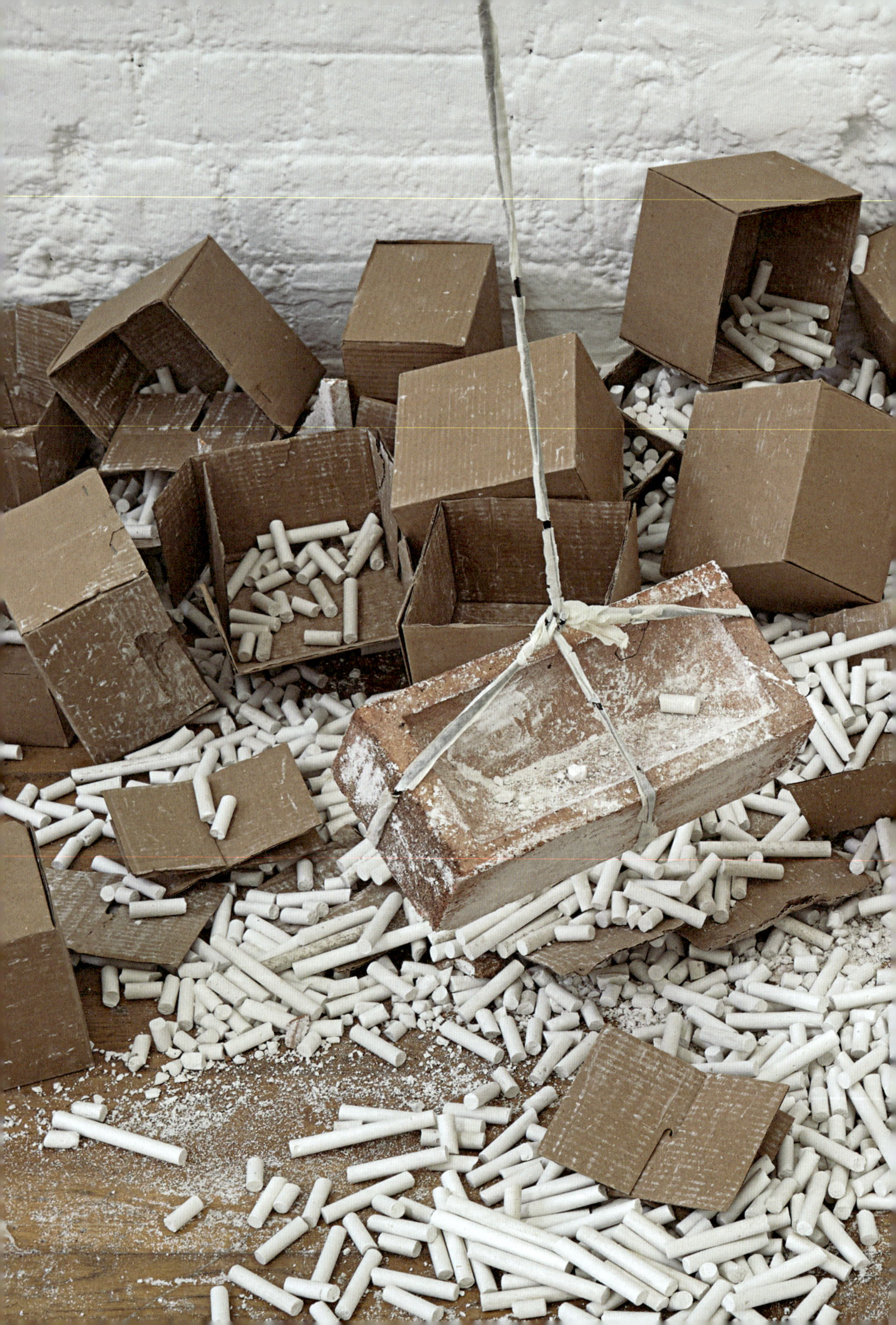

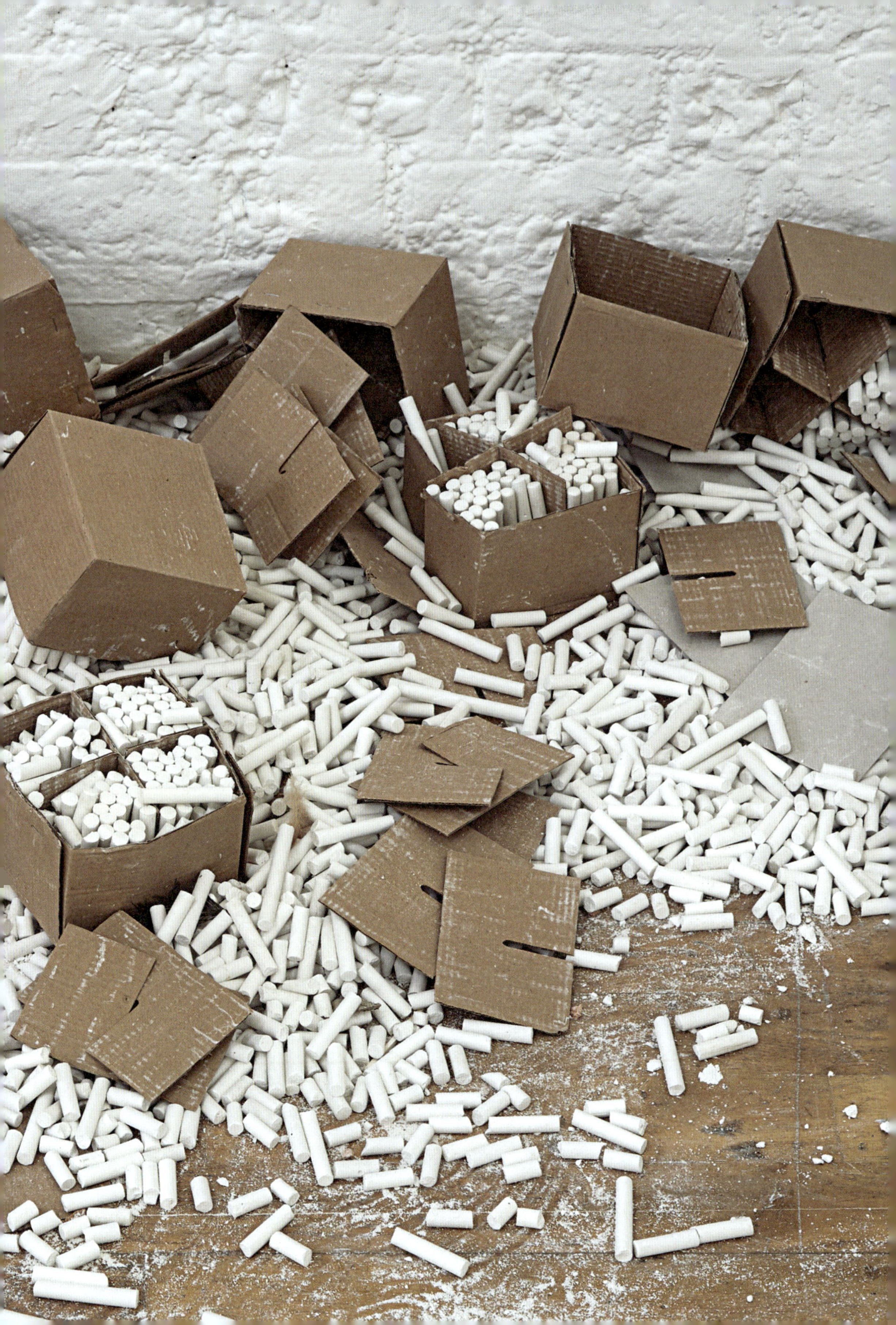

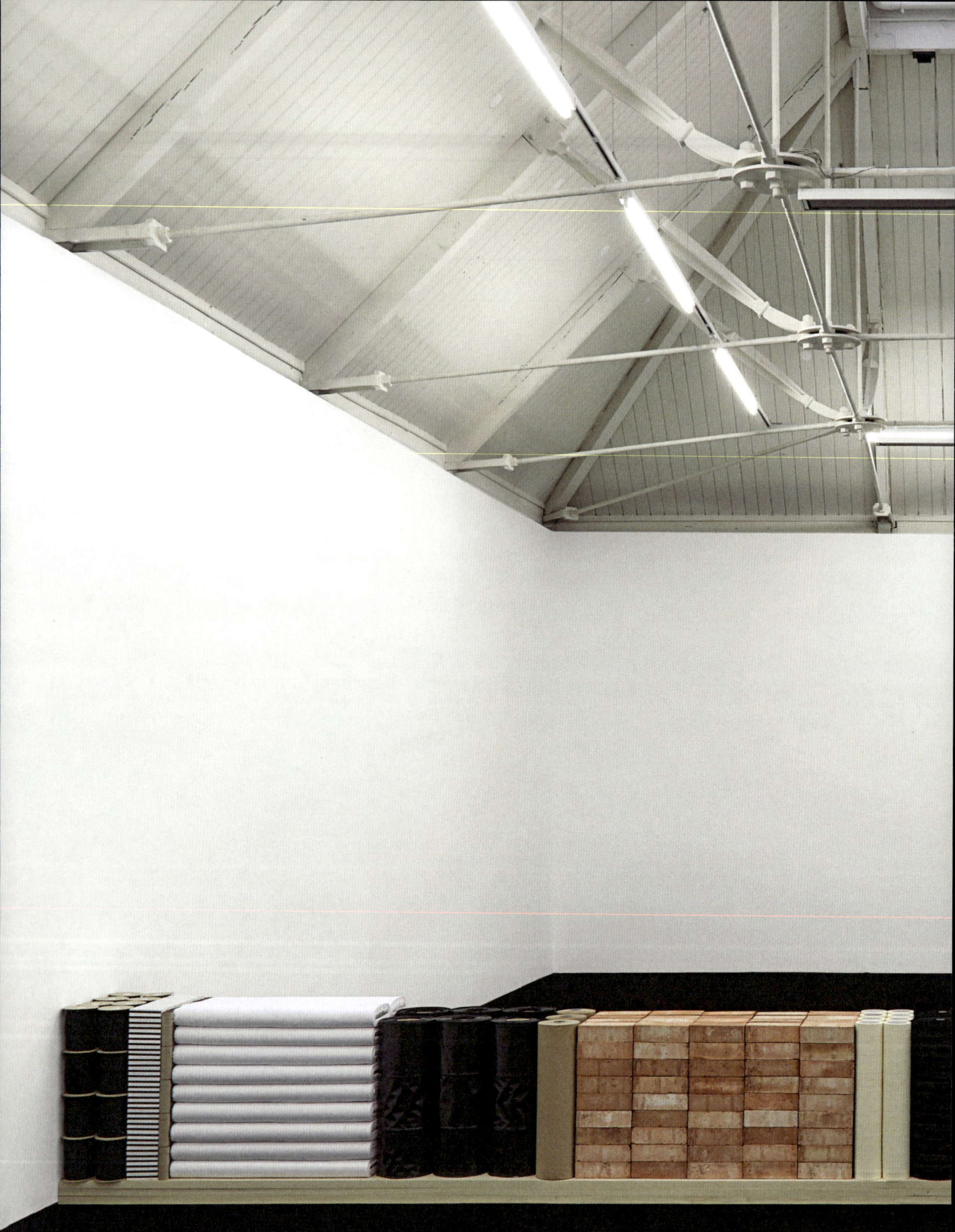

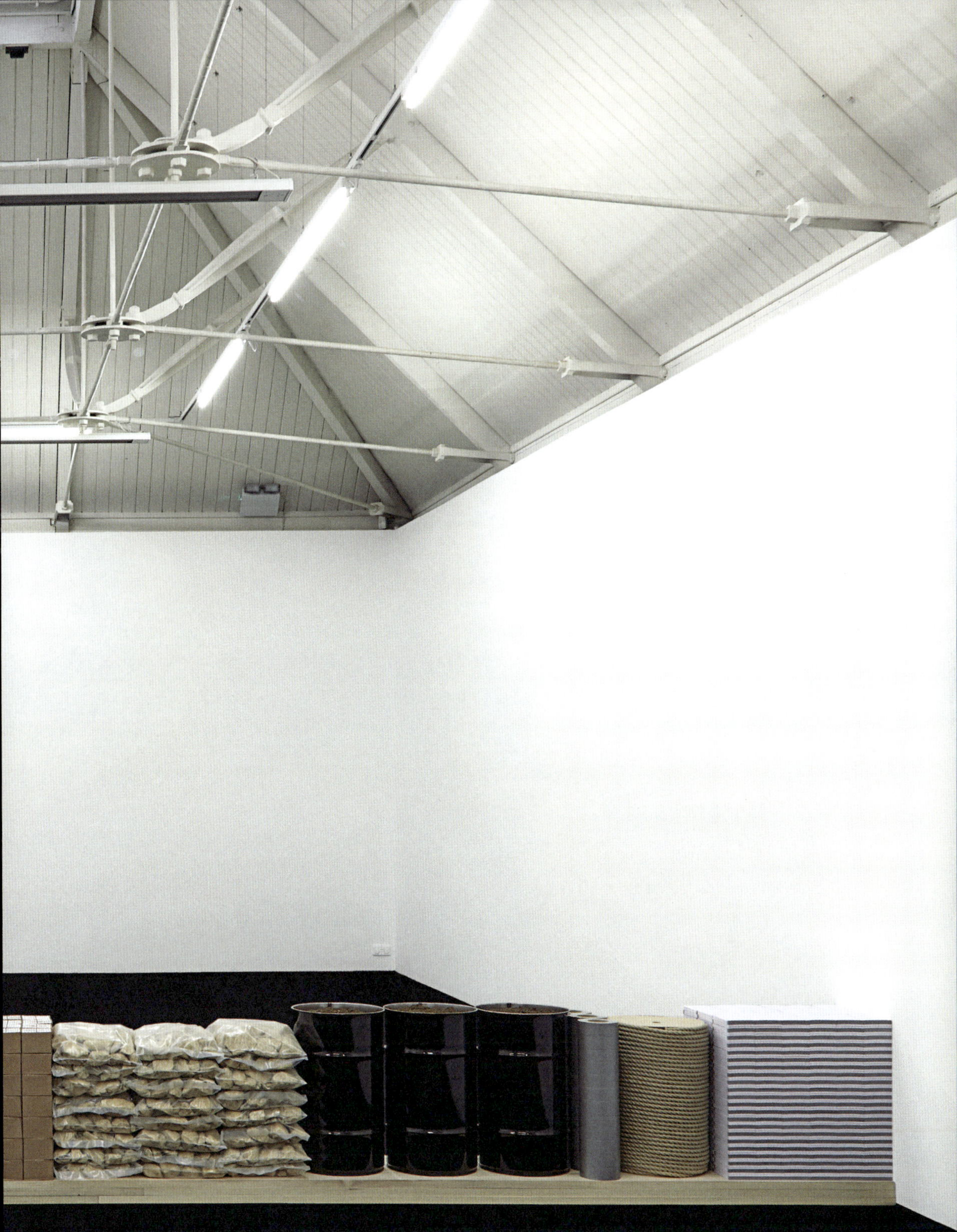

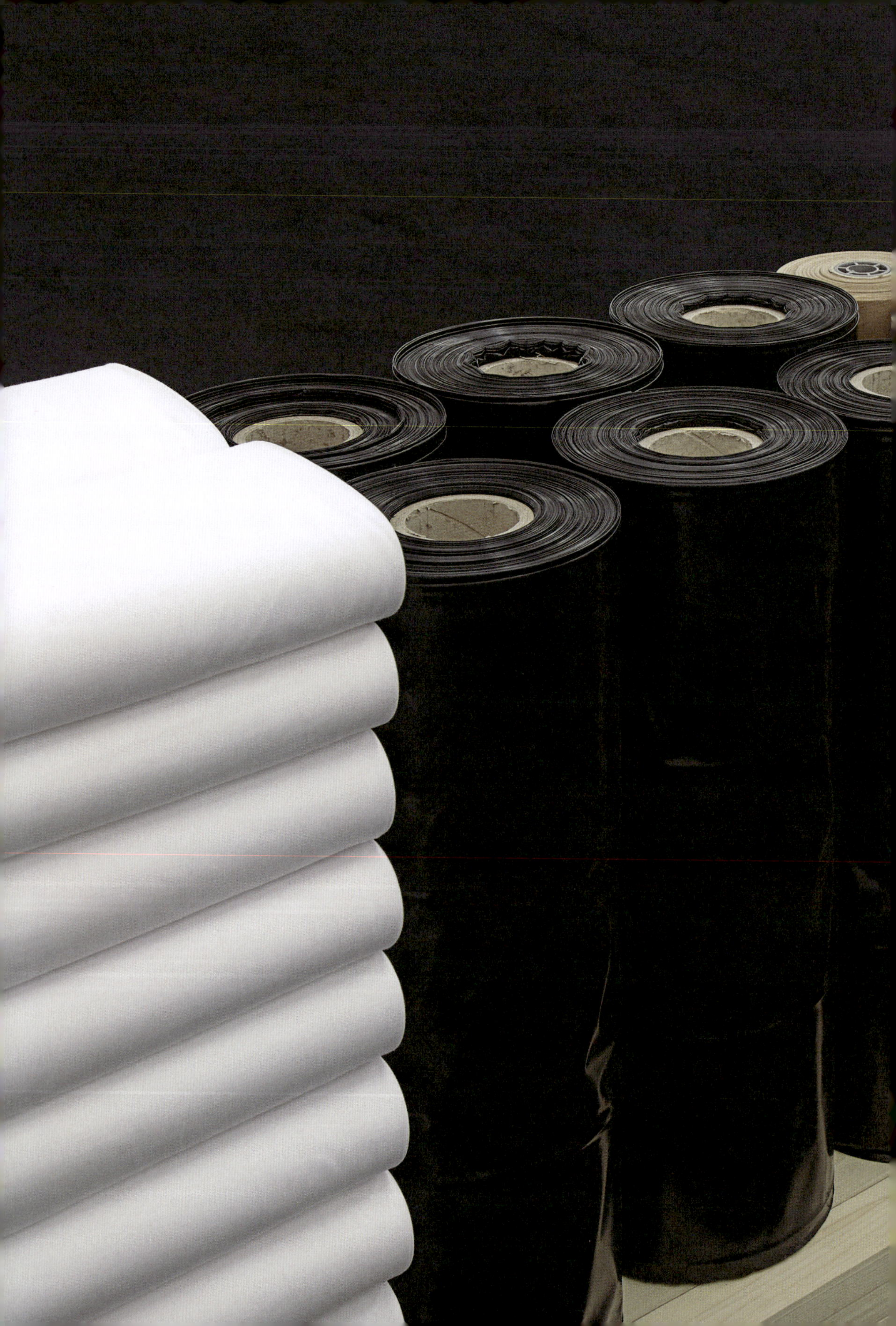

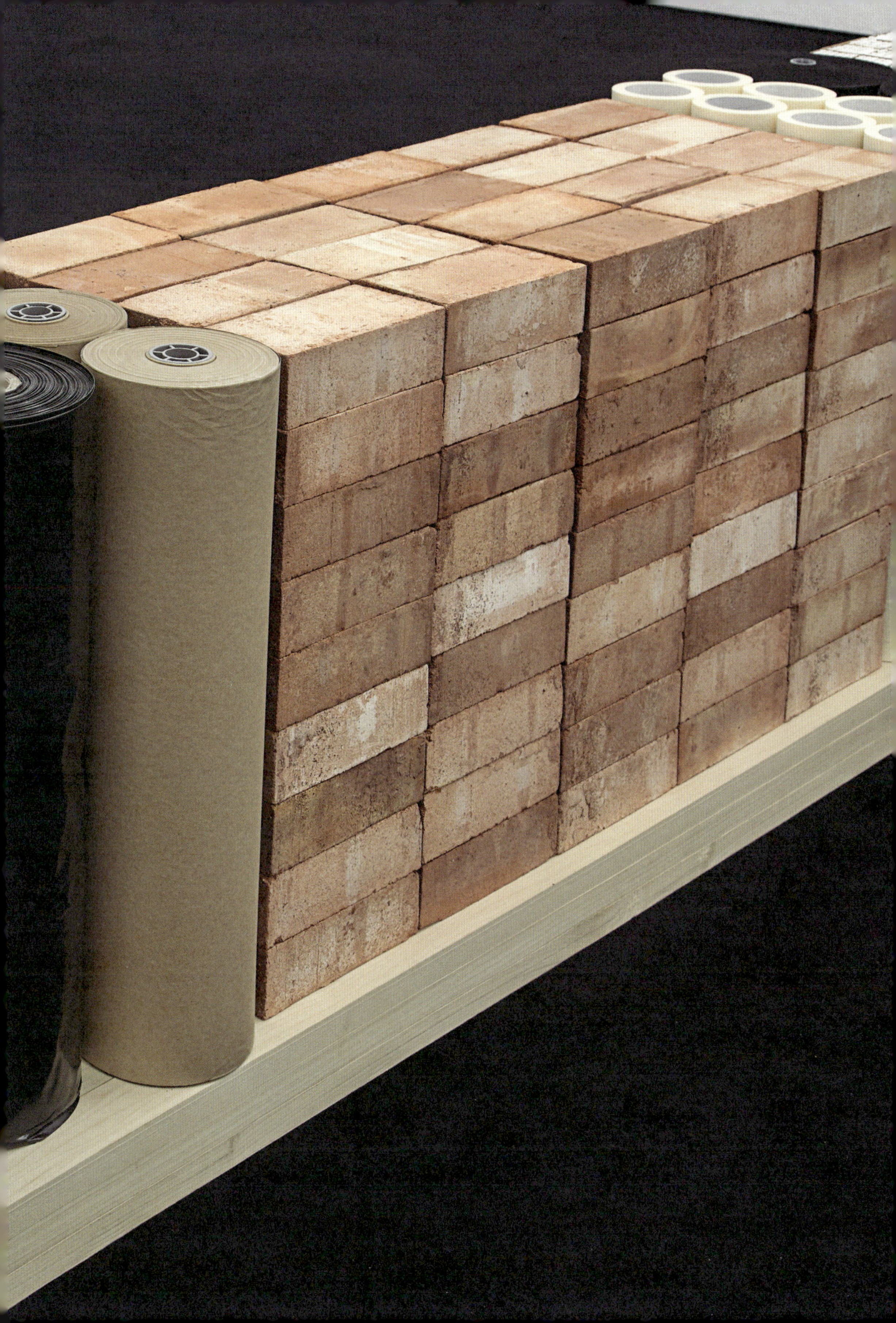

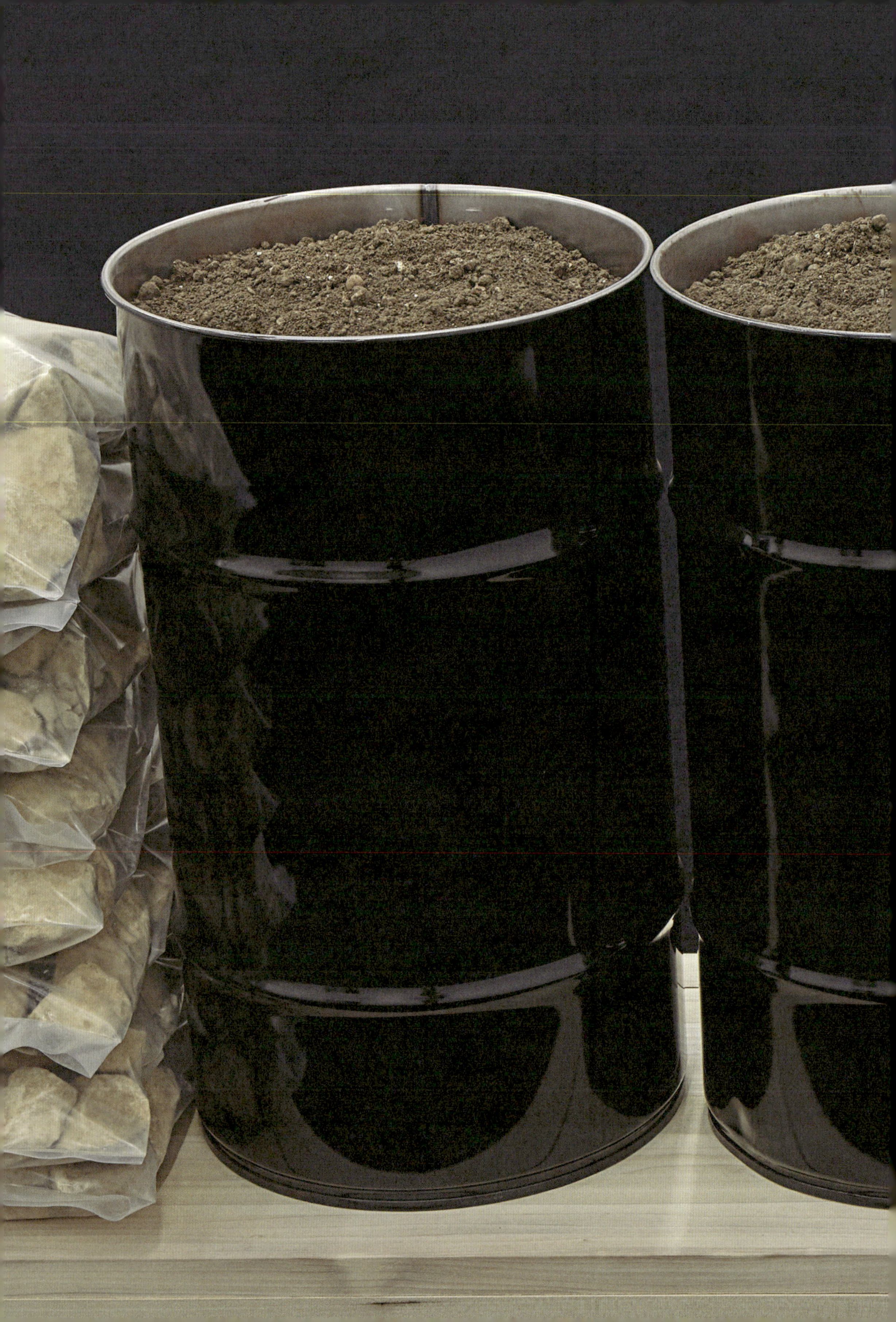

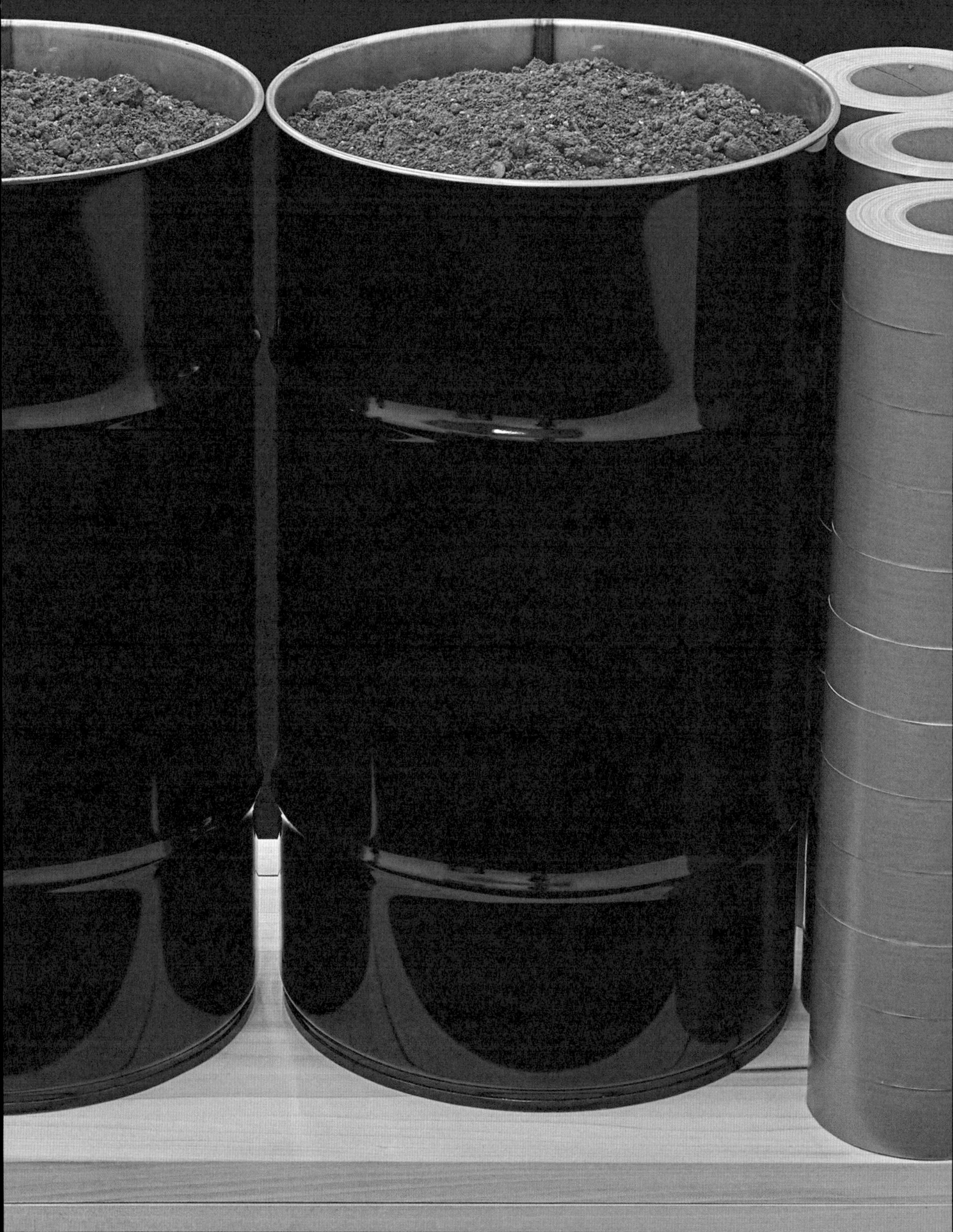

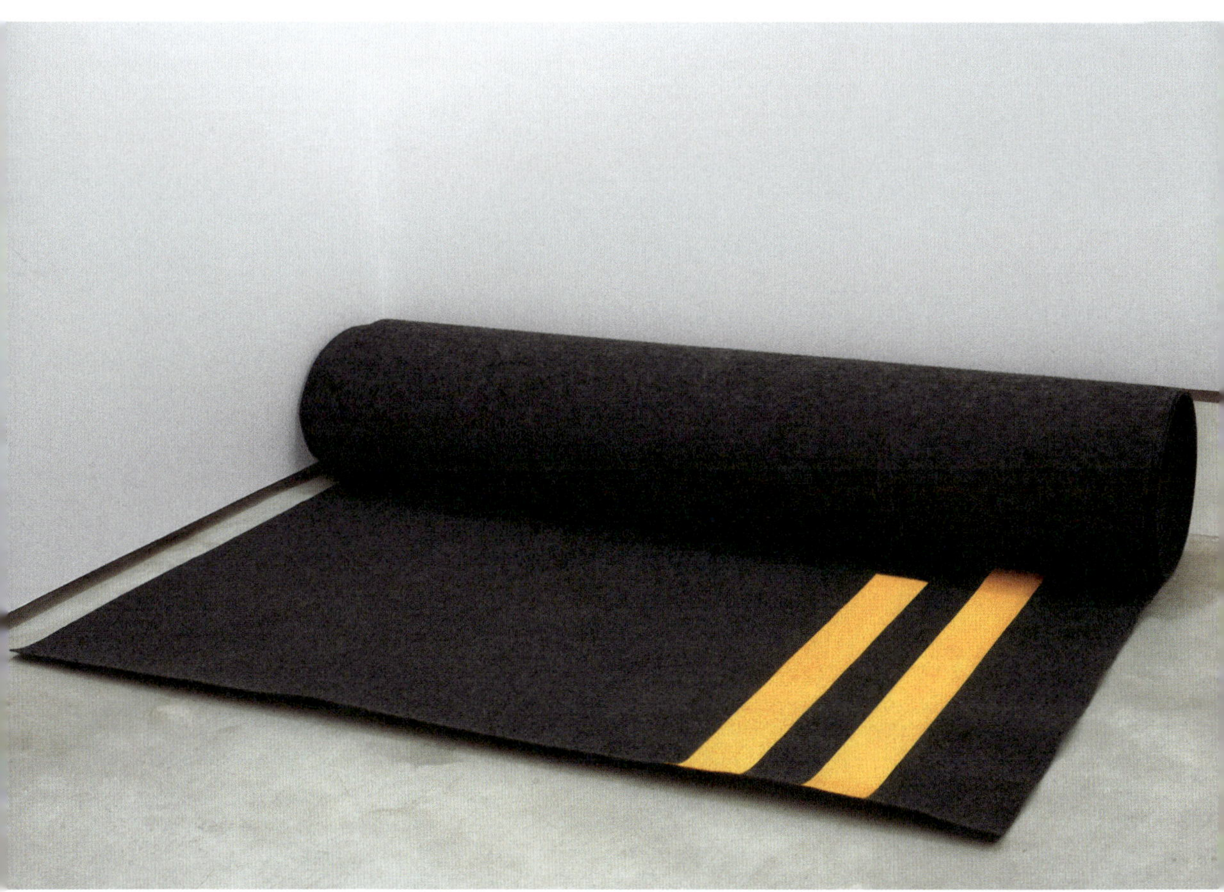

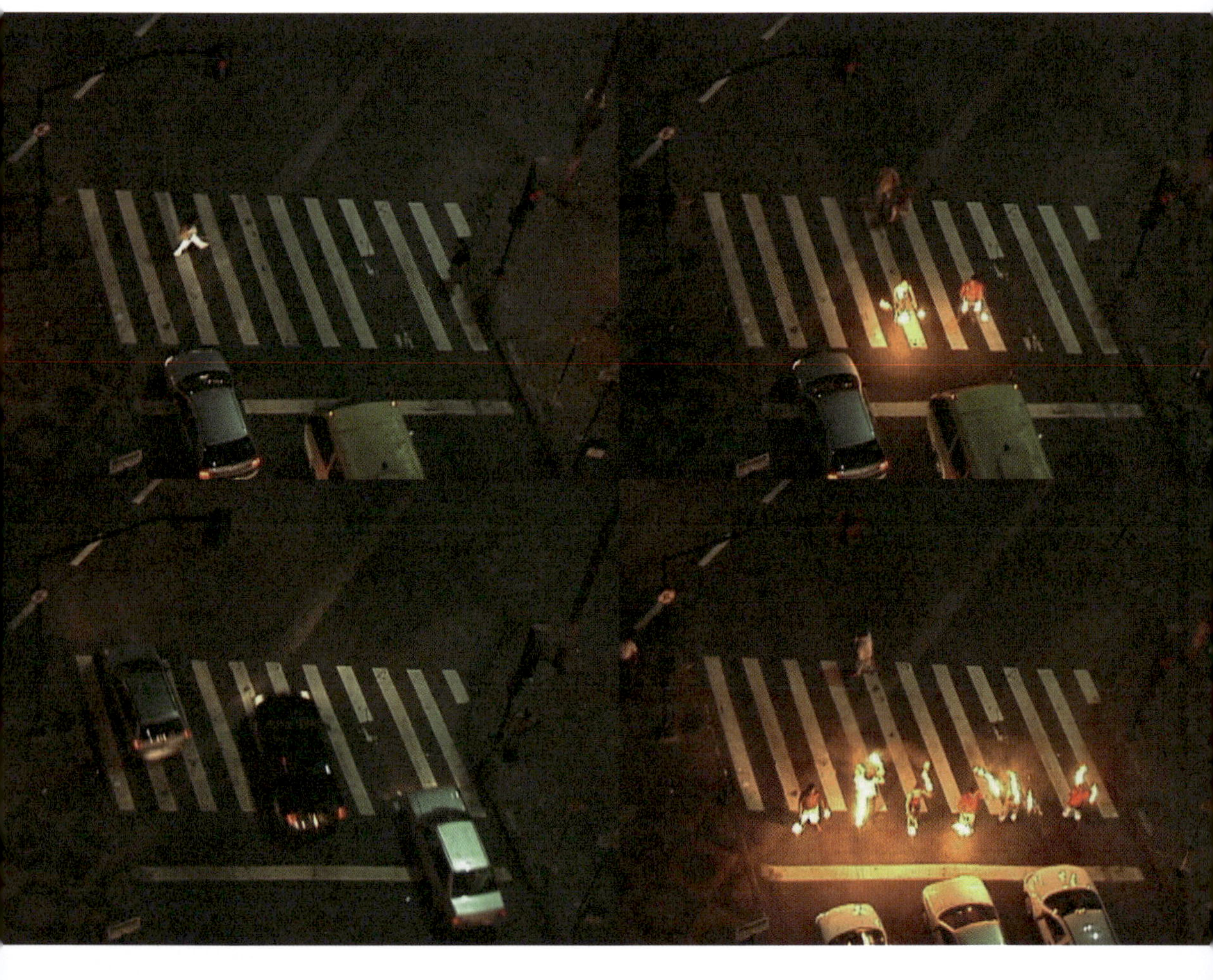

CONFRONTO (série UNUS MUNDUS)
2005

pp. 48-49
CAPA METAL
Cinthia Marcelle & Jean Meeran
2003

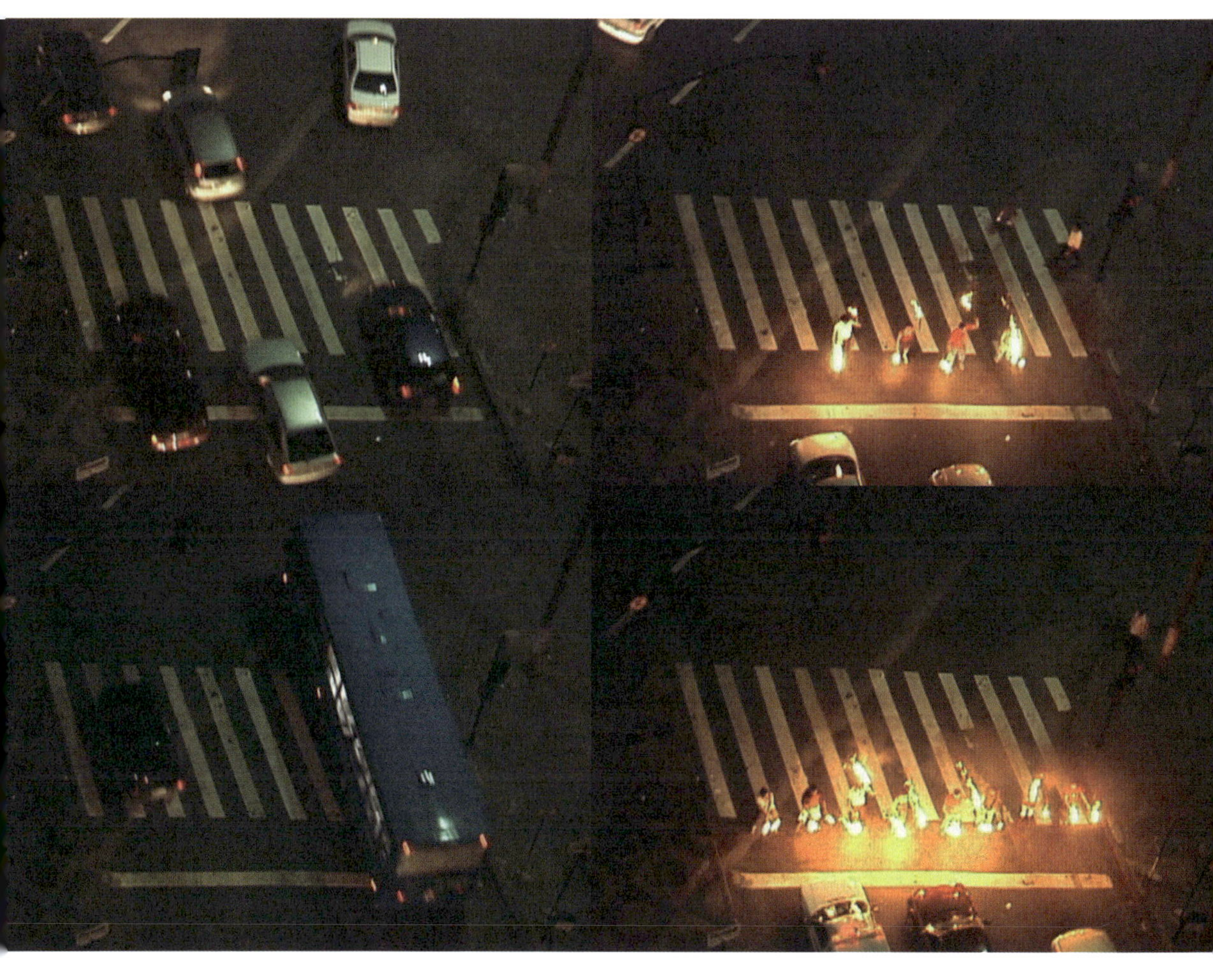

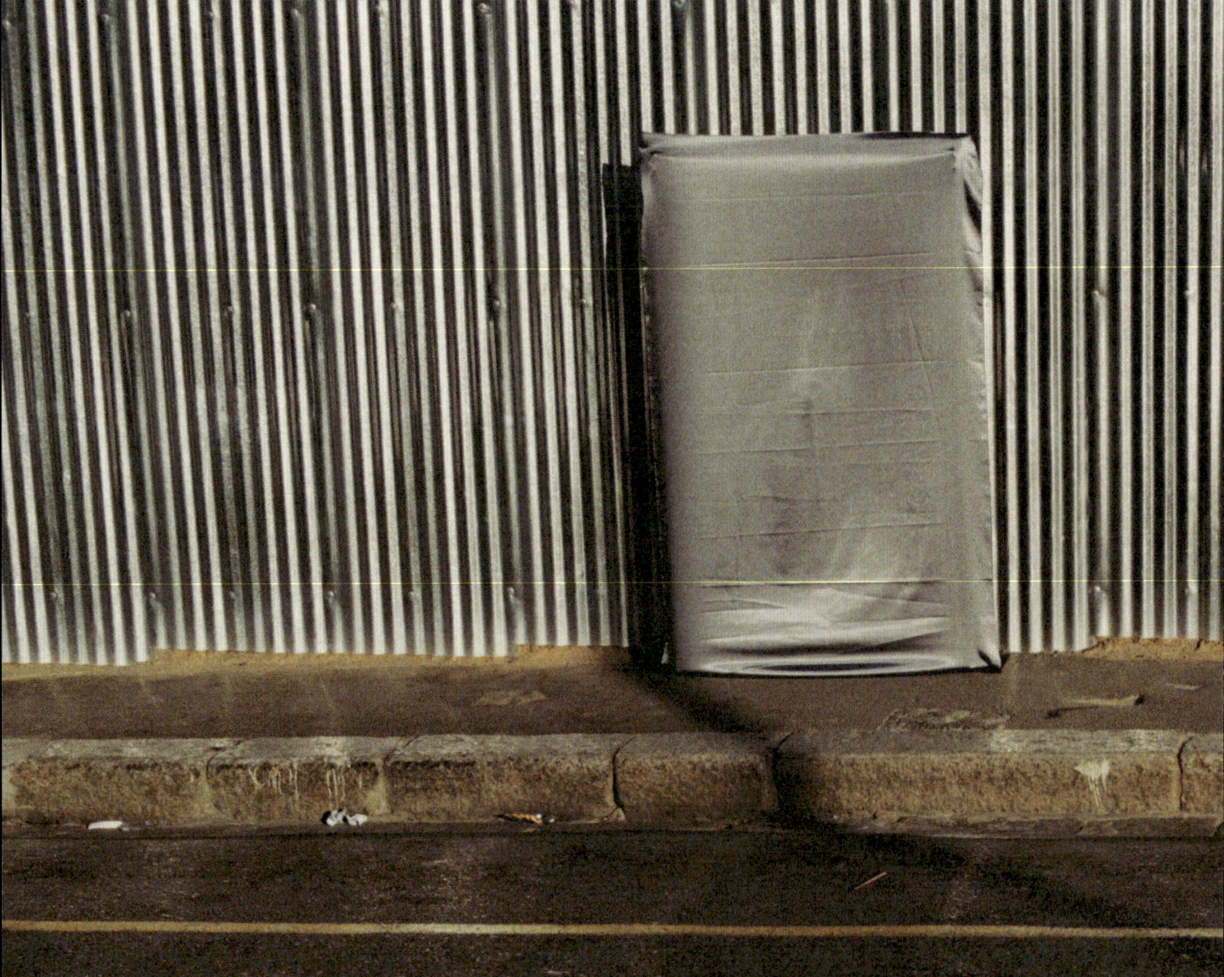

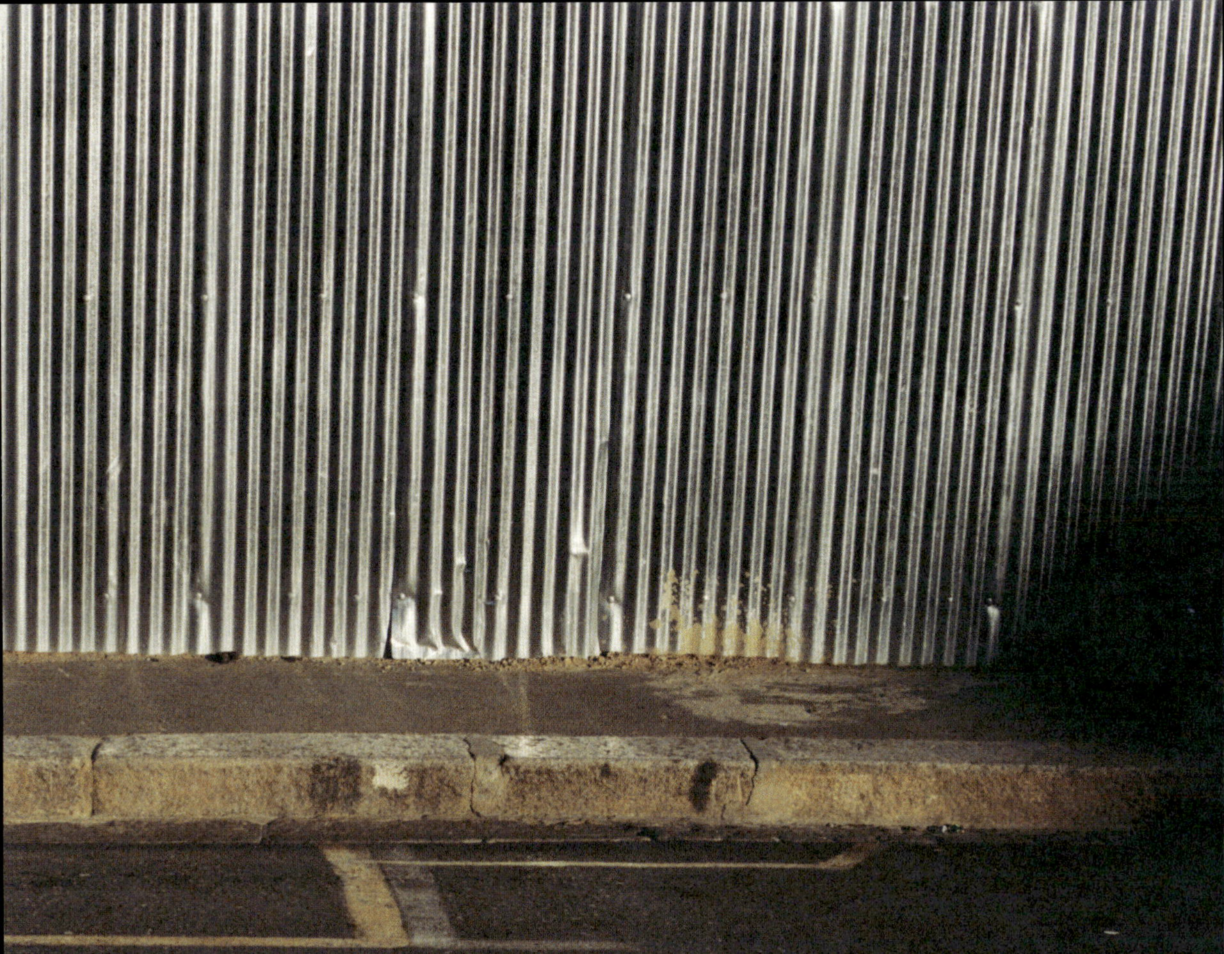

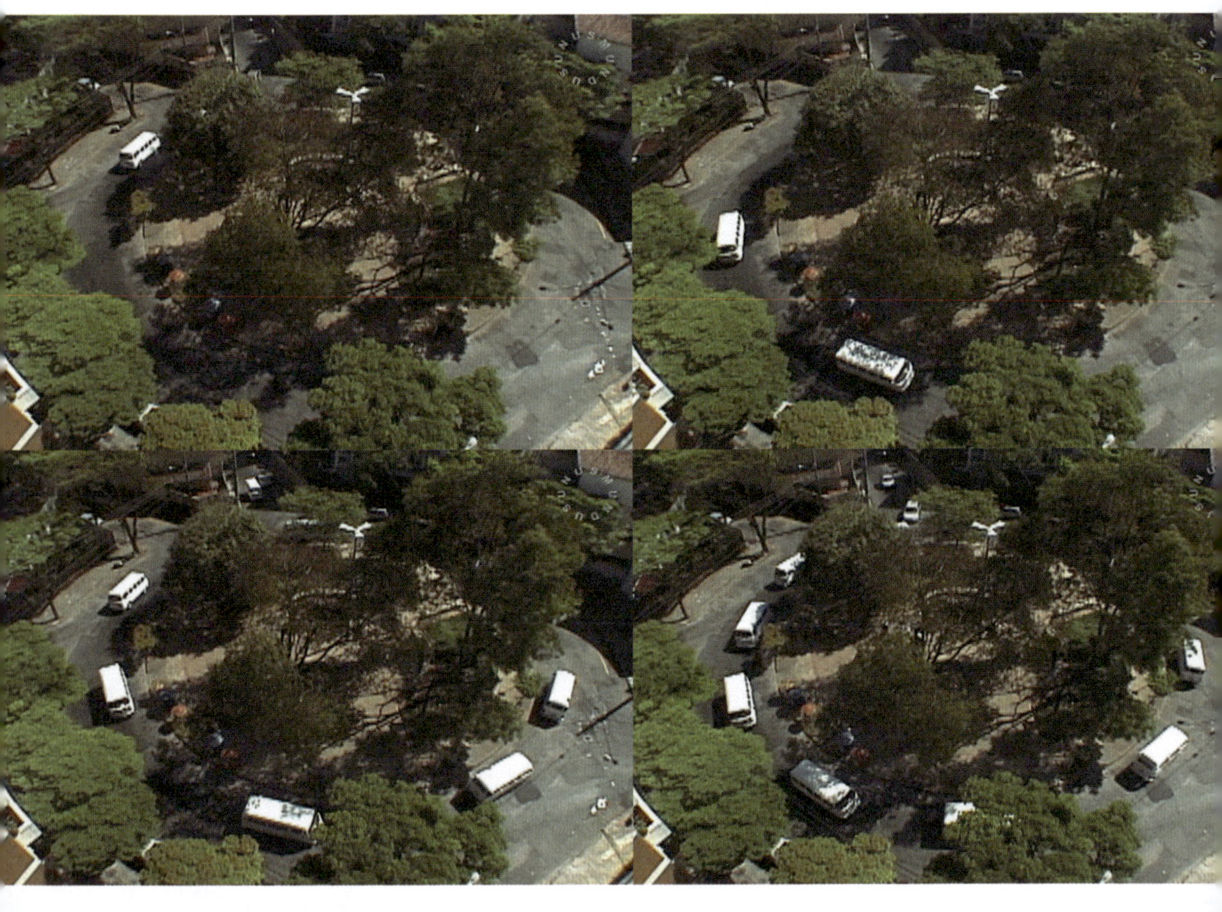

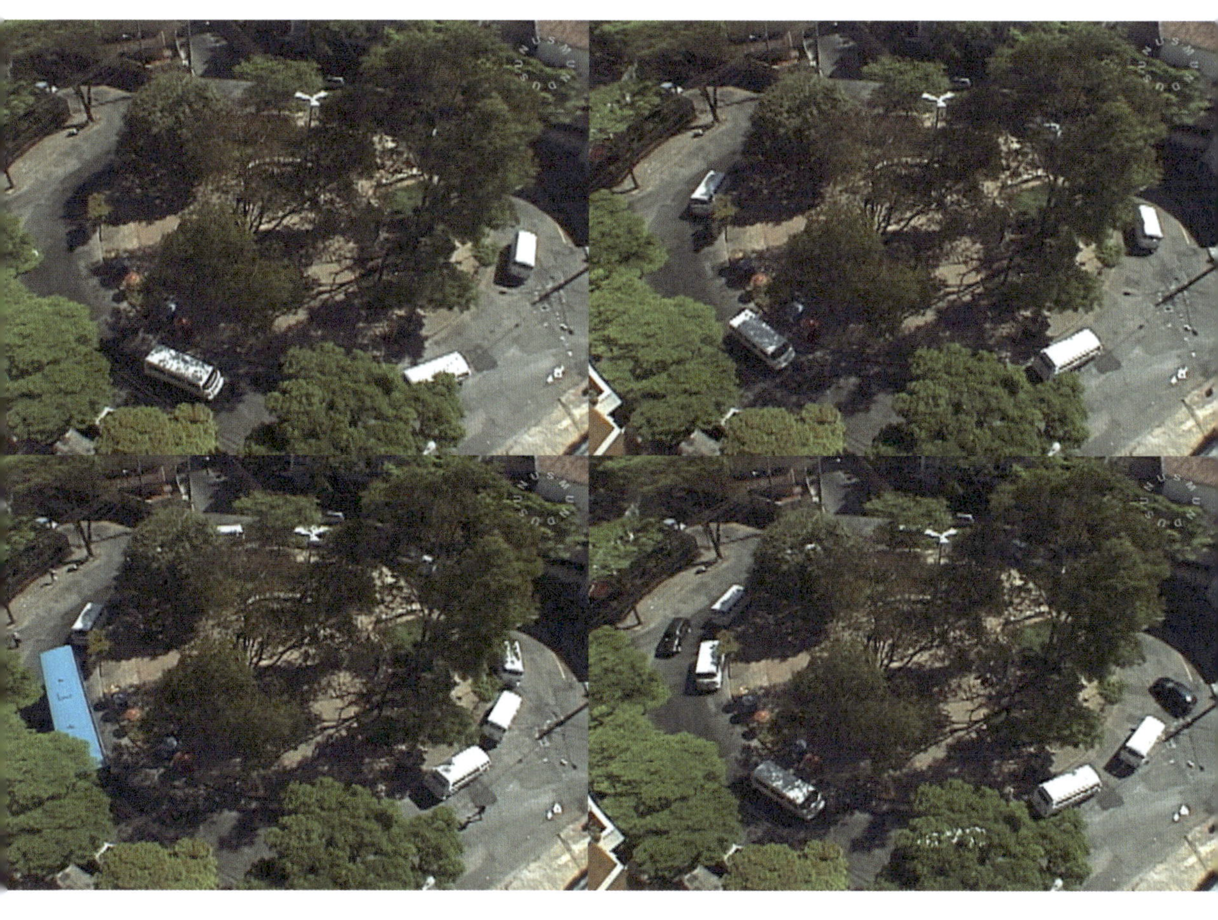

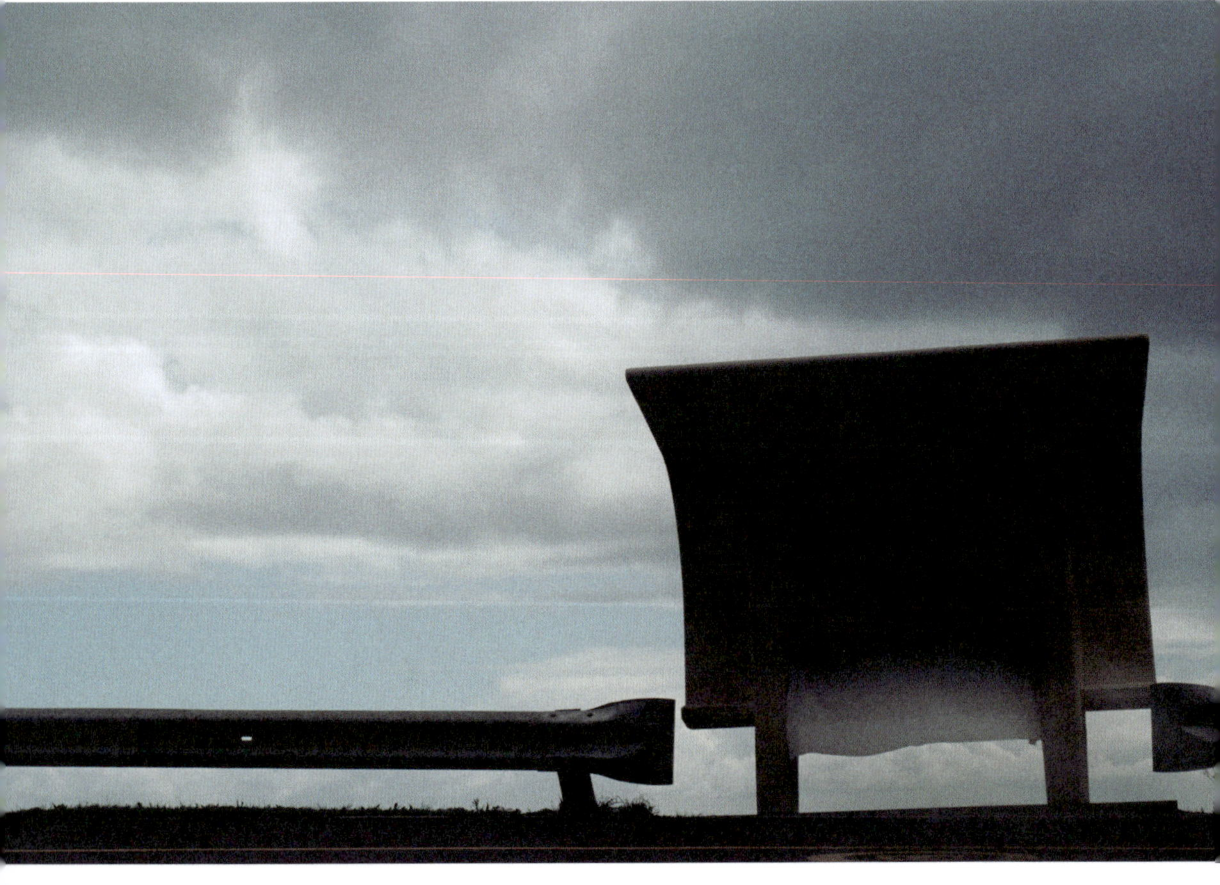

CAPA MORADA (série TÉCIDOS)
Cinthia Marcelle & Jean Meeran
2003

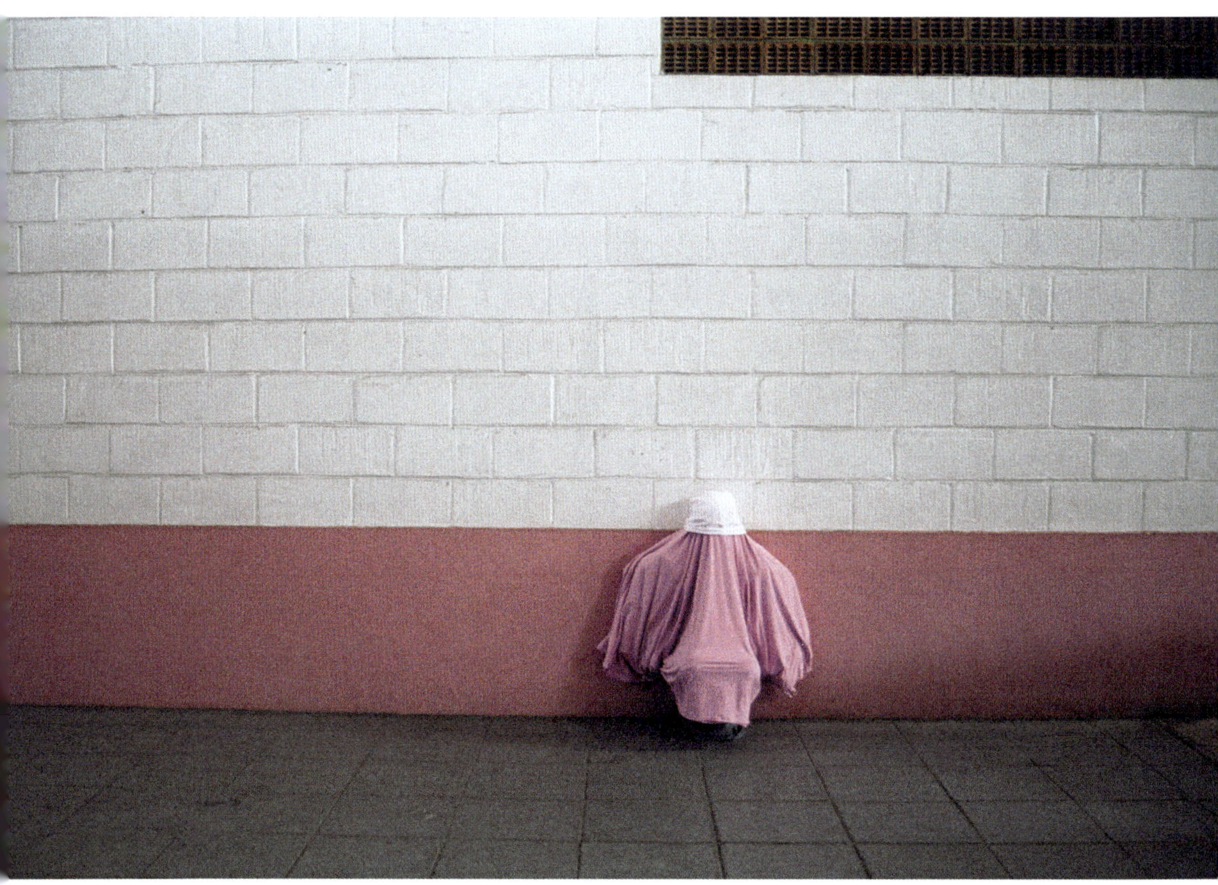

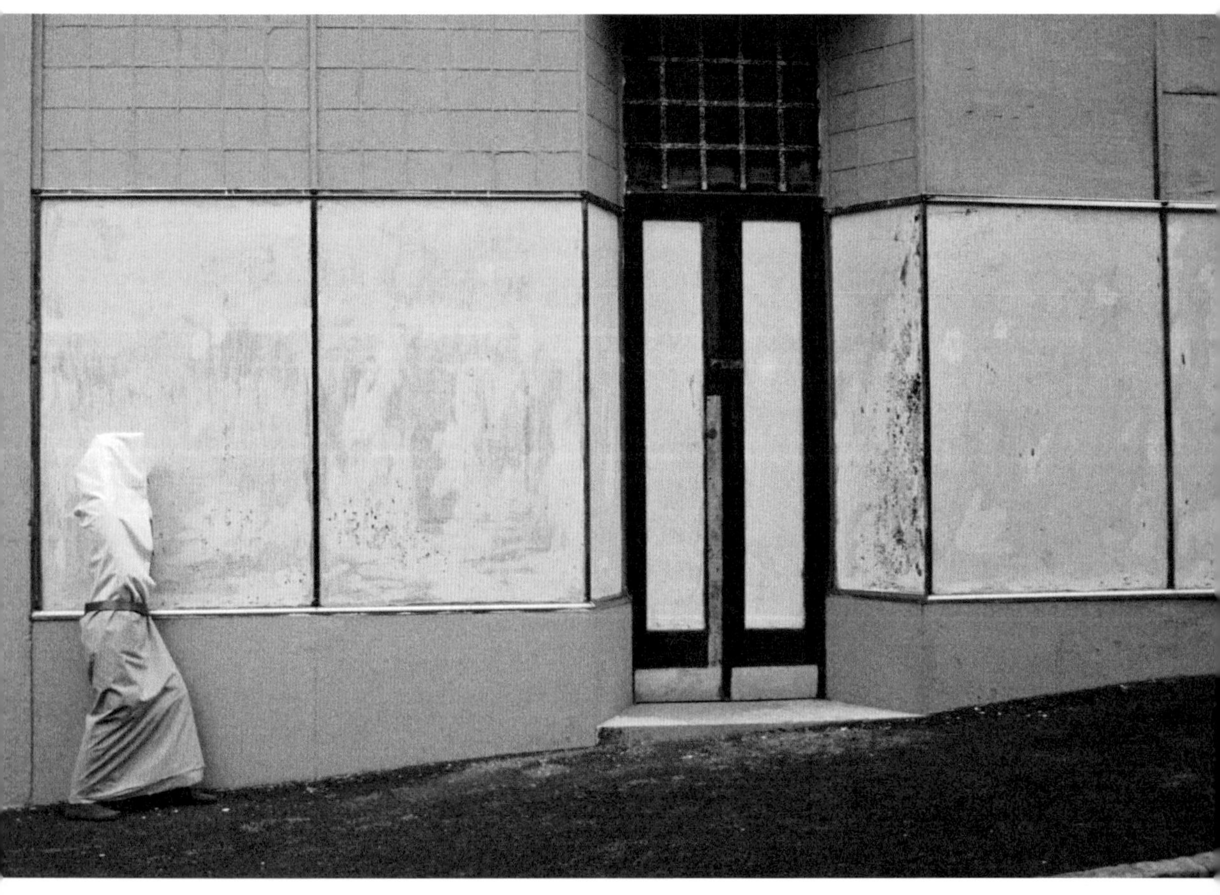

CAPA MORADA (série TÉCIDOS)
Cinthia Marcelle & Jean Meeran
2003

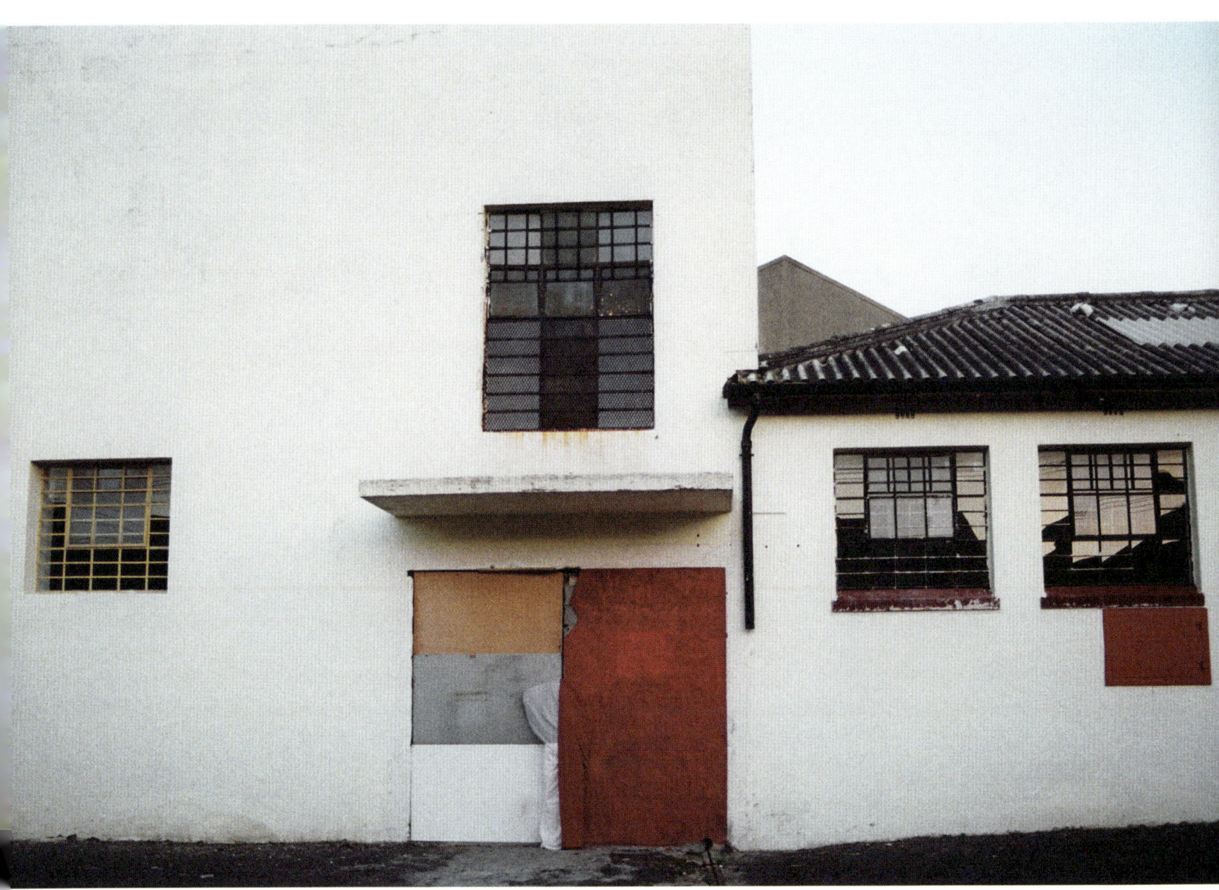

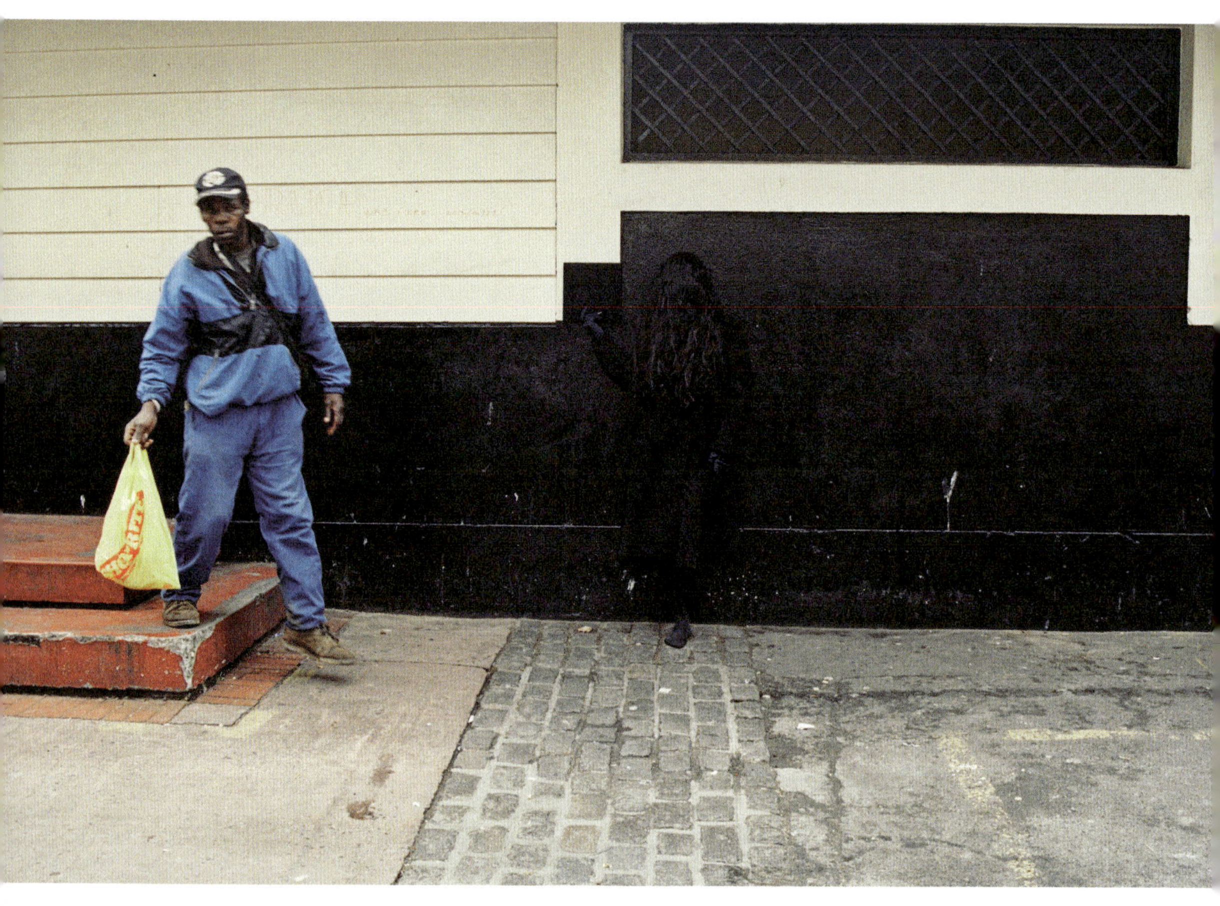

CAPA MORADA (série ROUPAS)
Cinthia Marcelle & Jean Meeran
2003

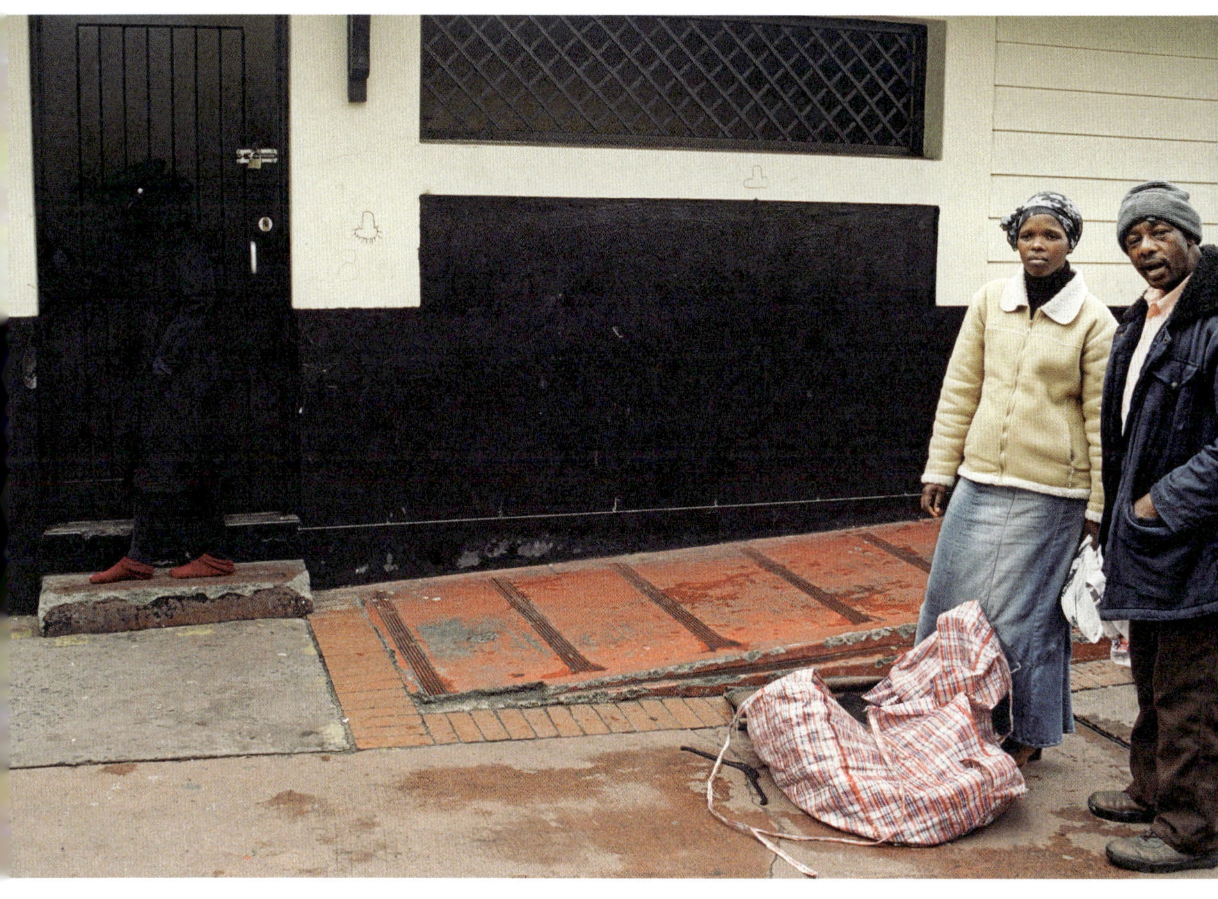

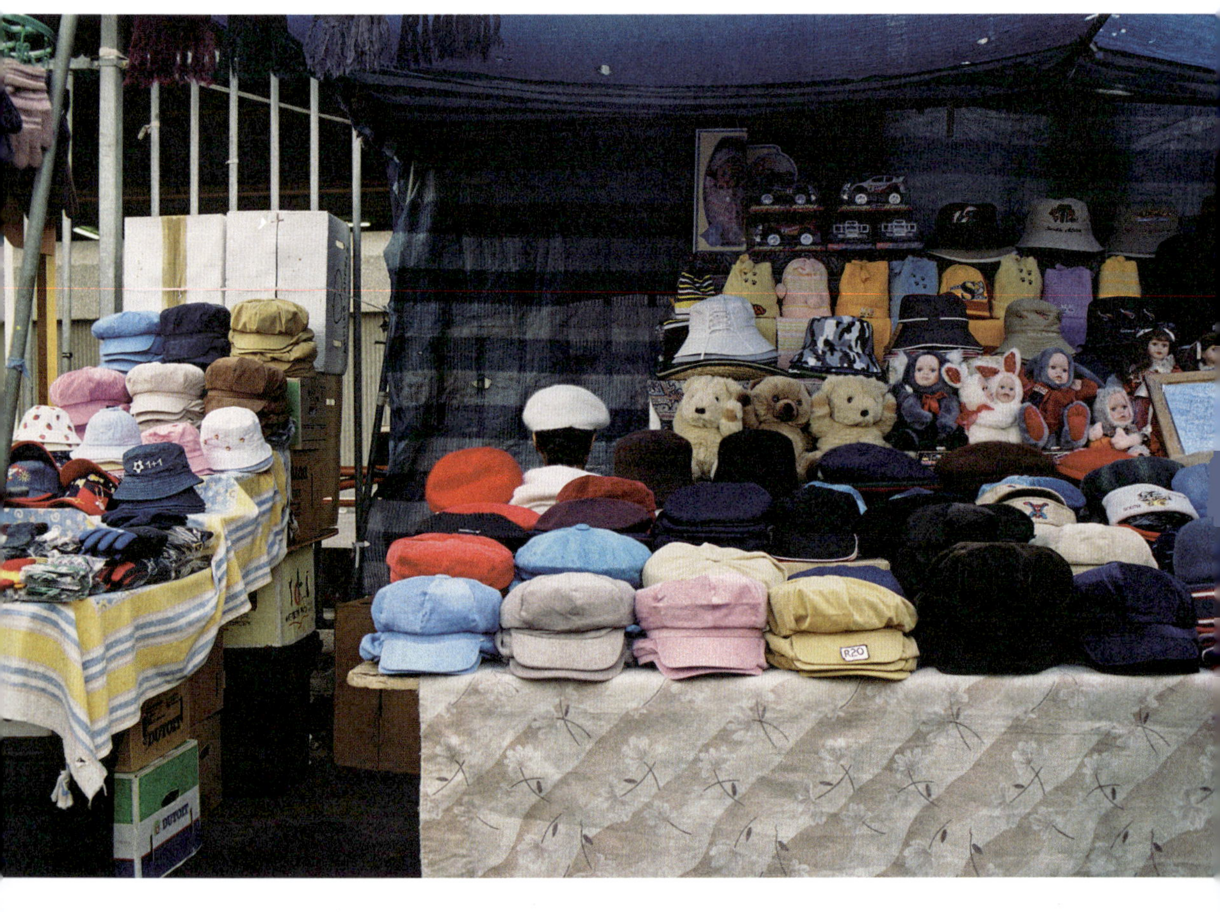

CAPA MORADA (série COISAS)
Cinthia Marcelle & Jean Meeran
2003

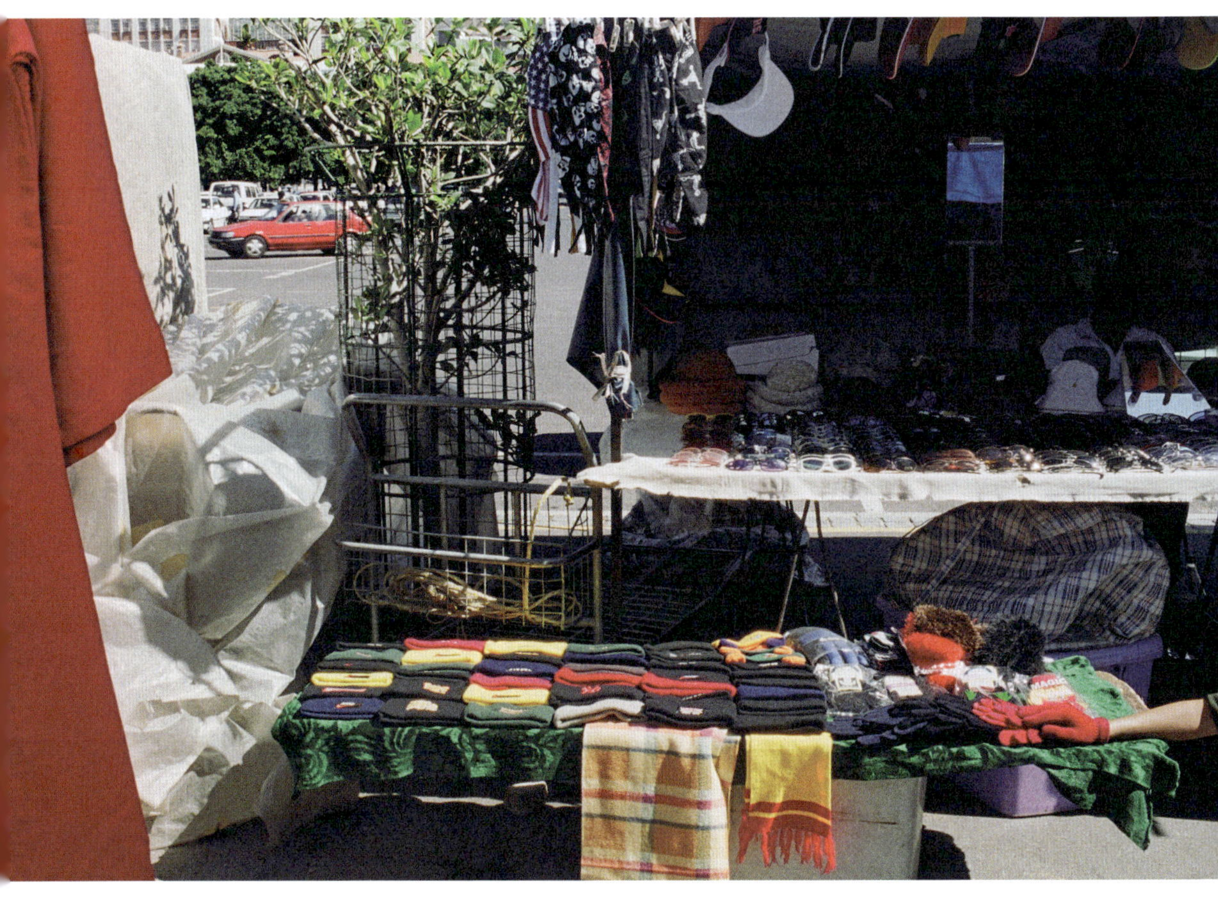

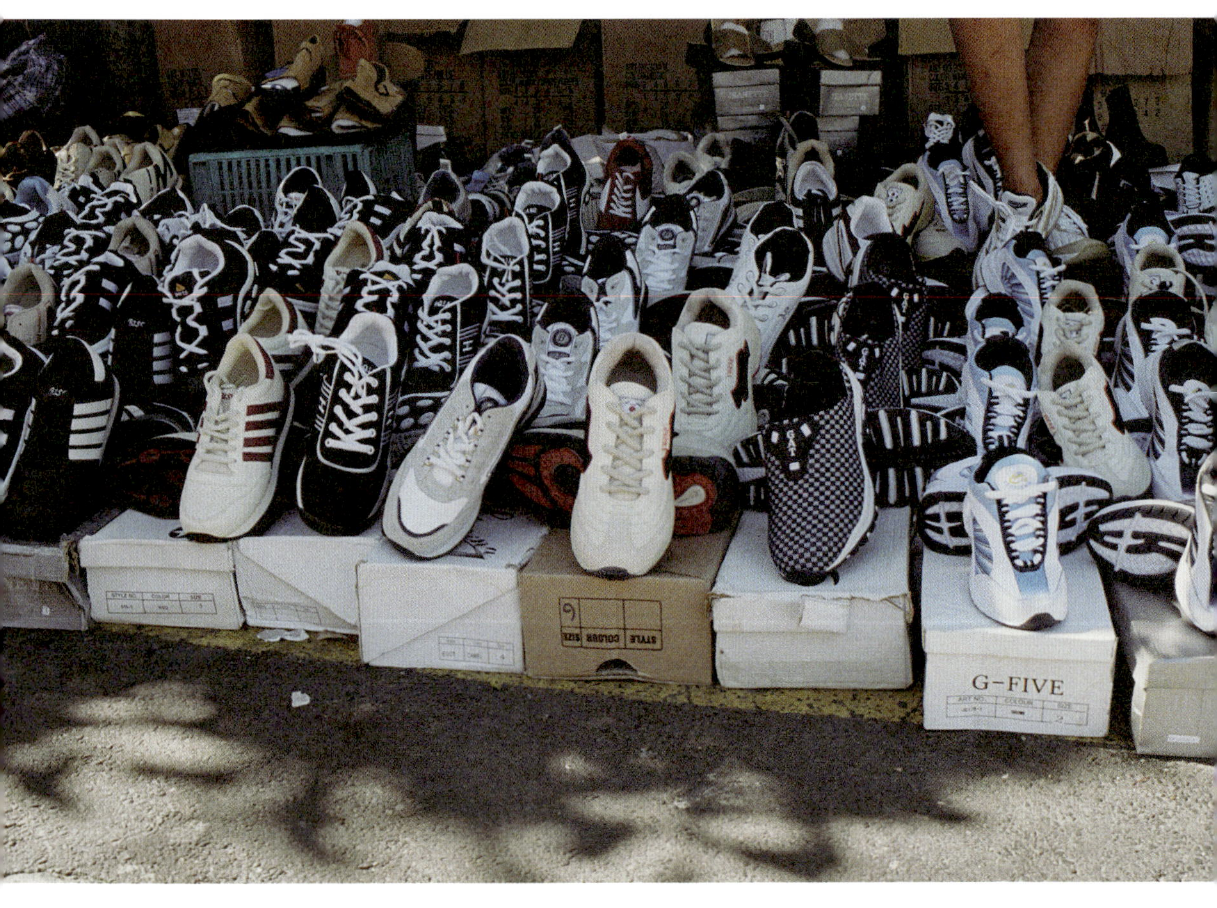

CAPA MORADA (série COISAS)
Cinthia Marcelle & Jean Meeran
2003

CAPA MORADA (série PESSOAS)
Cinthia Marcelle & Jean Meeran
2003

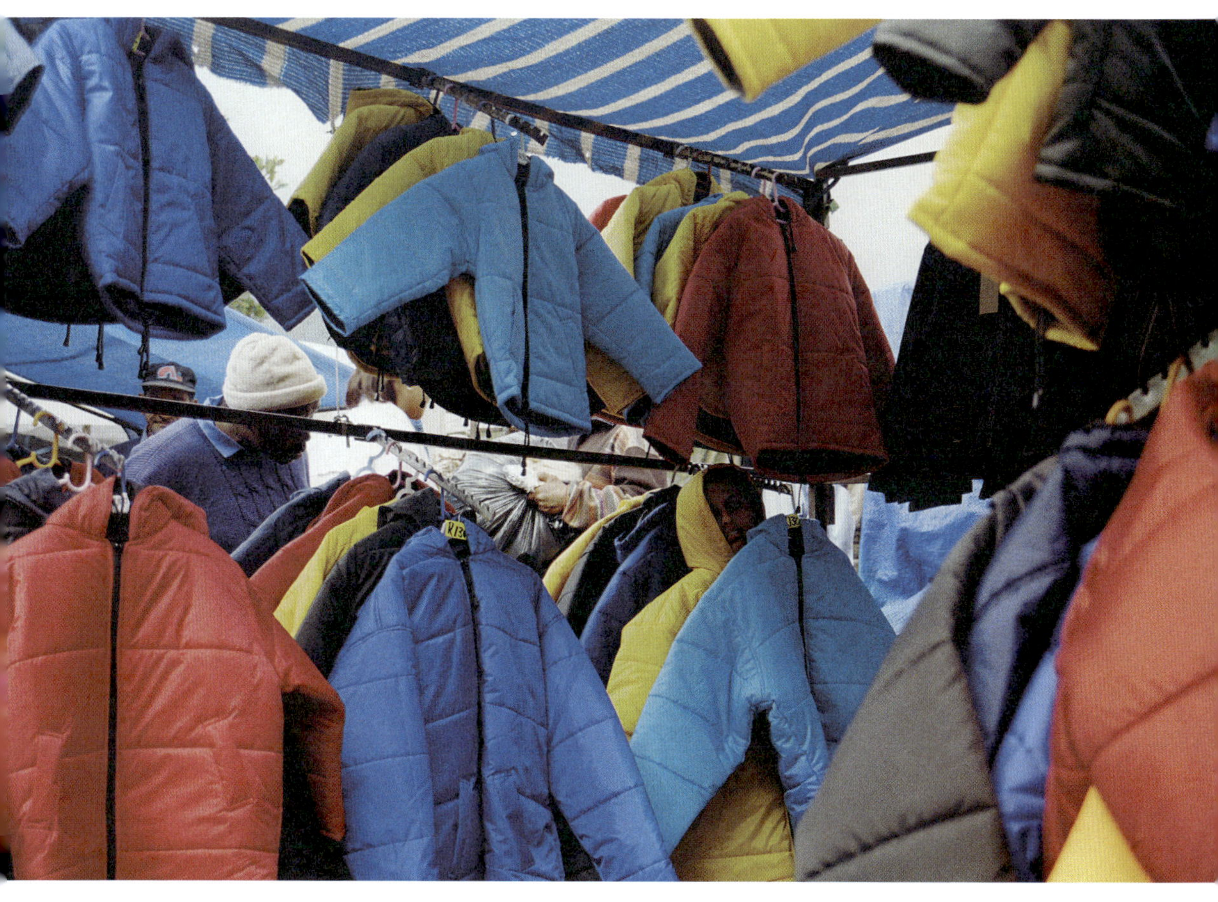

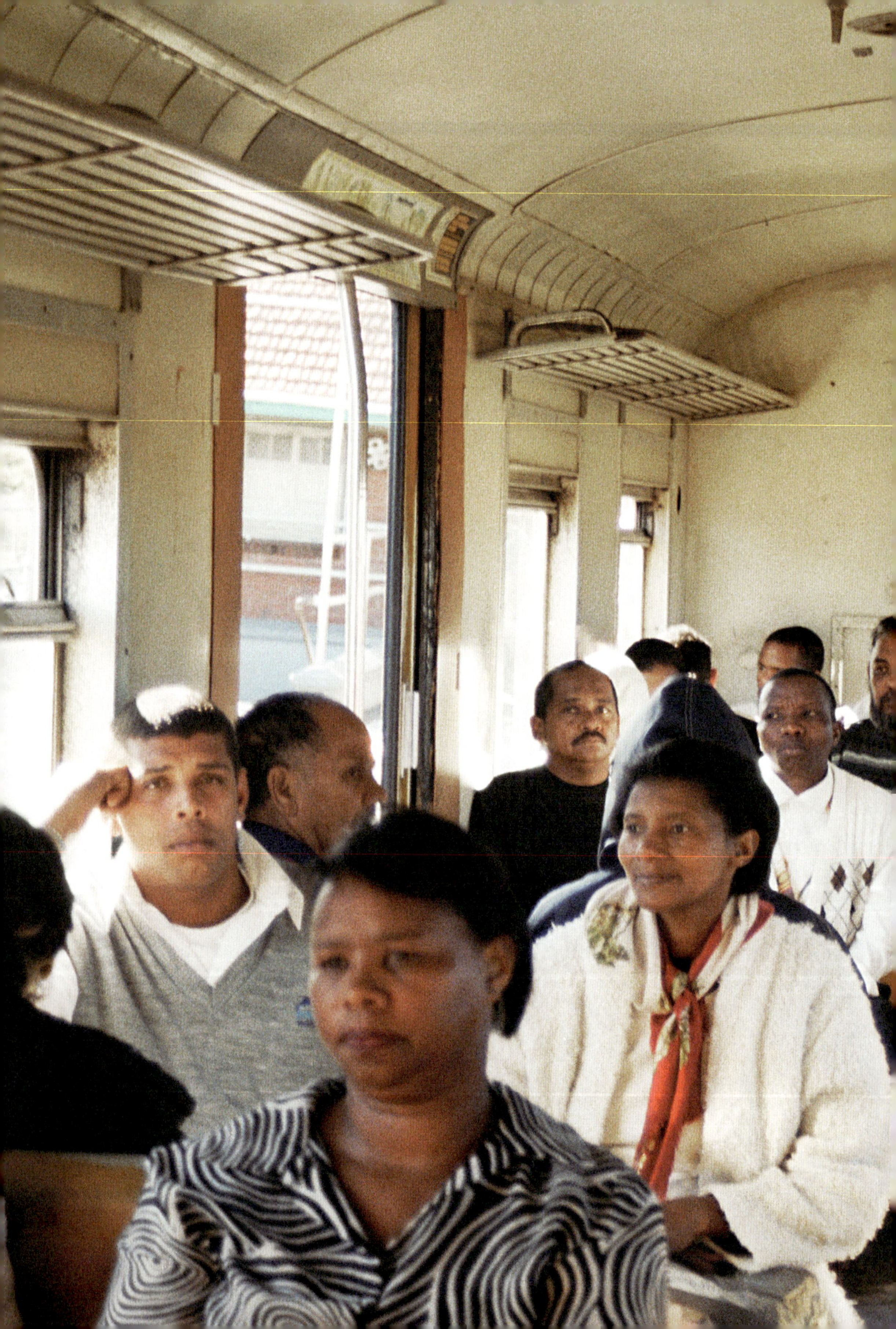

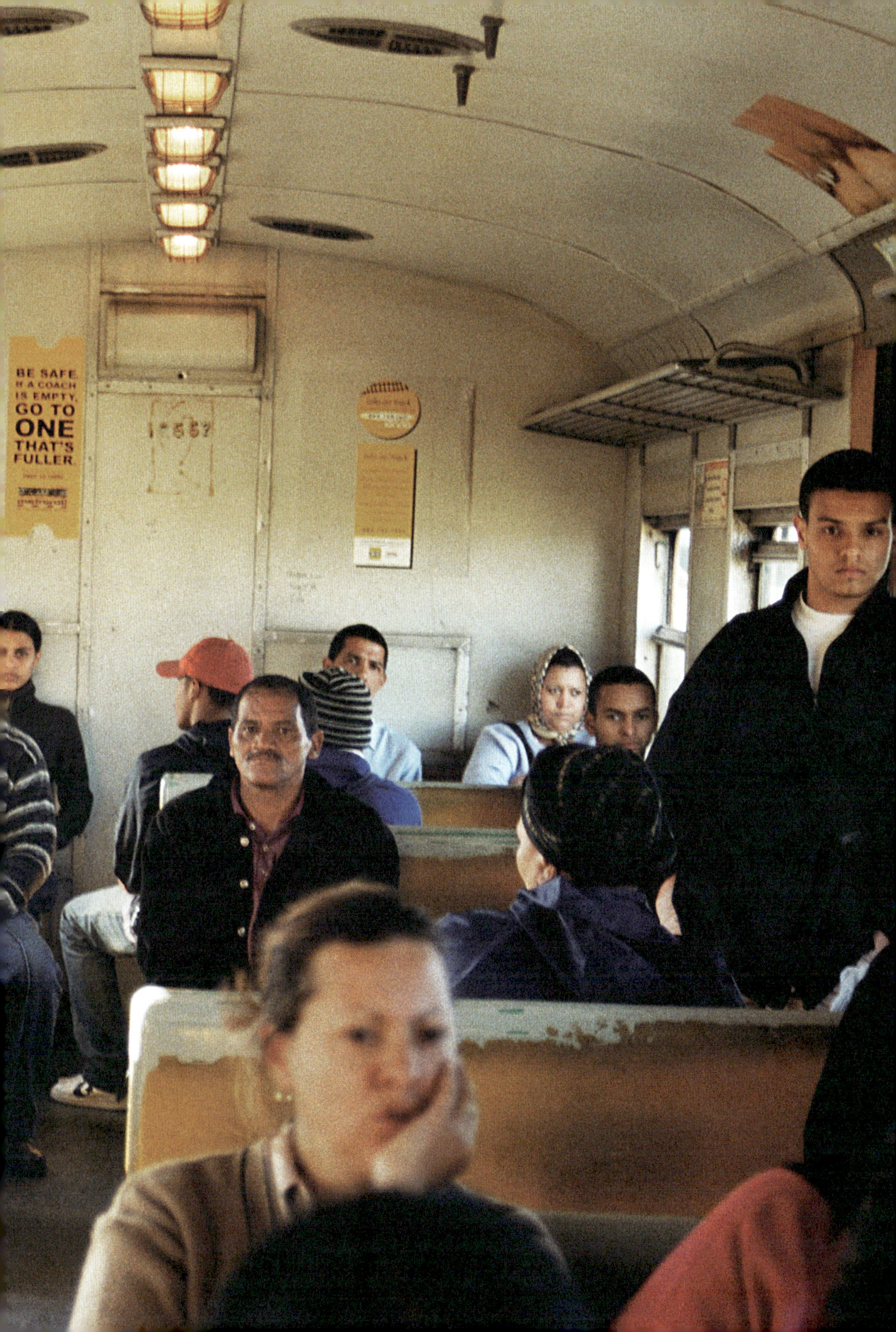

BE SAFE.
IF A COACH
IS EMPTY,
GO TO
ONE
THAT'S
FULLER.

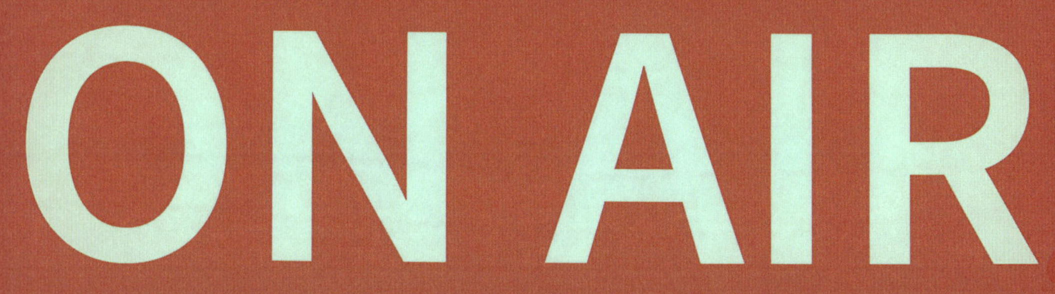
ON AIR

LONGE
DAQUI

AQUI
MESMO

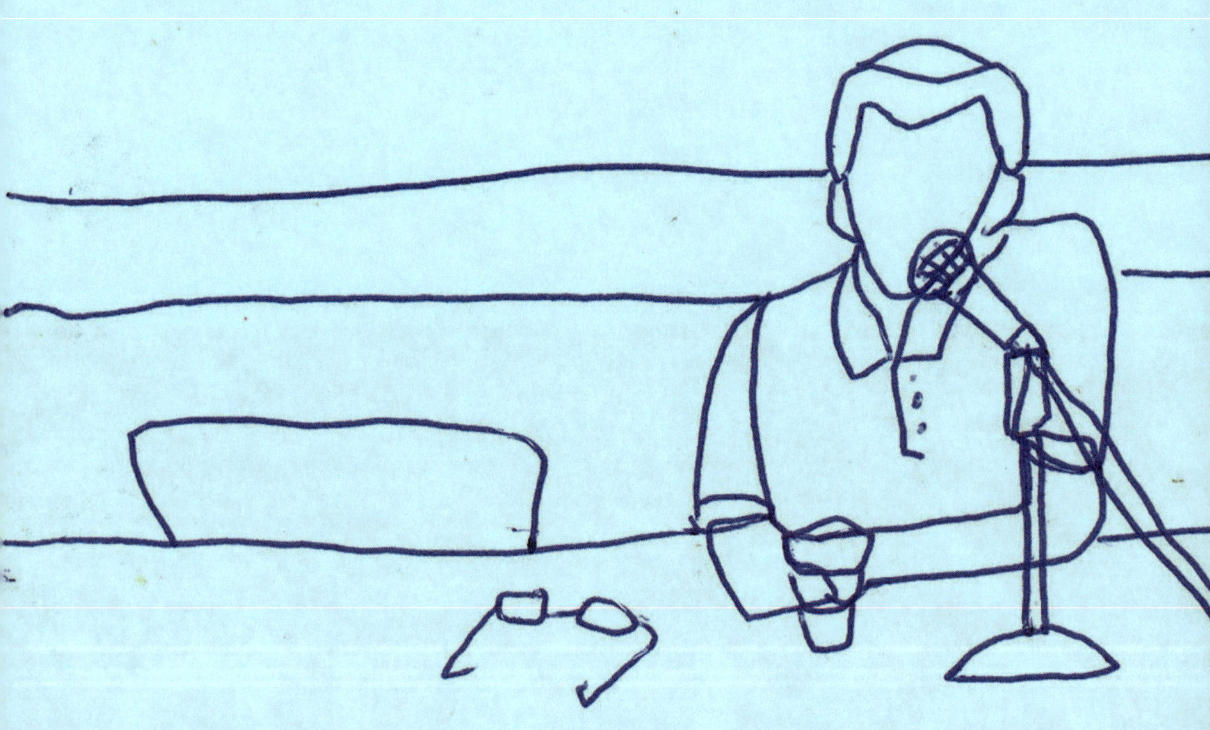

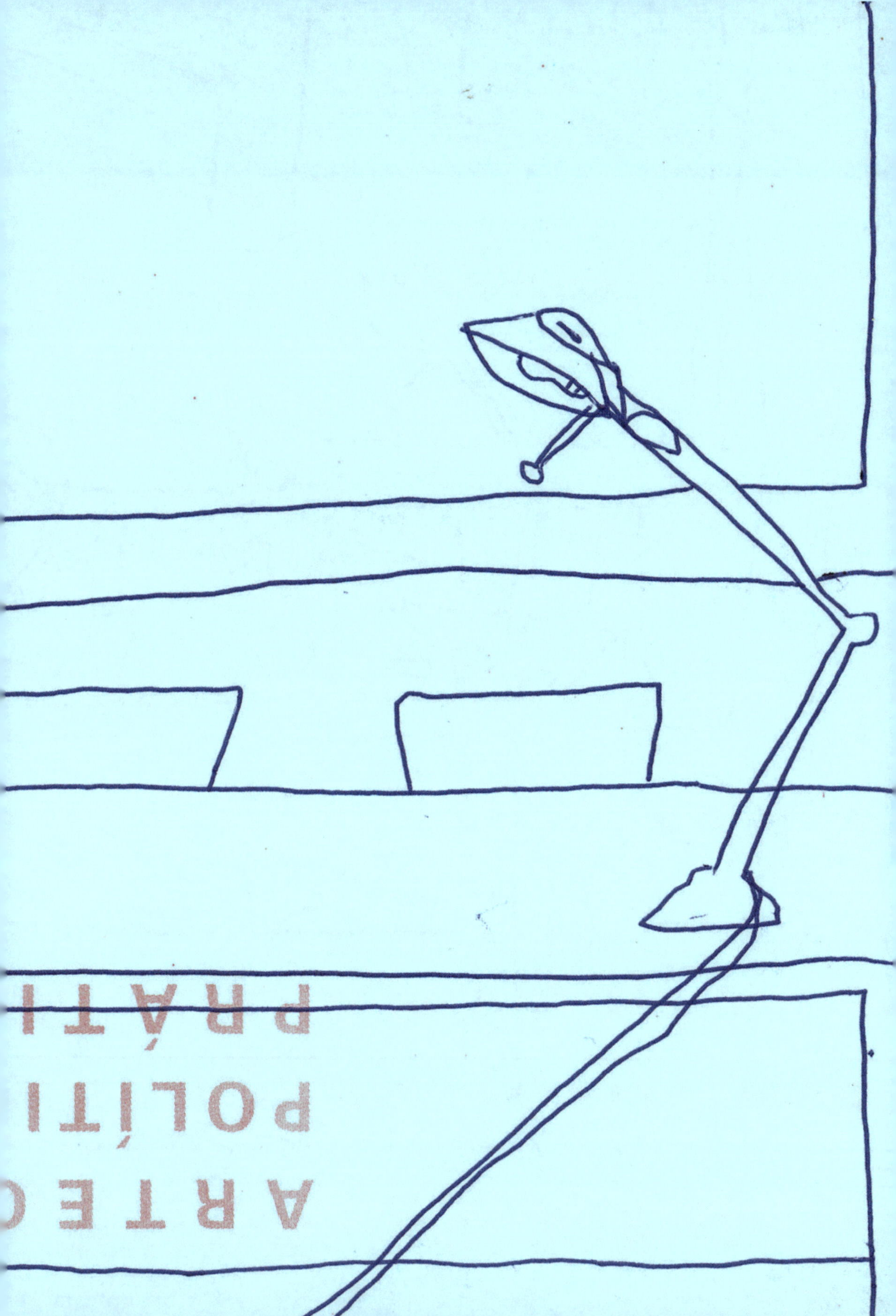

ONTEMPORÂNEA
ASINSTITUCIONAIS
ASCURATORIAIS

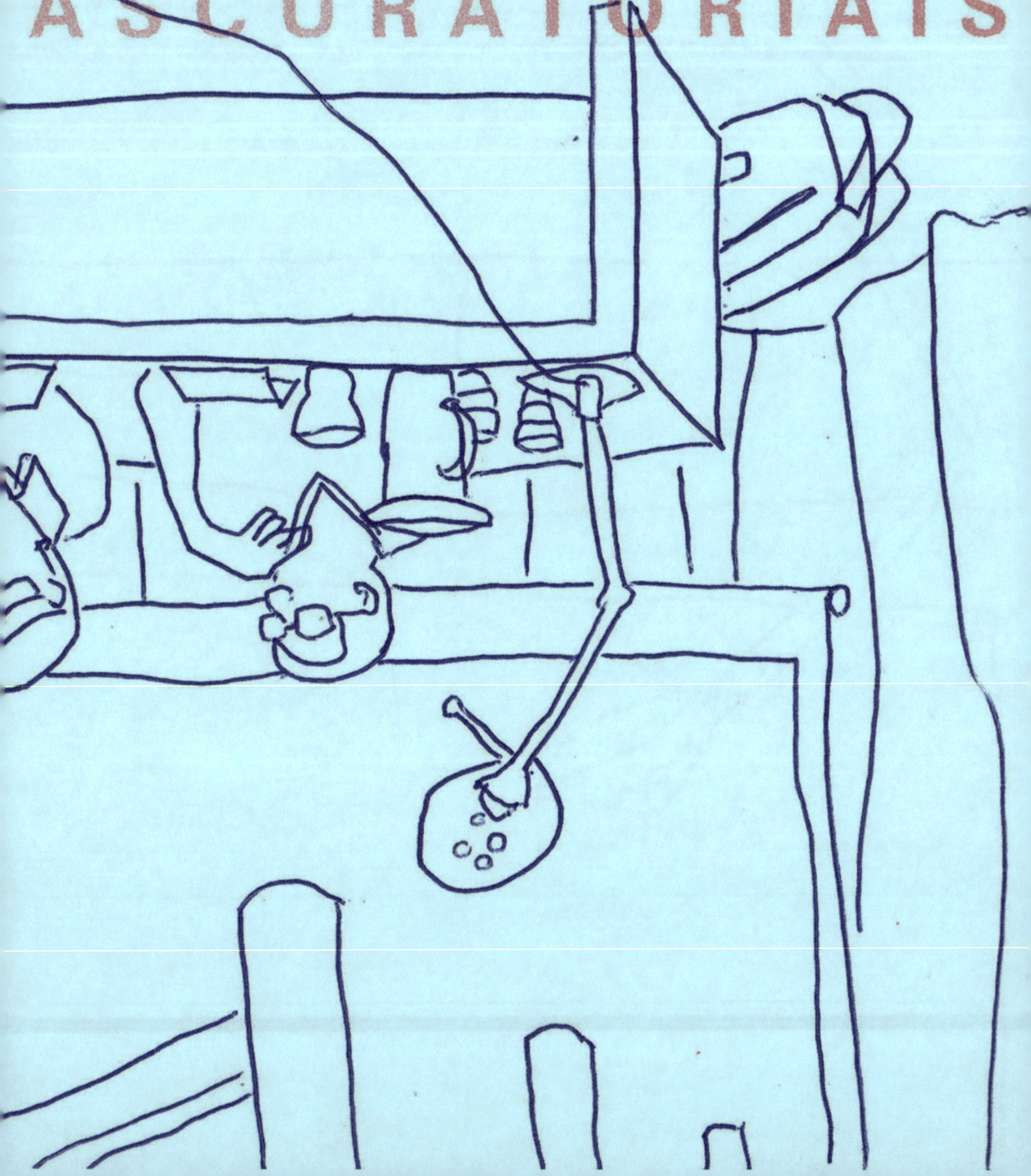

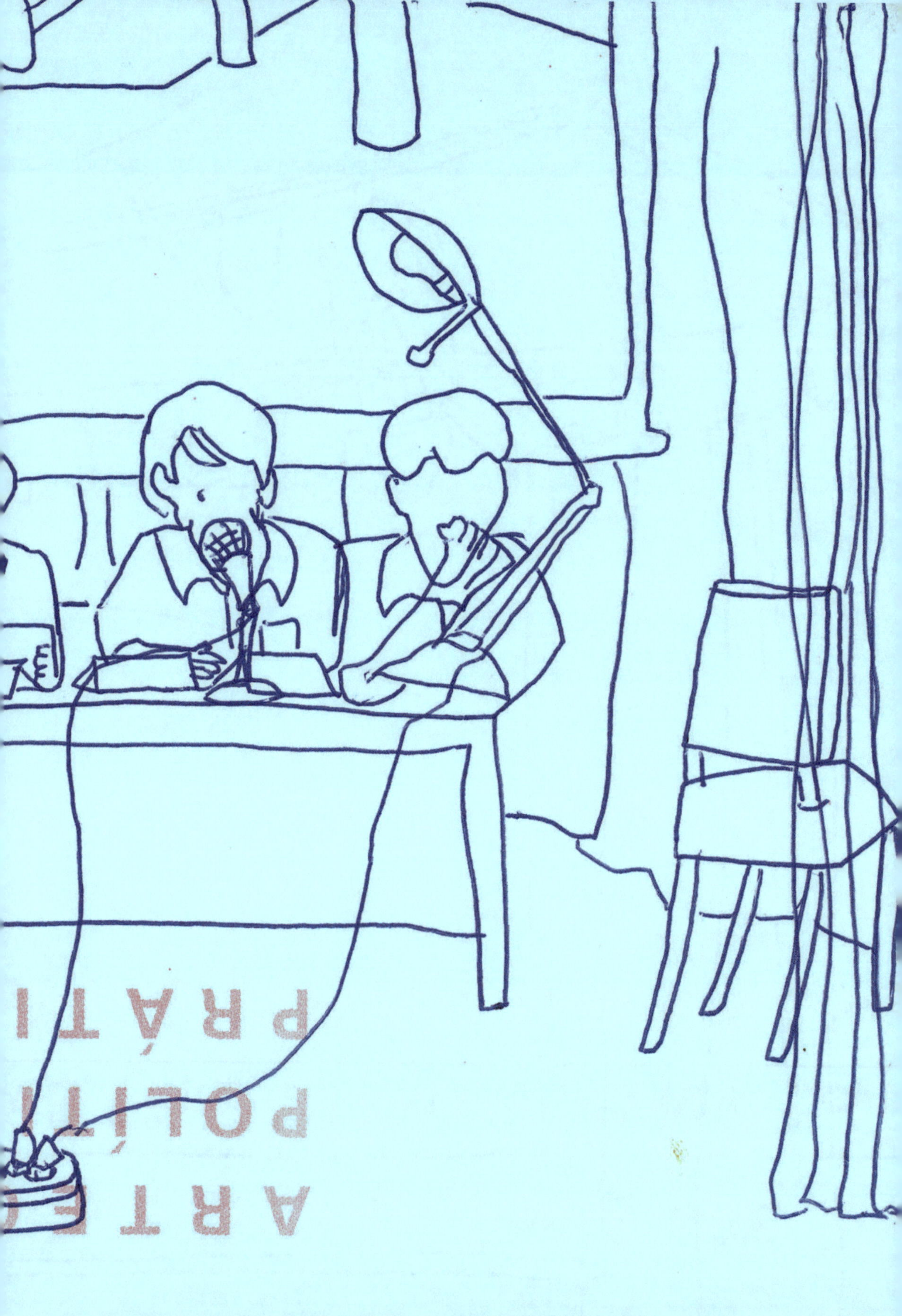

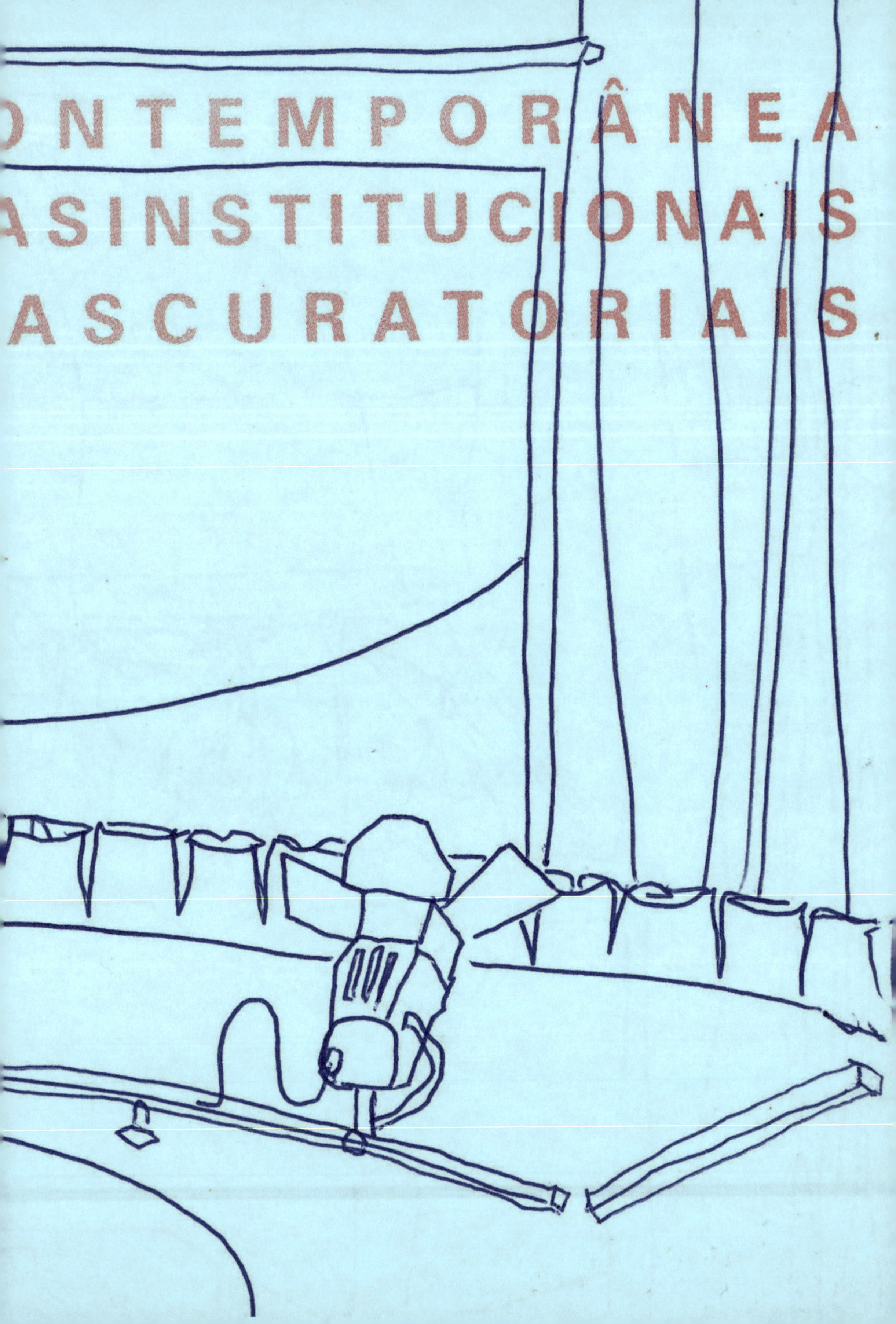
ONTEMPORÂNEA
ASINSTITUCIONAIS
ASCURATORIAIS

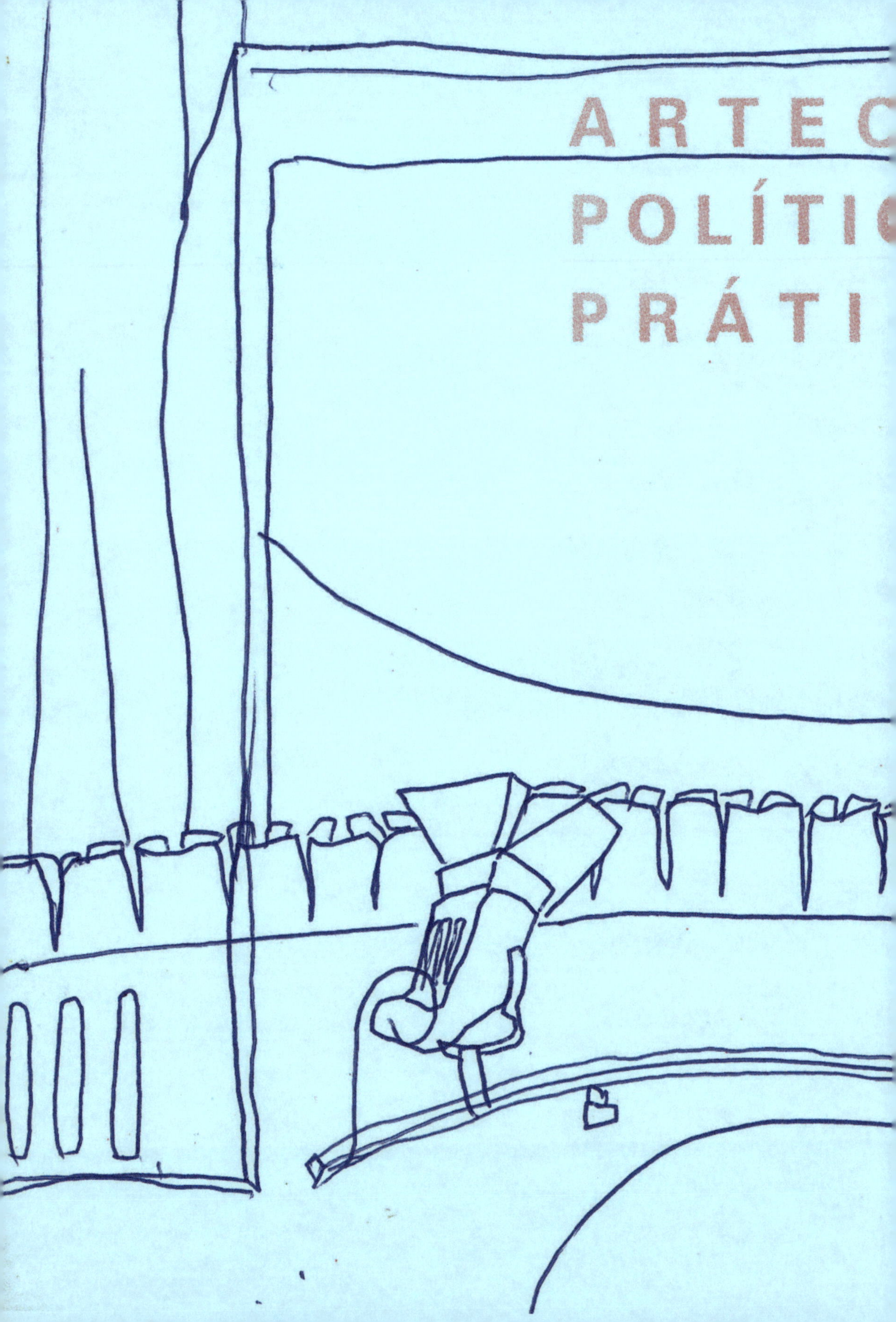
ARTE
POLÍTIC
PRÁTI

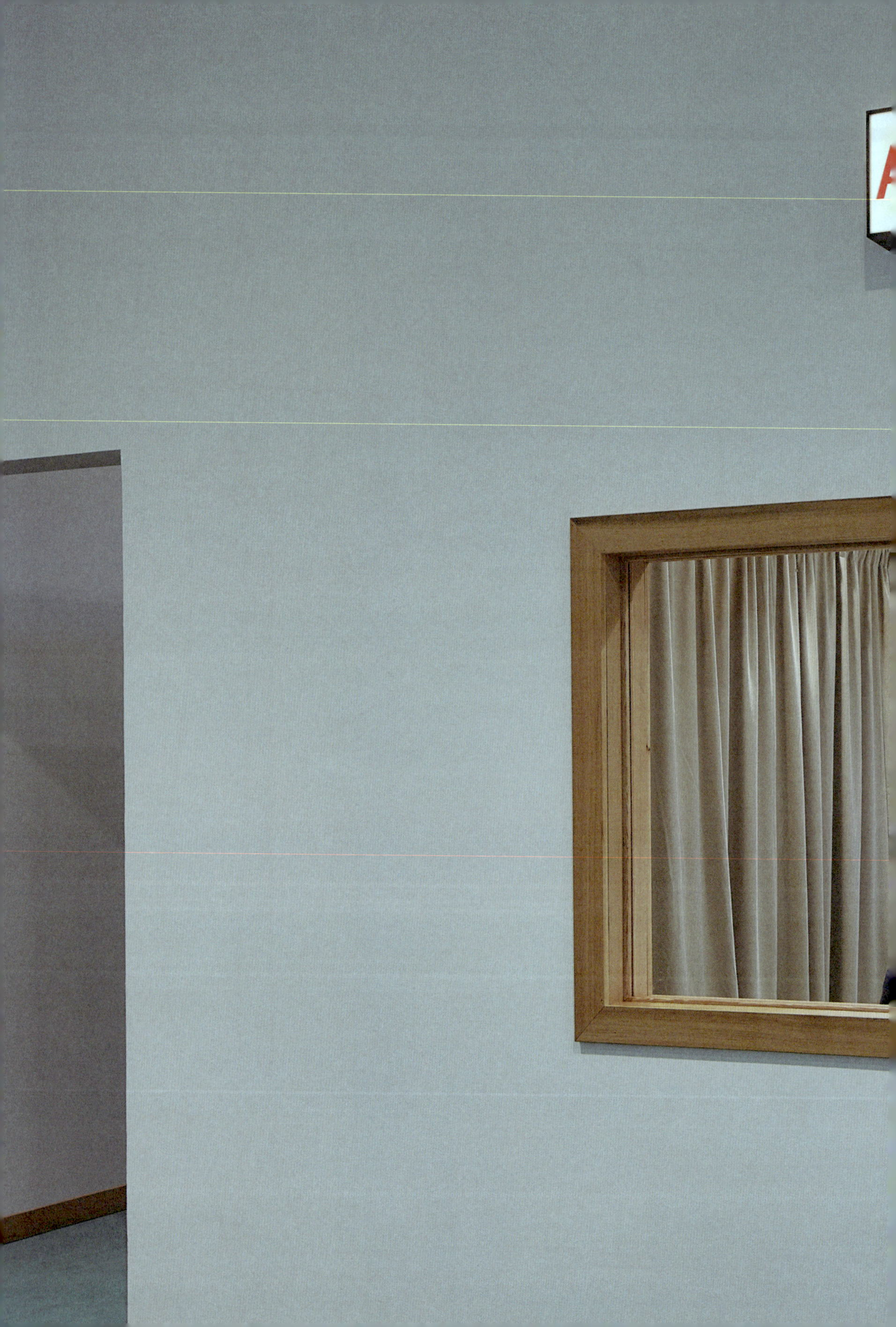

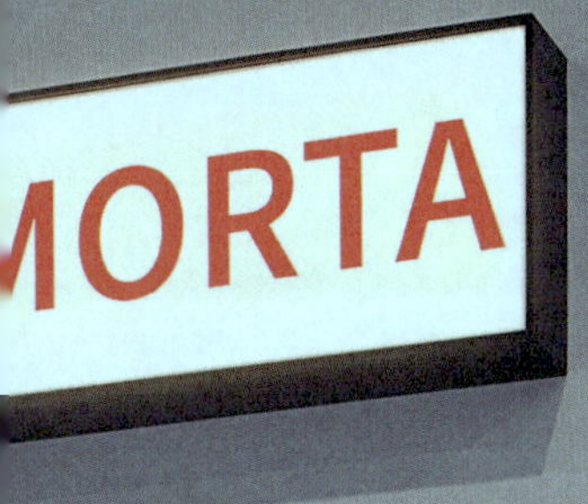
MORTA

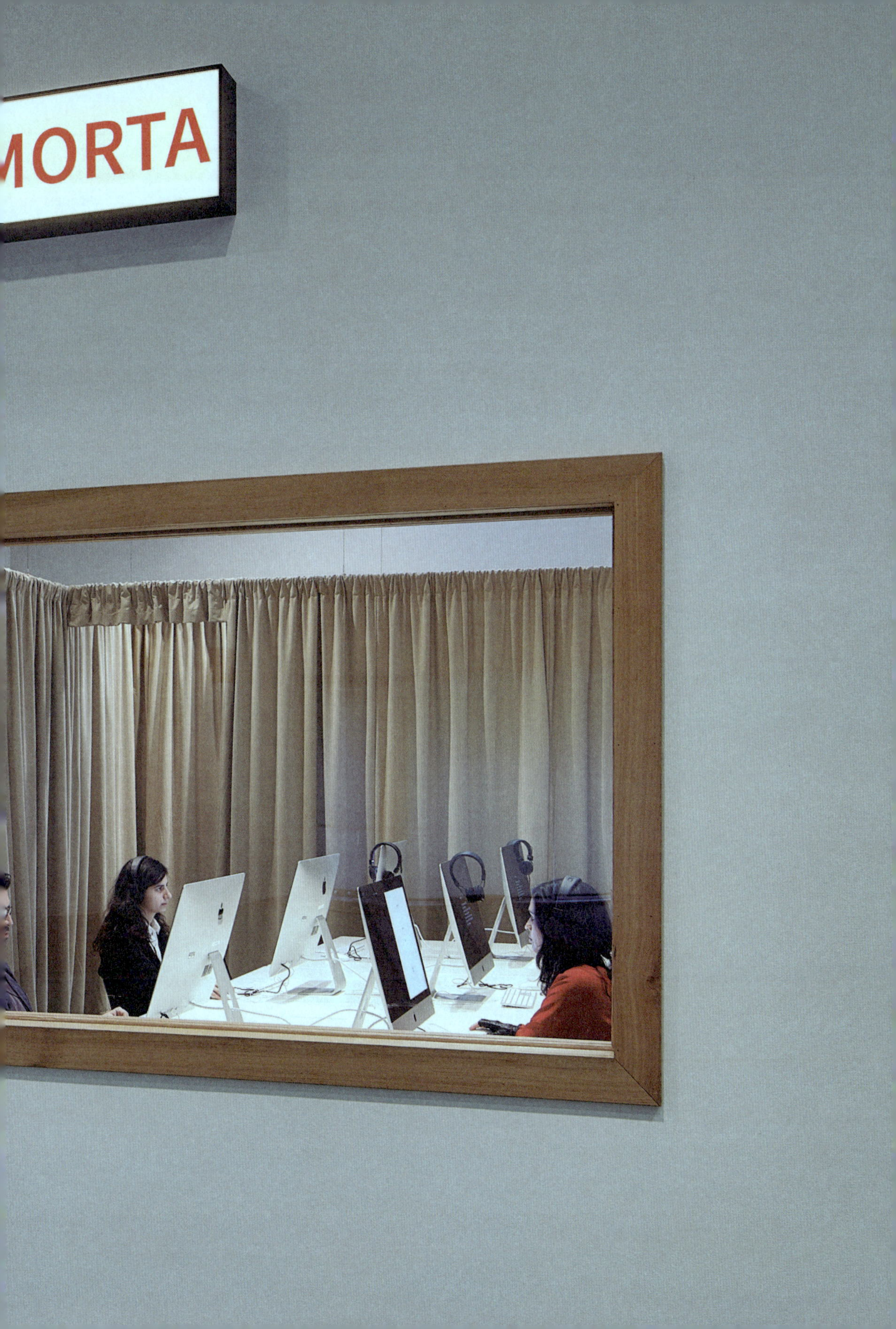

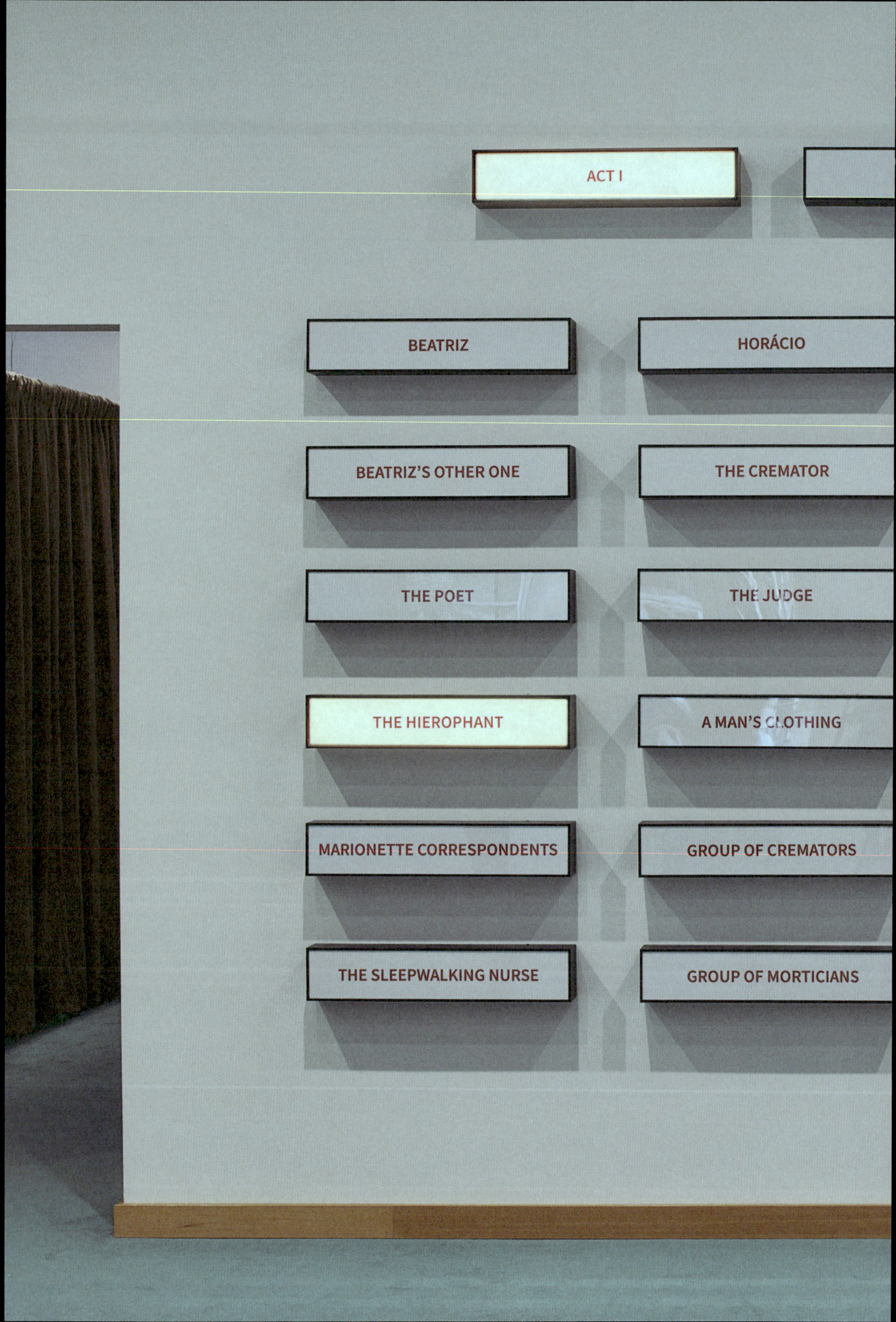

ACT I

BEATRIZ

HORÁCIO

BEATRIZ'S OTHER ONE

THE CREMATOR

THE POET

THE JUDGE

THE HIEROPHANT

A MAN'S CLOTHING

MARIONETTE CORRESPONDENTS

GROUP OF CREMATORS

THE SLEEPWALKING NURSE

GROUP OF MORTICIANS

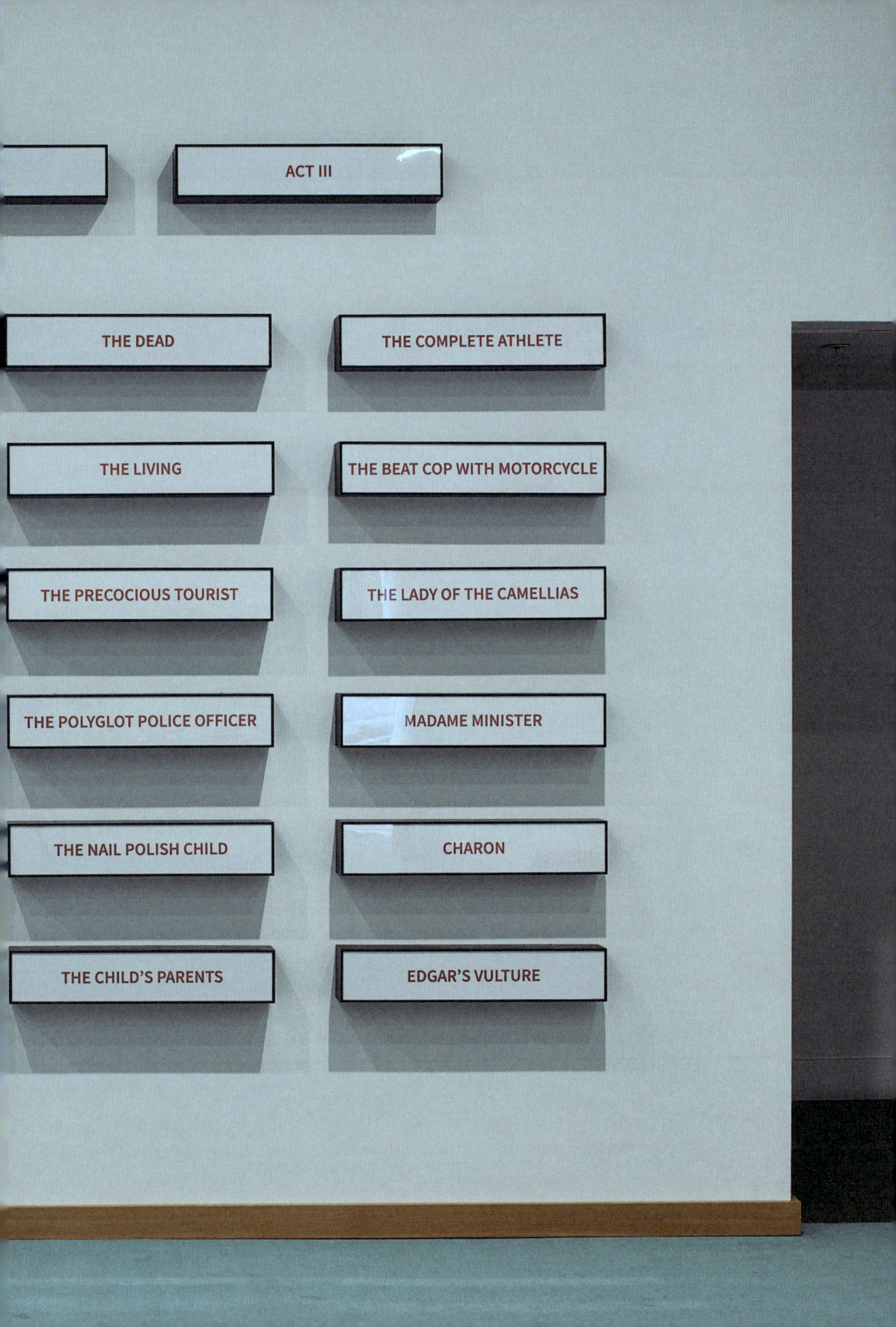

ACT III

THE DEAD

THE COMPLETE ATHLETE

THE LIVING

THE BEAT COP WITH MOTORCYCLE

THE PRECOCIOUS TOURIST

THE LADY OF THE CAMELLIAS

THE POLYGLOT POLICE OFFICER

MADAME MINISTER

THE NAIL POLISH CHILD

CHARON

THE CHILD'S PARENTS

EDGAR'S VULTURE

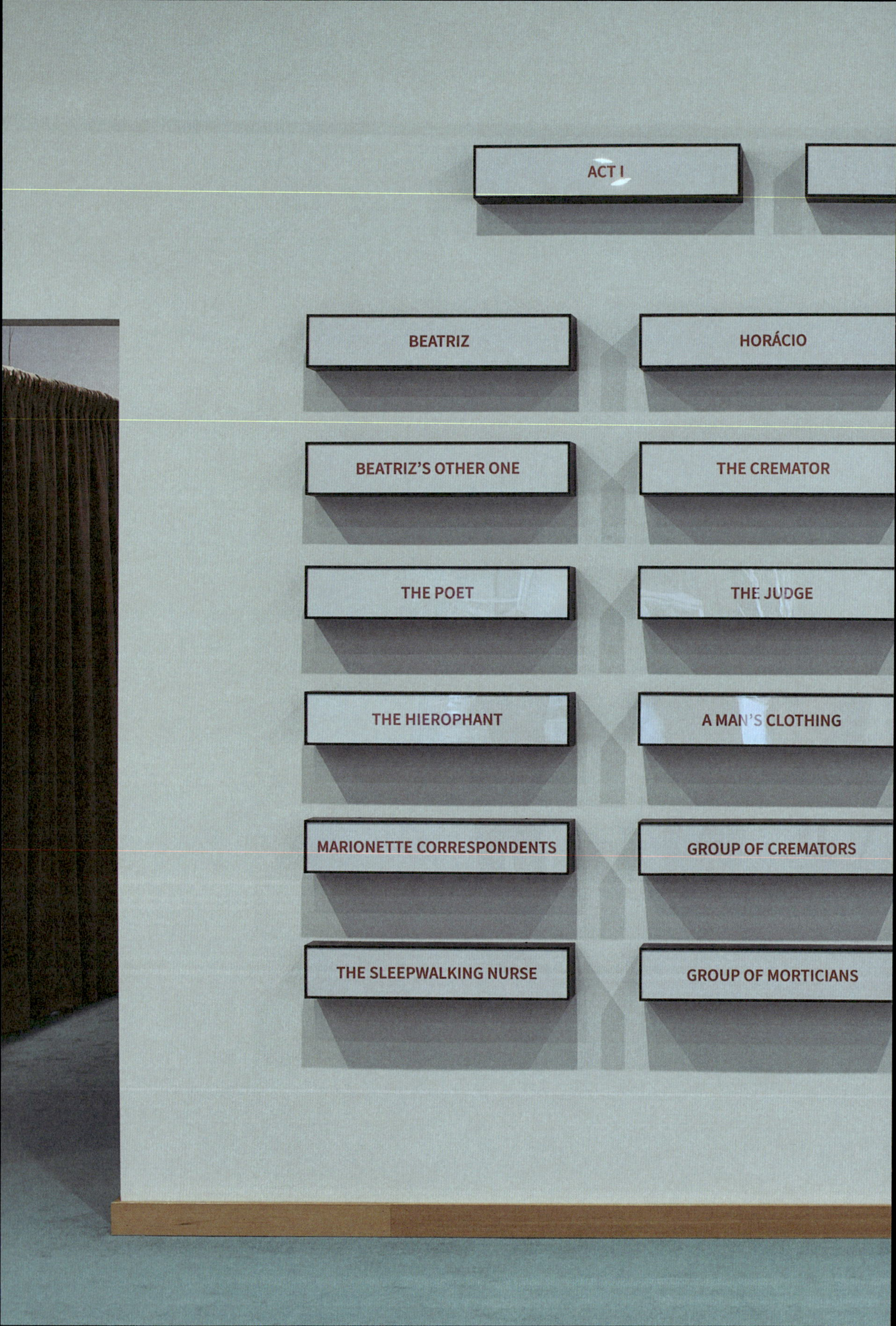

ACT I

BEATRIZ

HORÁCIO

BEATRIZ'S OTHER ONE

THE CREMATOR

THE POET

THE JUDGE

THE HIEROPHANT

A MAN'S CLOTHING

MARIONETTE CORRESPONDENTS

GROUP OF CREMATORS

THE SLEEPWALKING NURSE

GROUP OF MORTICIANS

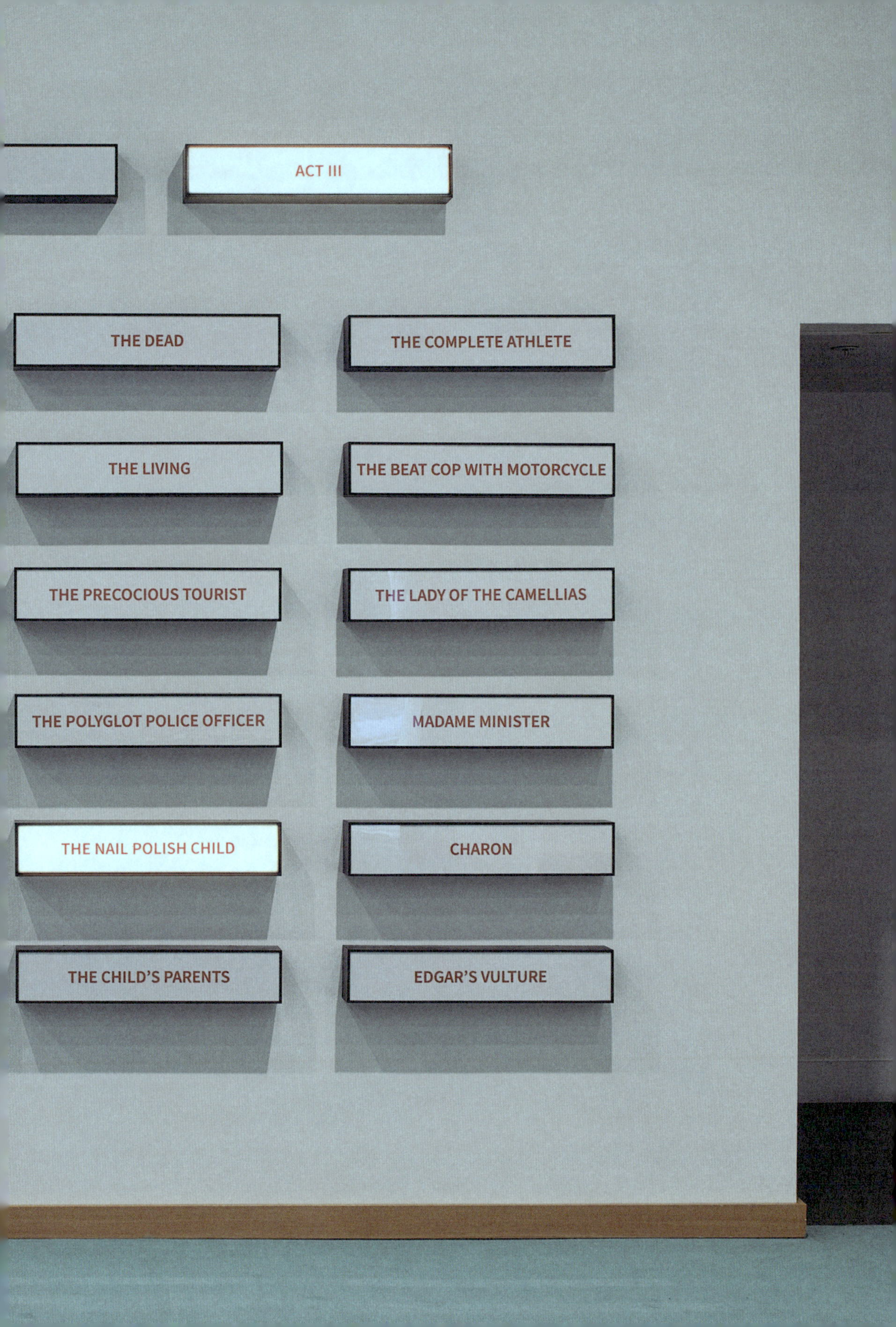

ACT III
THE DEAD
THE COMPLETE ATHLETE
THE LIVING
THE BEAT COP WITH MOTORCYCLE
THE PRECOCIOUS TOURIST
THE LADY OF THE CAMELLIAS
THE POLYGLOT POLICE OFFICER
MADAME MINISTER
THE NAIL POLISH CHILD
CHARON
THE CHILD'S PARENTS
EDGAR'S VULTURE

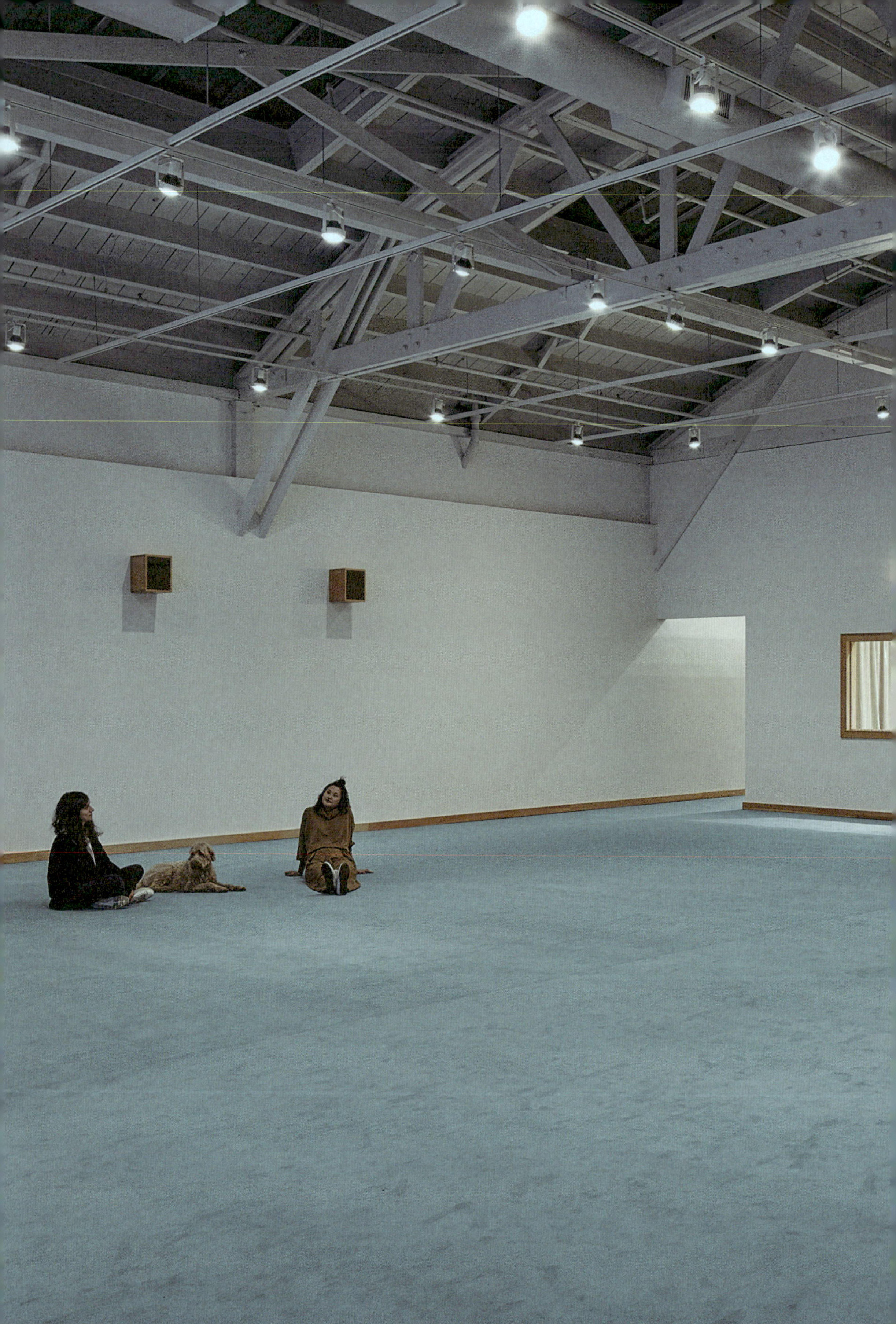

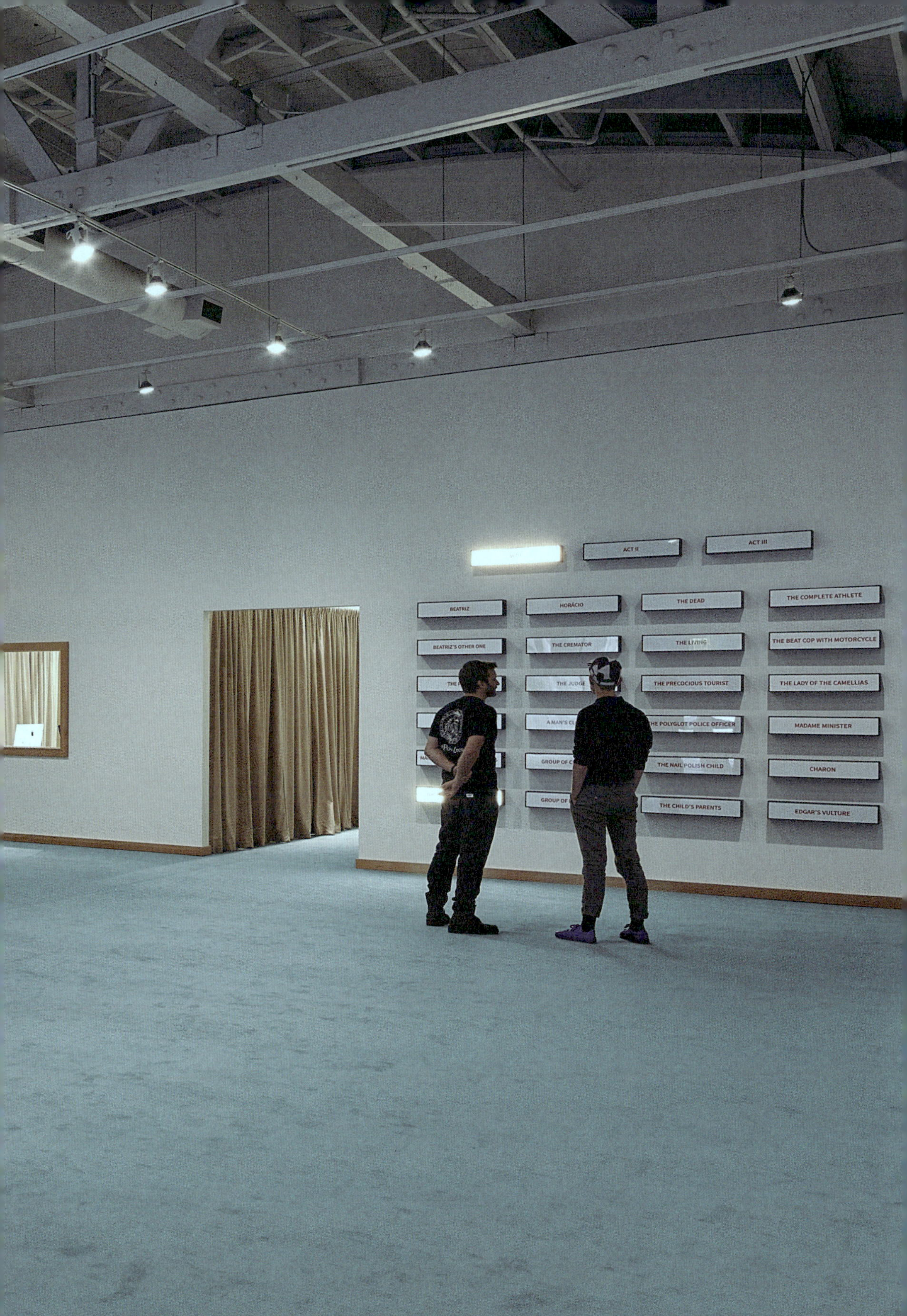
ACT II
ACT III
BEATRIZ
HORÁCIO
THE DEAD
THE COMPLETE ATHLETE
BEATRIZ'S OTHER ONE
THE CREMATOR
THE LIVING
THE BEAT COP WITH MOTORCYCLE
THE JUDGE
THE PRECOCIOUS TOURIST
THE LADY OF THE CAMELLIAS
A MAN'S CL
THE POLYGLOT POLICE OFFICER
MADAME MINISTER
GROUP OF C
THE NAIL POLISH CHILD
CHARON
GROUP OF
THE CHILD'S PARENTS
EDGAR'S VULTURE

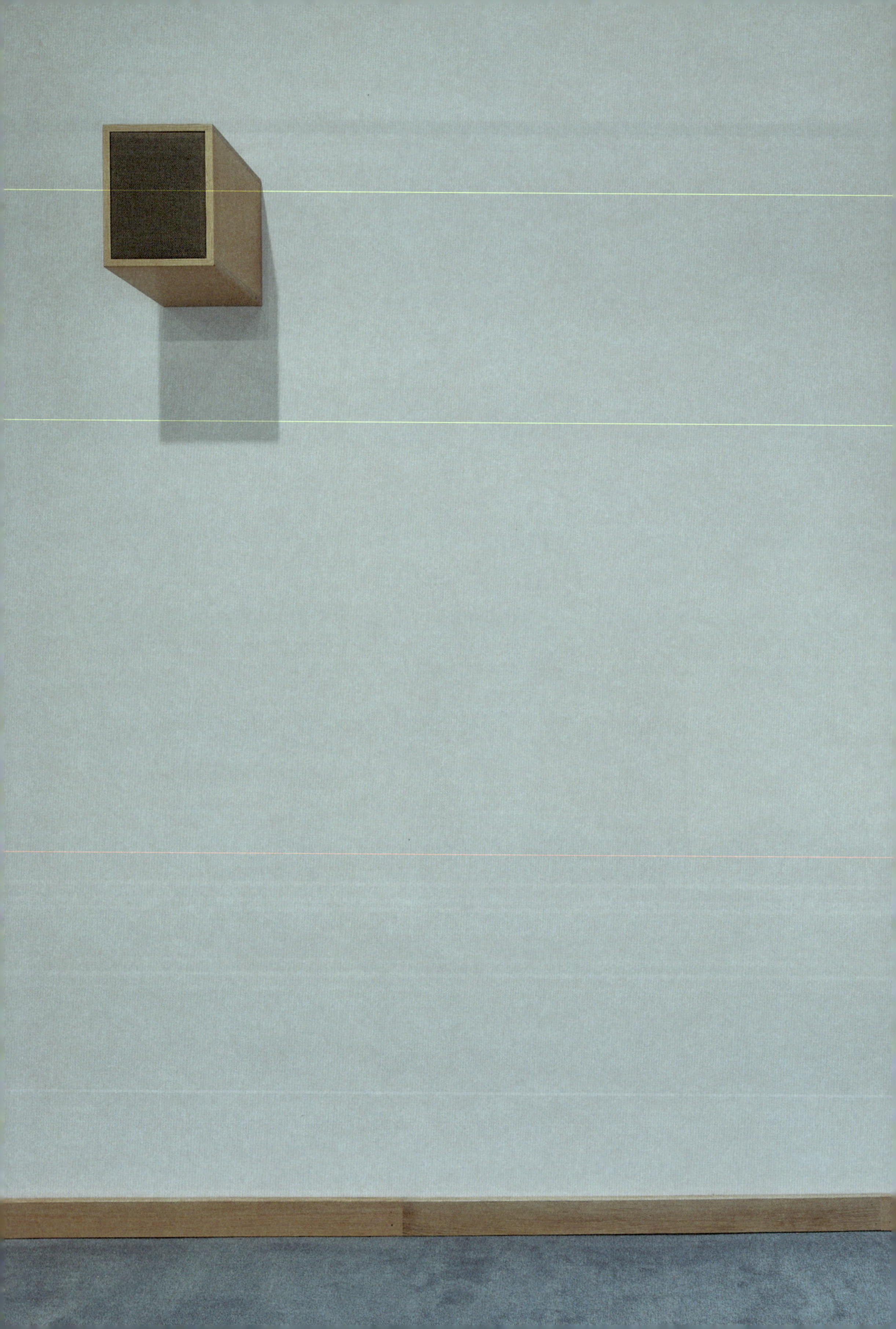

pp. 81-85
OBRA DINÁMICA: A PROCURA DO SENTIDO
1998

p. 82
Con la participación de | With the participation of:
Sara Ramo & Pedro Portella
p. 83
Con la participación de estudiantes de Bellas Artes
de la UFMG (Belo Horizonte) | With the participation
of Fine Arts students of UFMG (Belo Horizonte)
pp. 84-85
Con la participación de | With the participation of:
Marilá Dardot

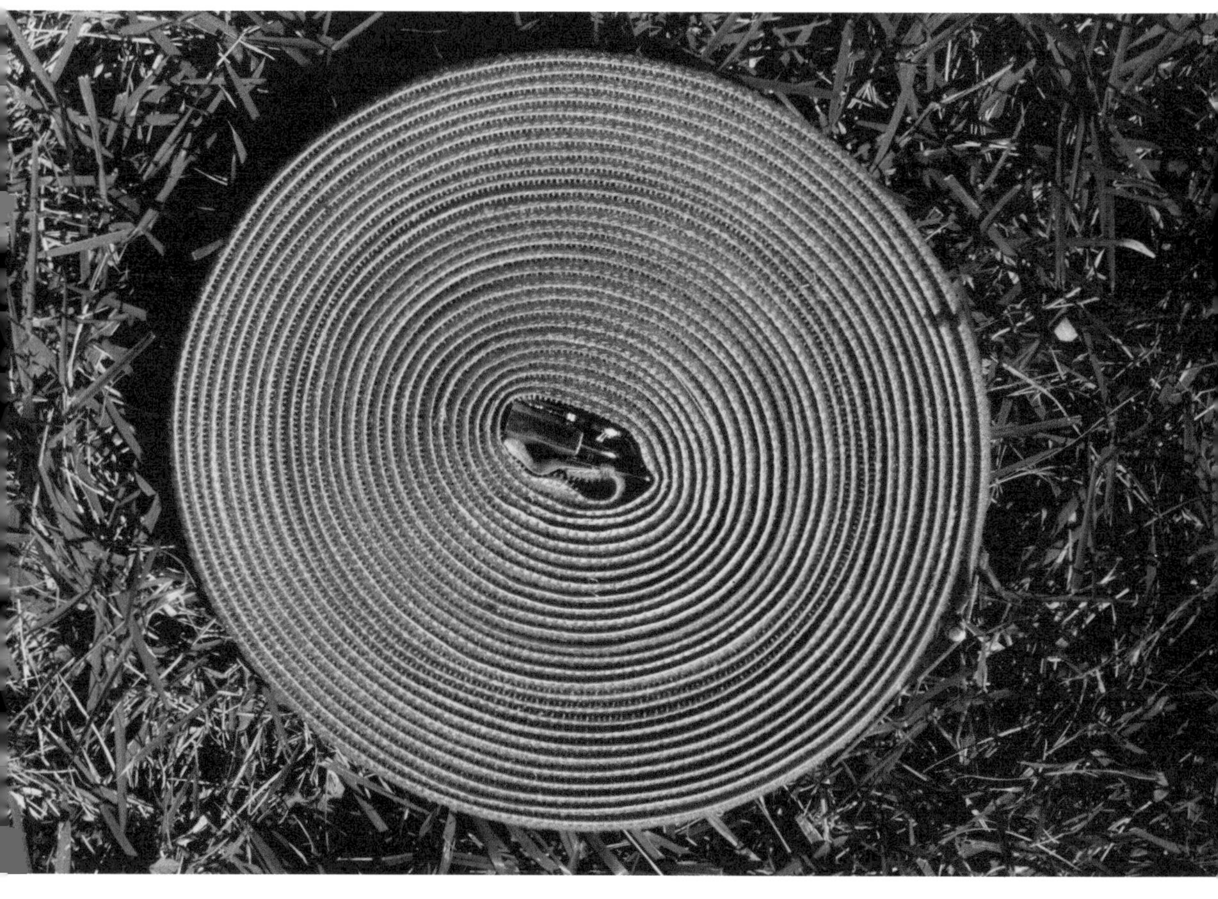

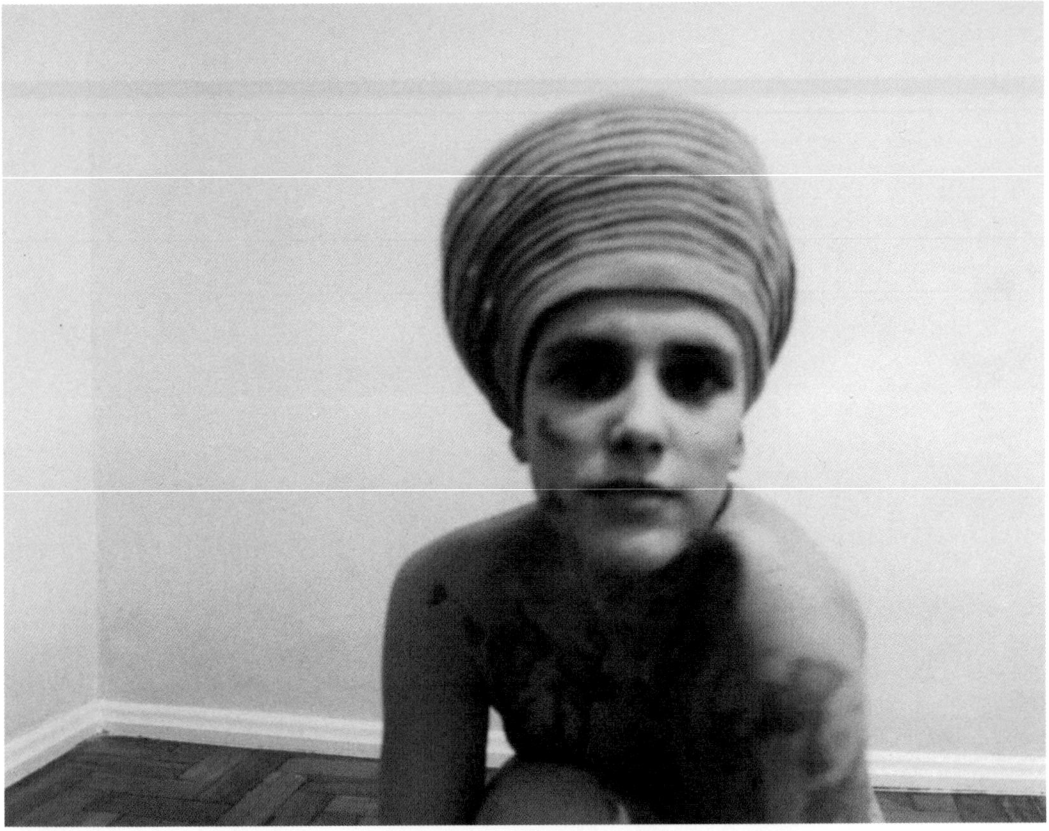

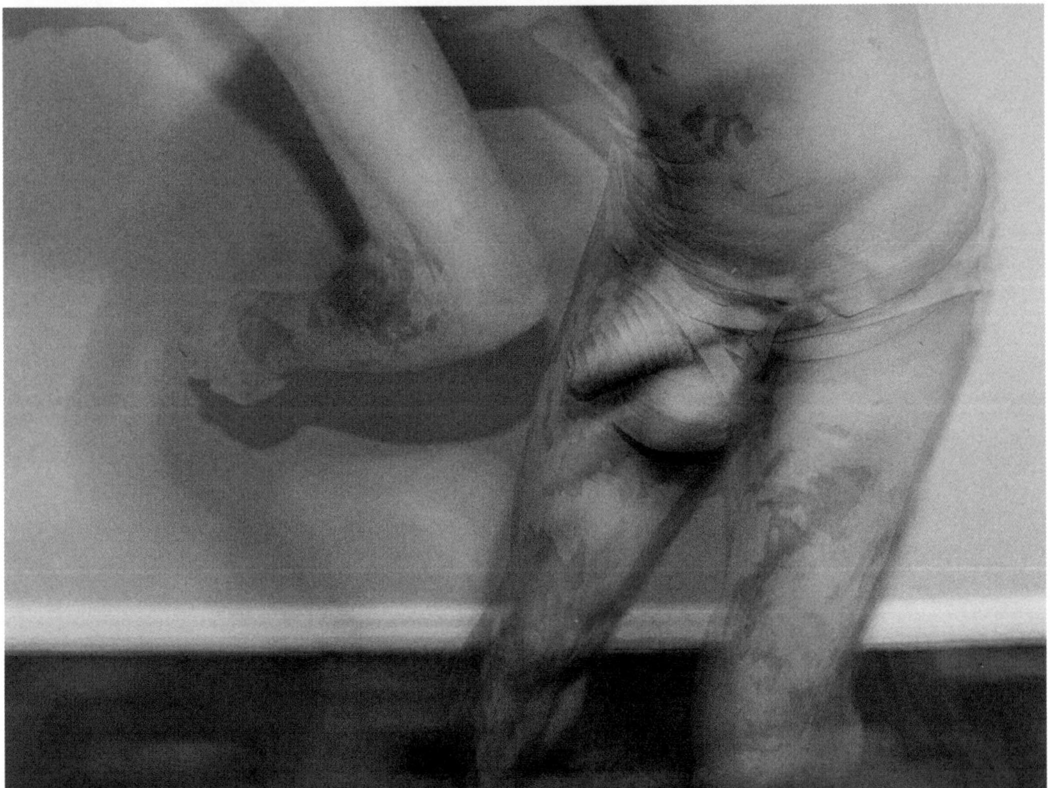

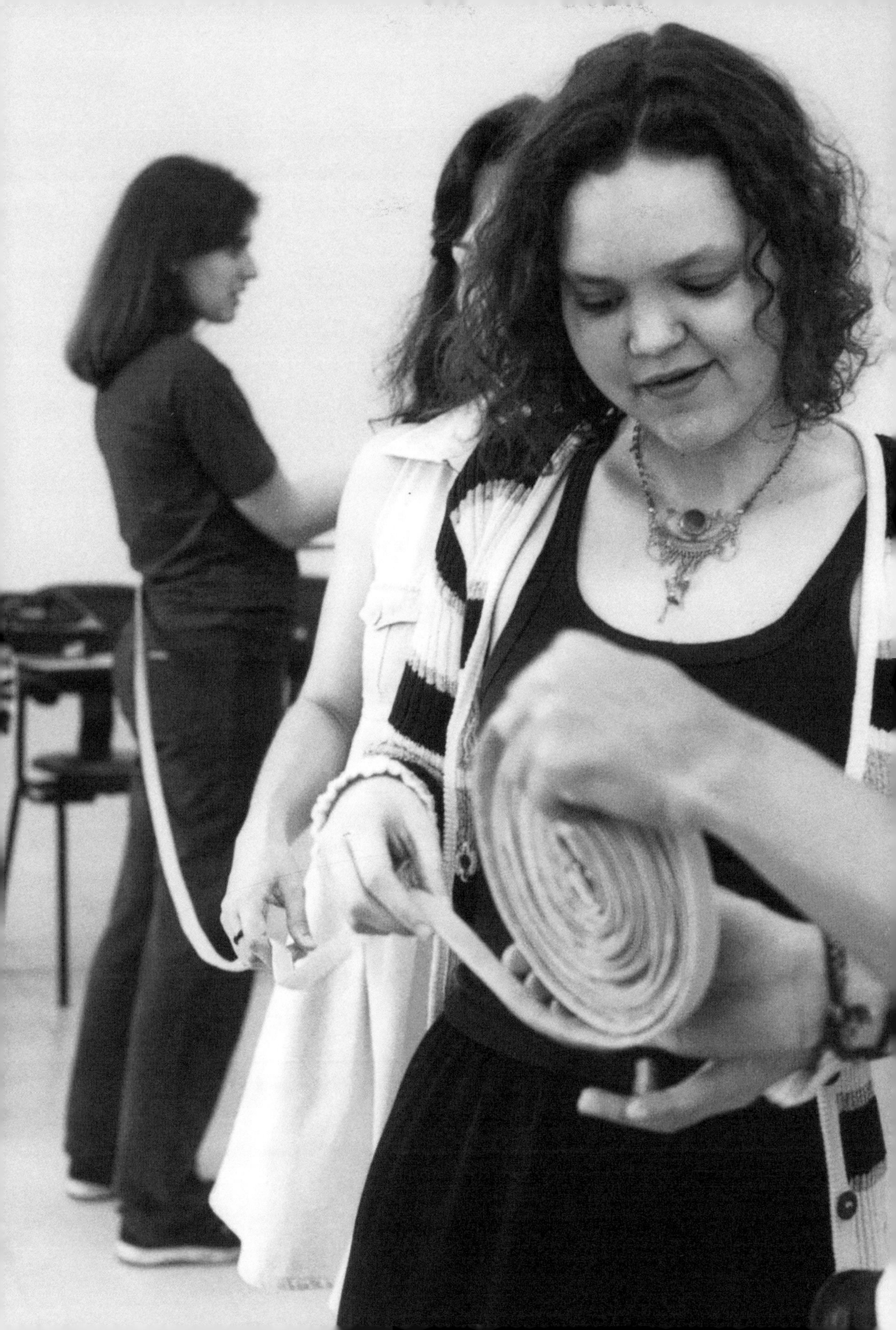

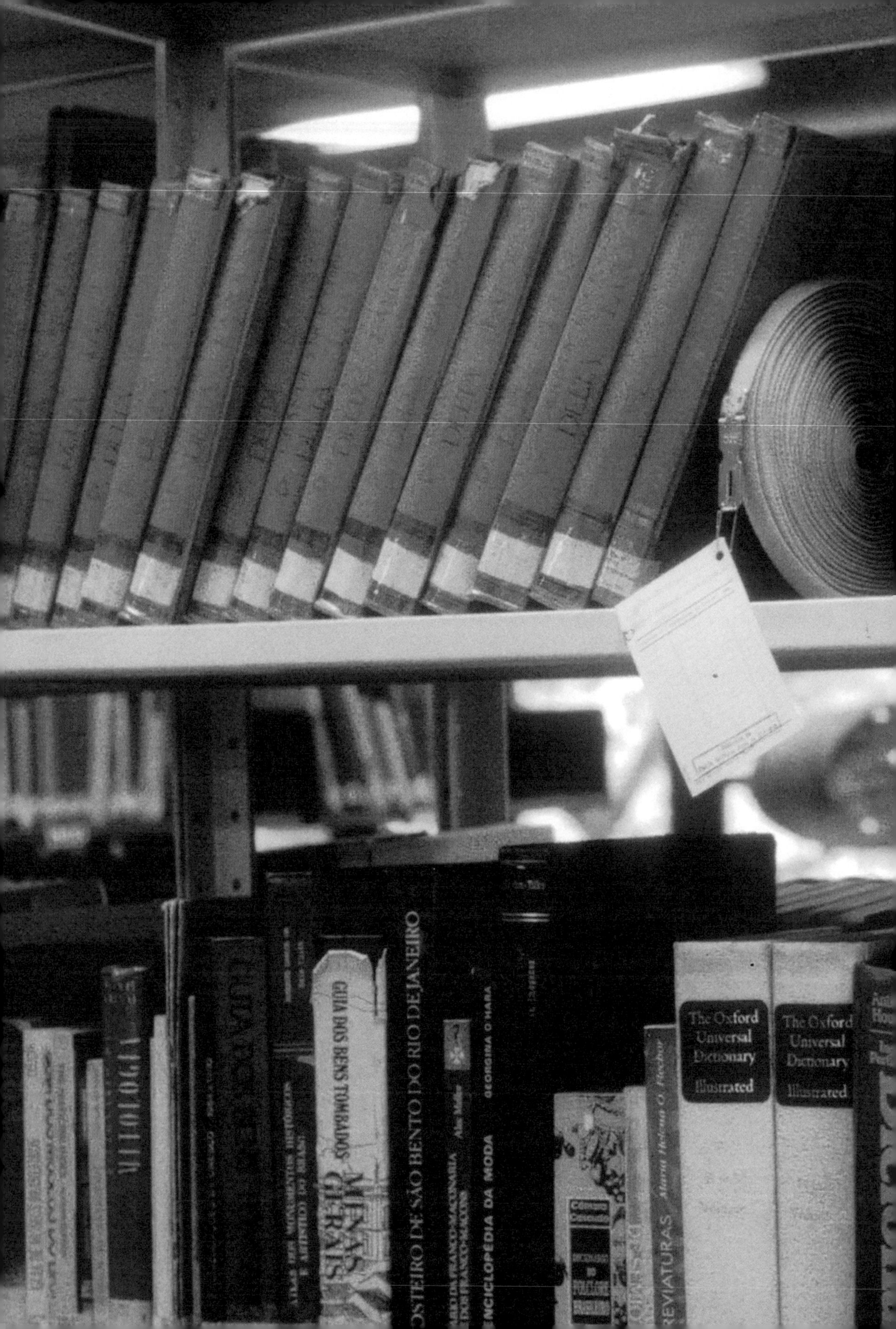

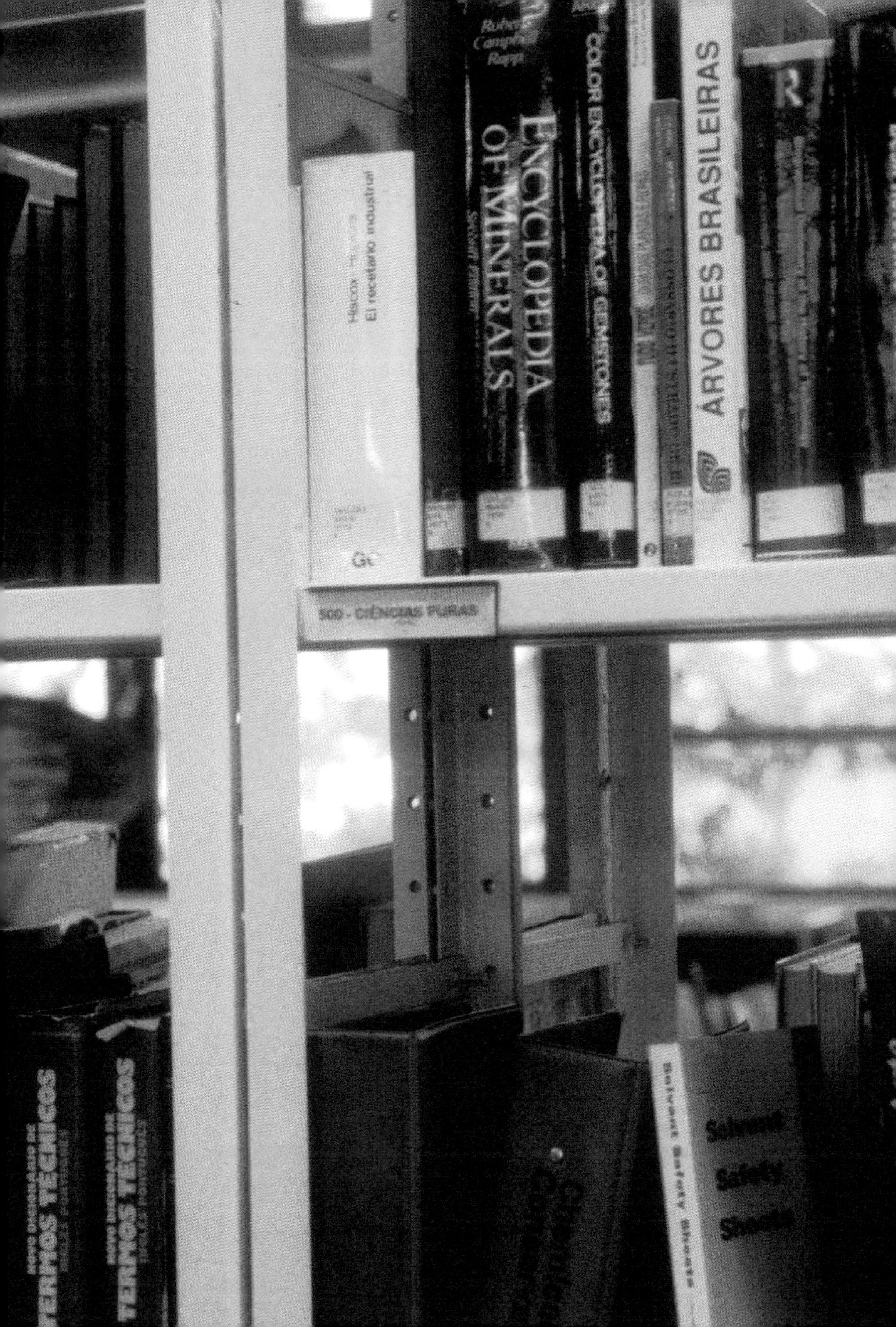

TERMOS TÉCNICOS
TERMOS TÉCNICOS
Hiscox
El recetario industrial
ENCYCLOPEDIA OF MINERALS
COLOR ENCYCLOPEDIA OF GEMSTONES
ÁRVORES BRASILEIRAS
500 - CIÊNCIAS PURAS
Solvent
Safety
Sheets

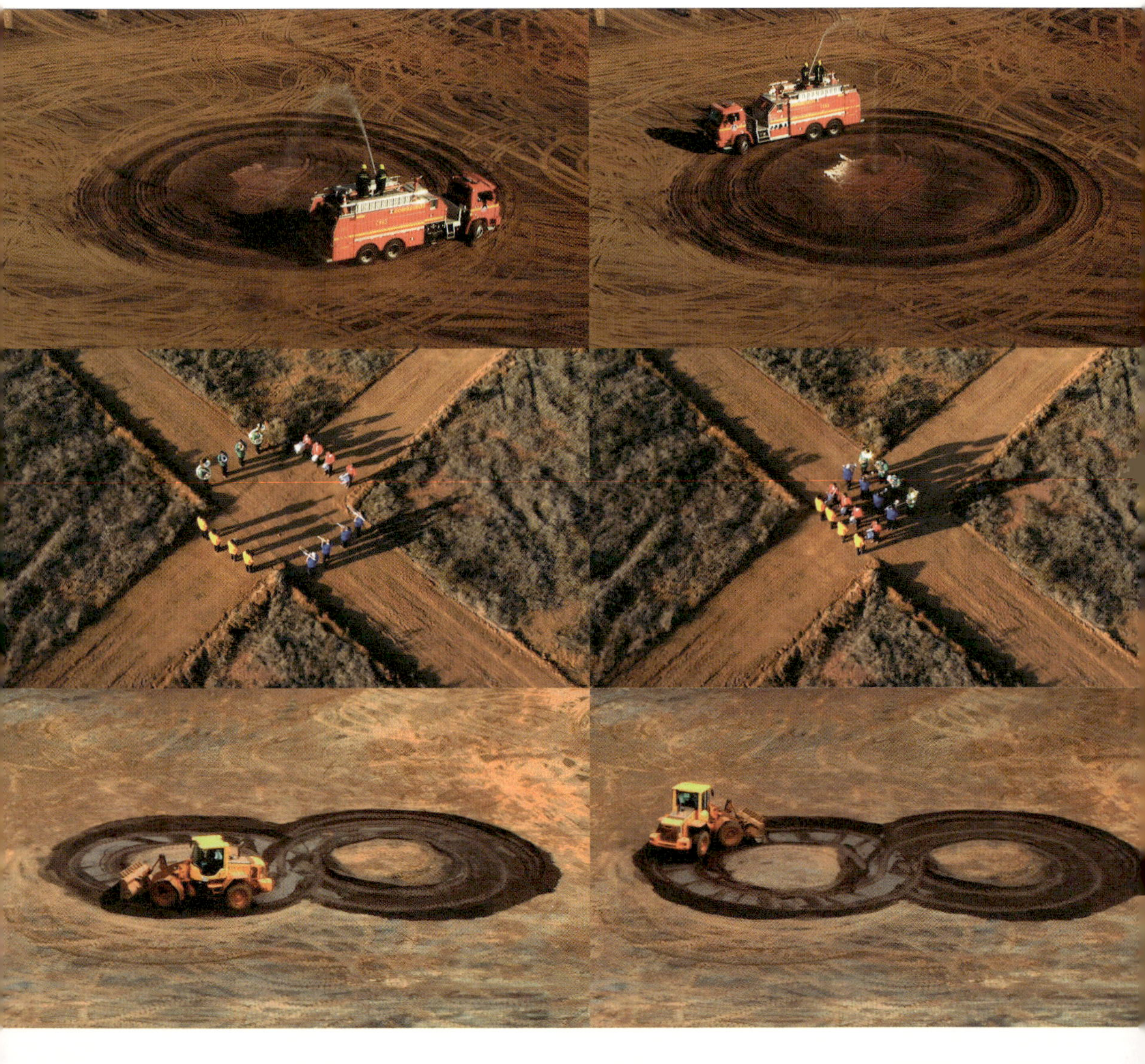

TRILOGIA (FONTE 193, 475 VOLVER, CRUZADA)
2007-2010

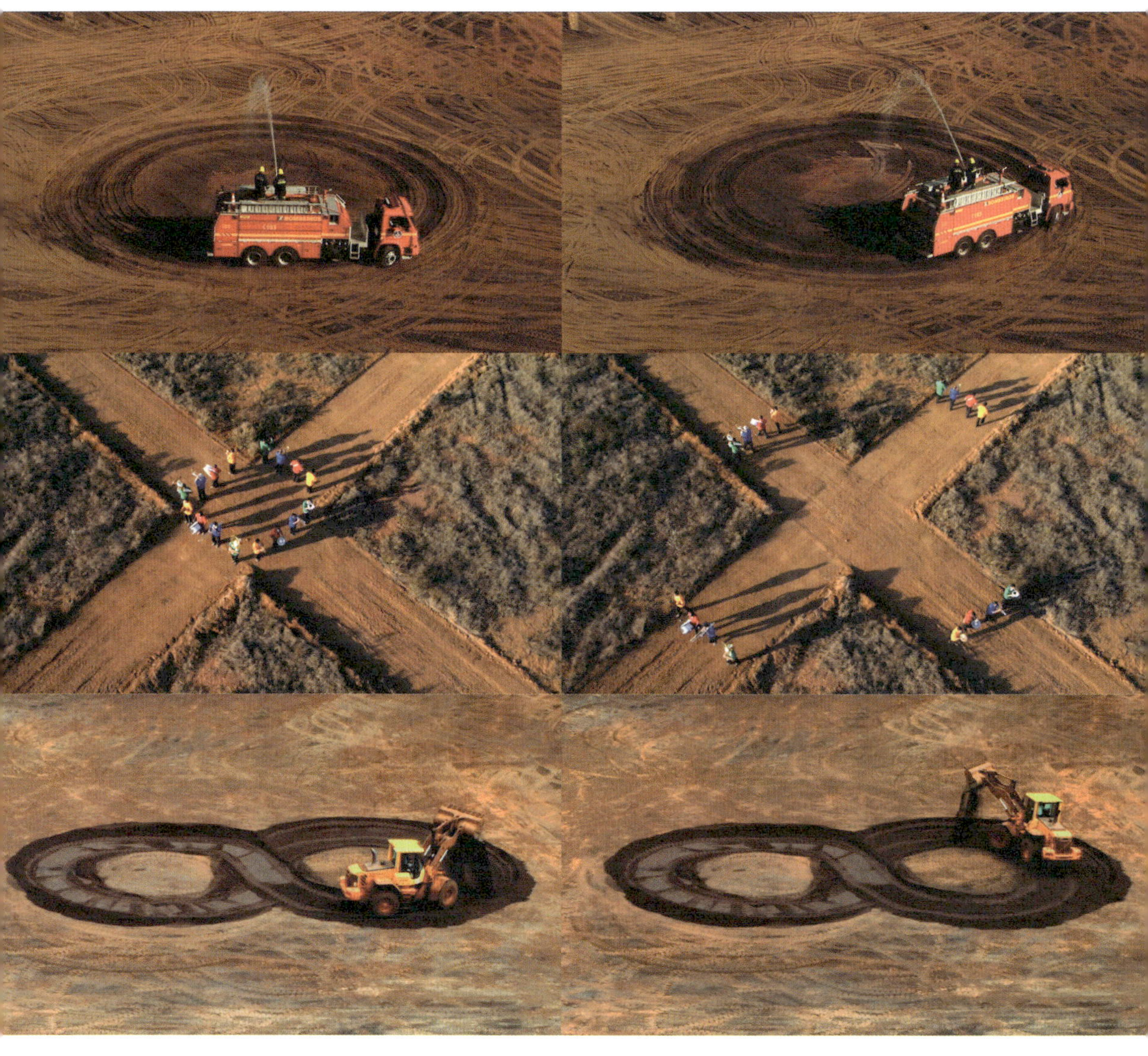

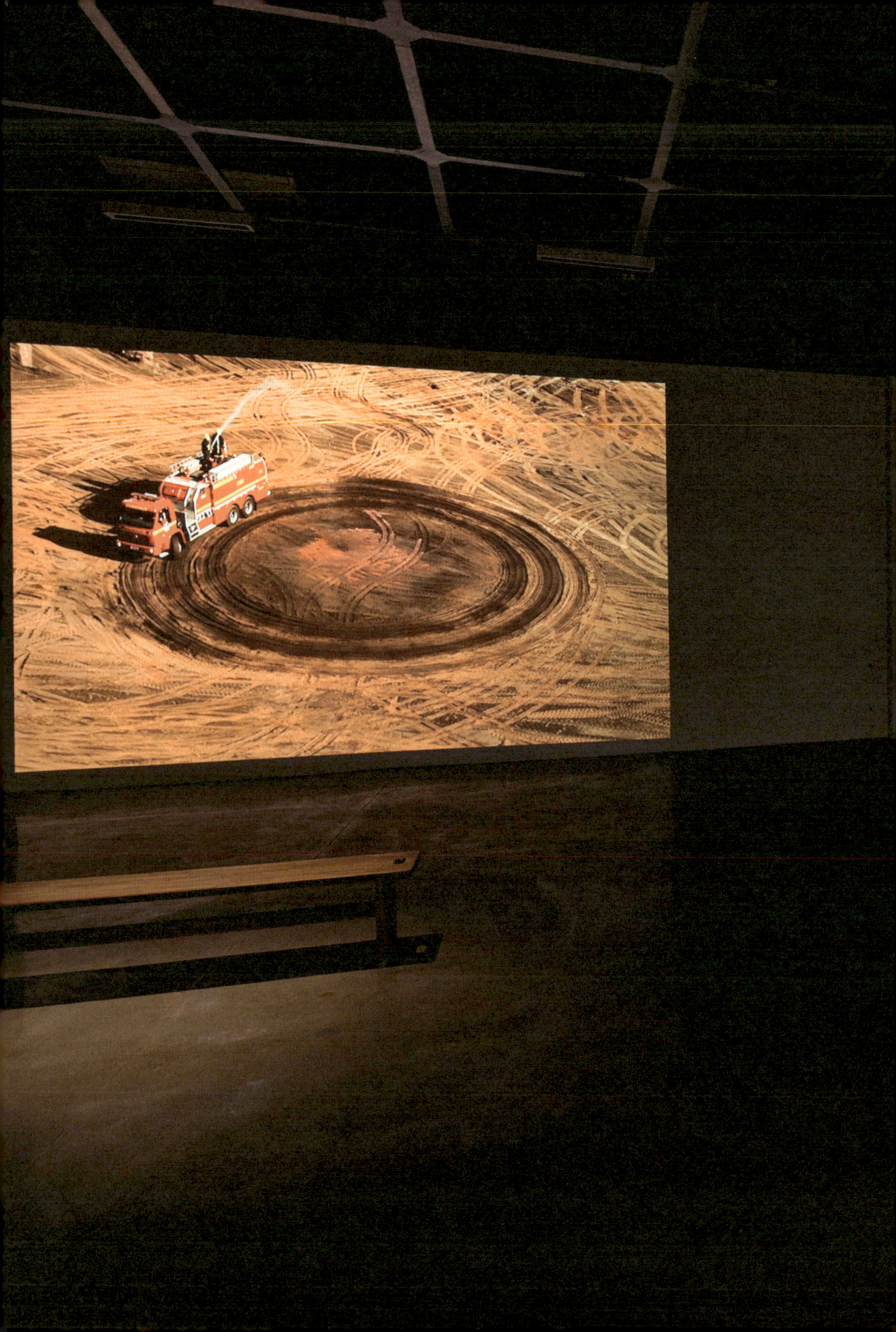

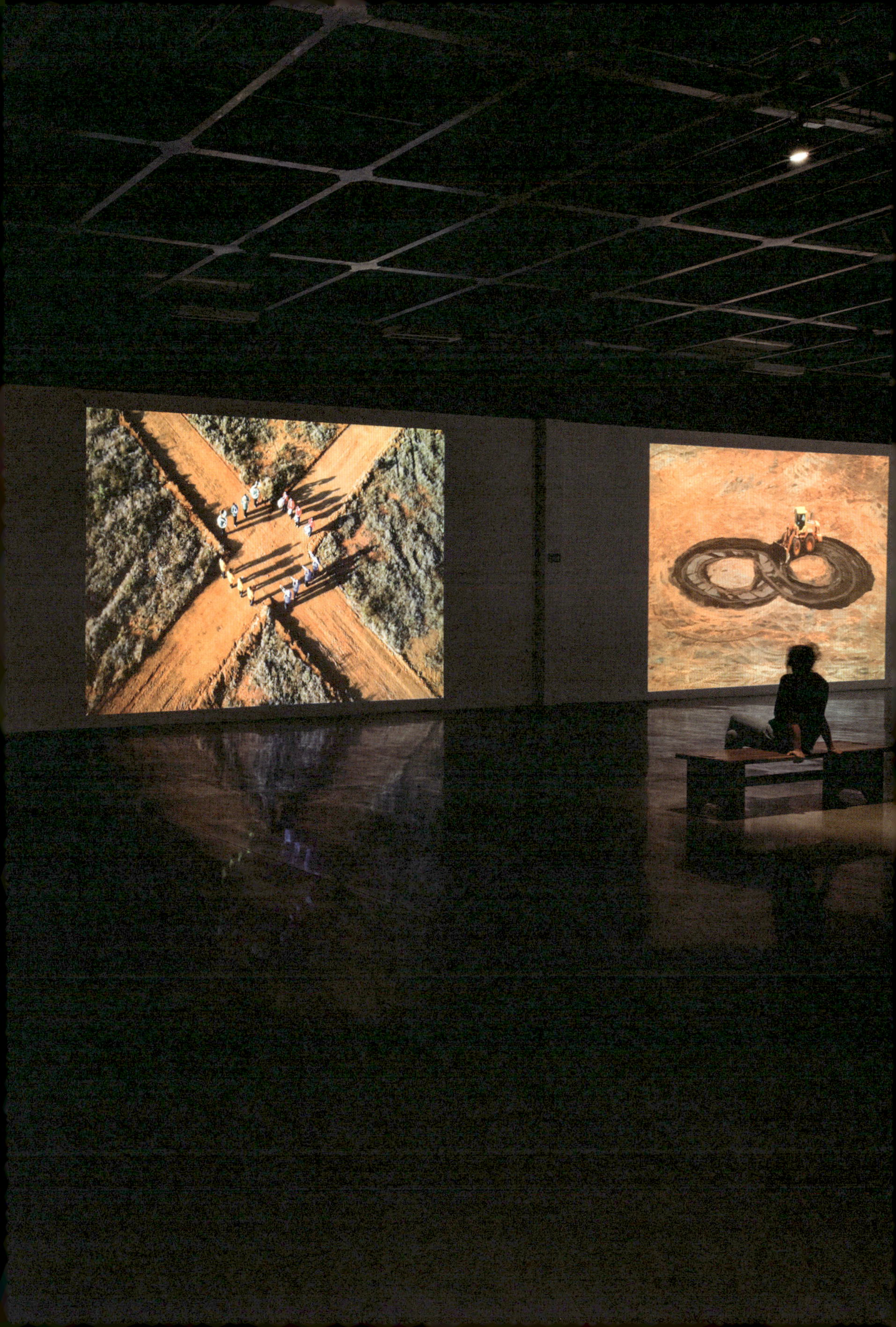

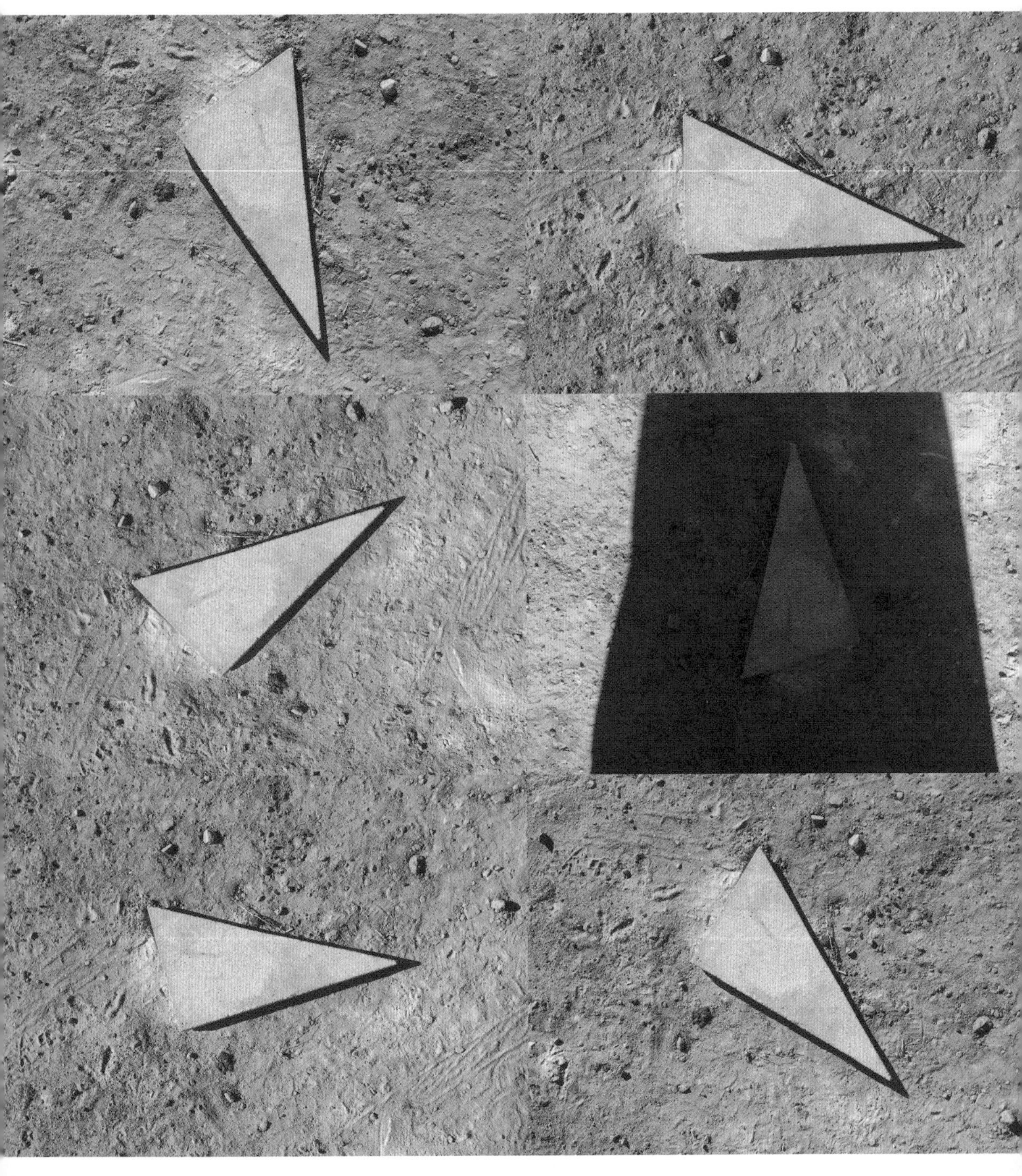

VERDADE OU DESAFIO
2018

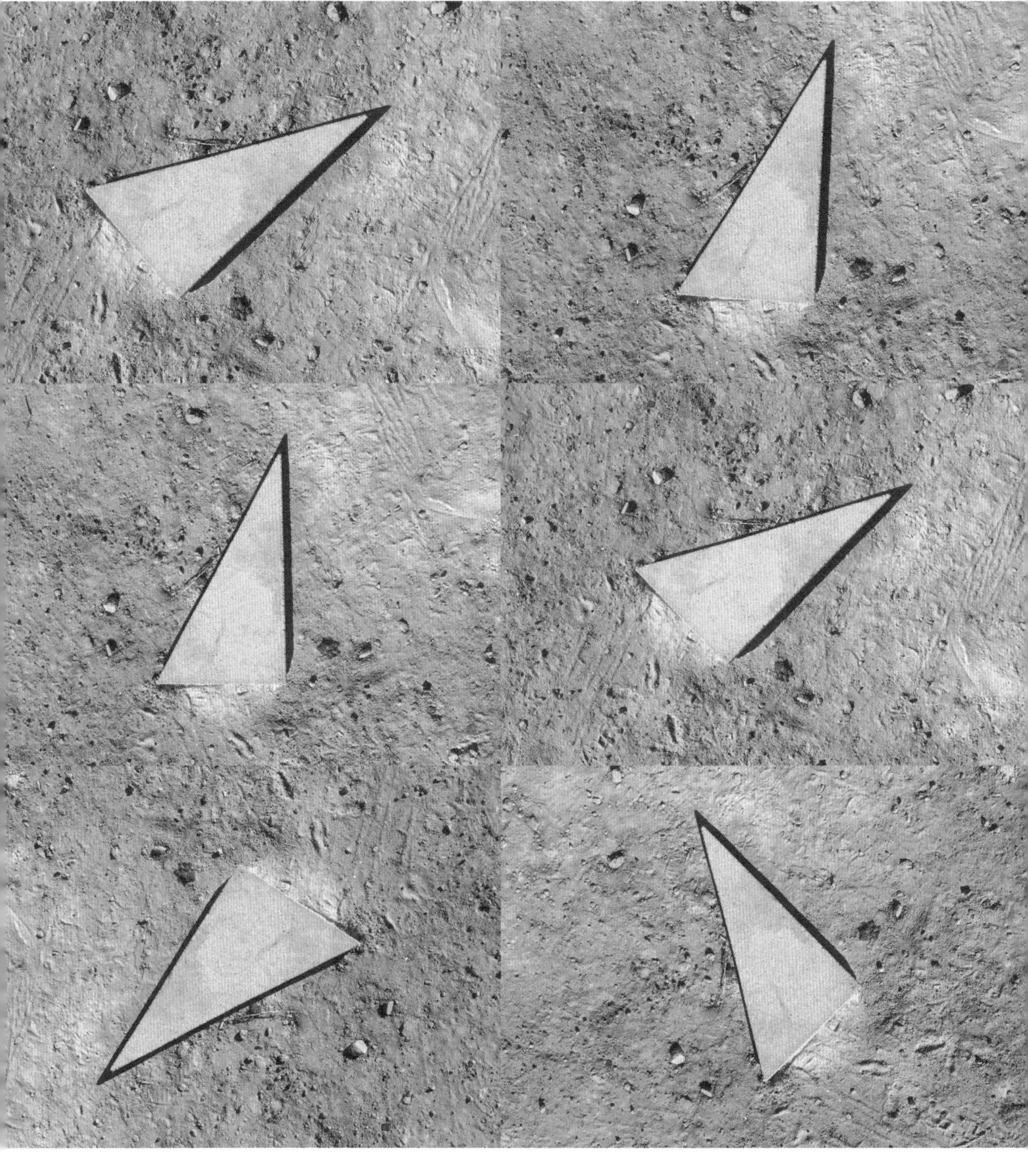

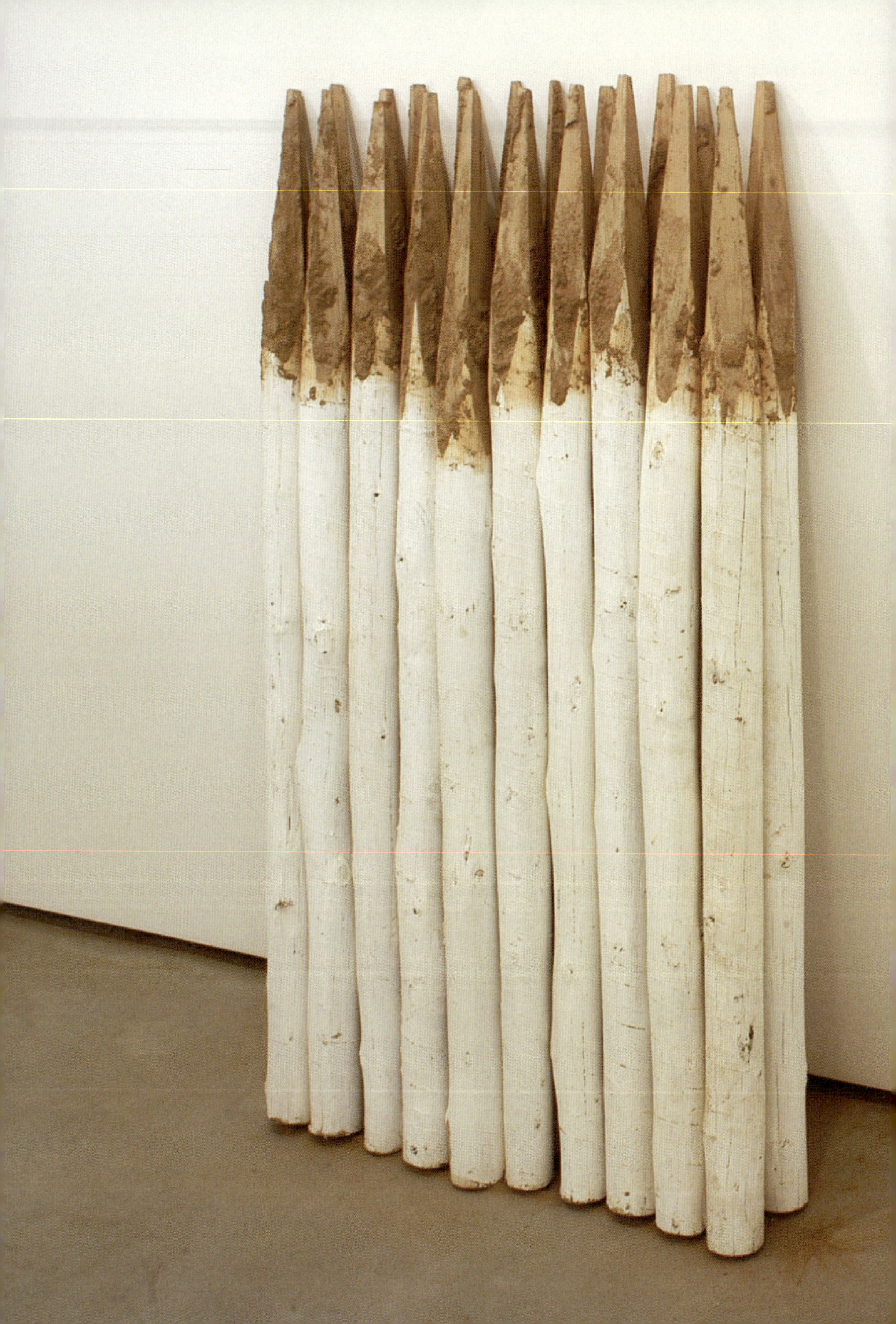

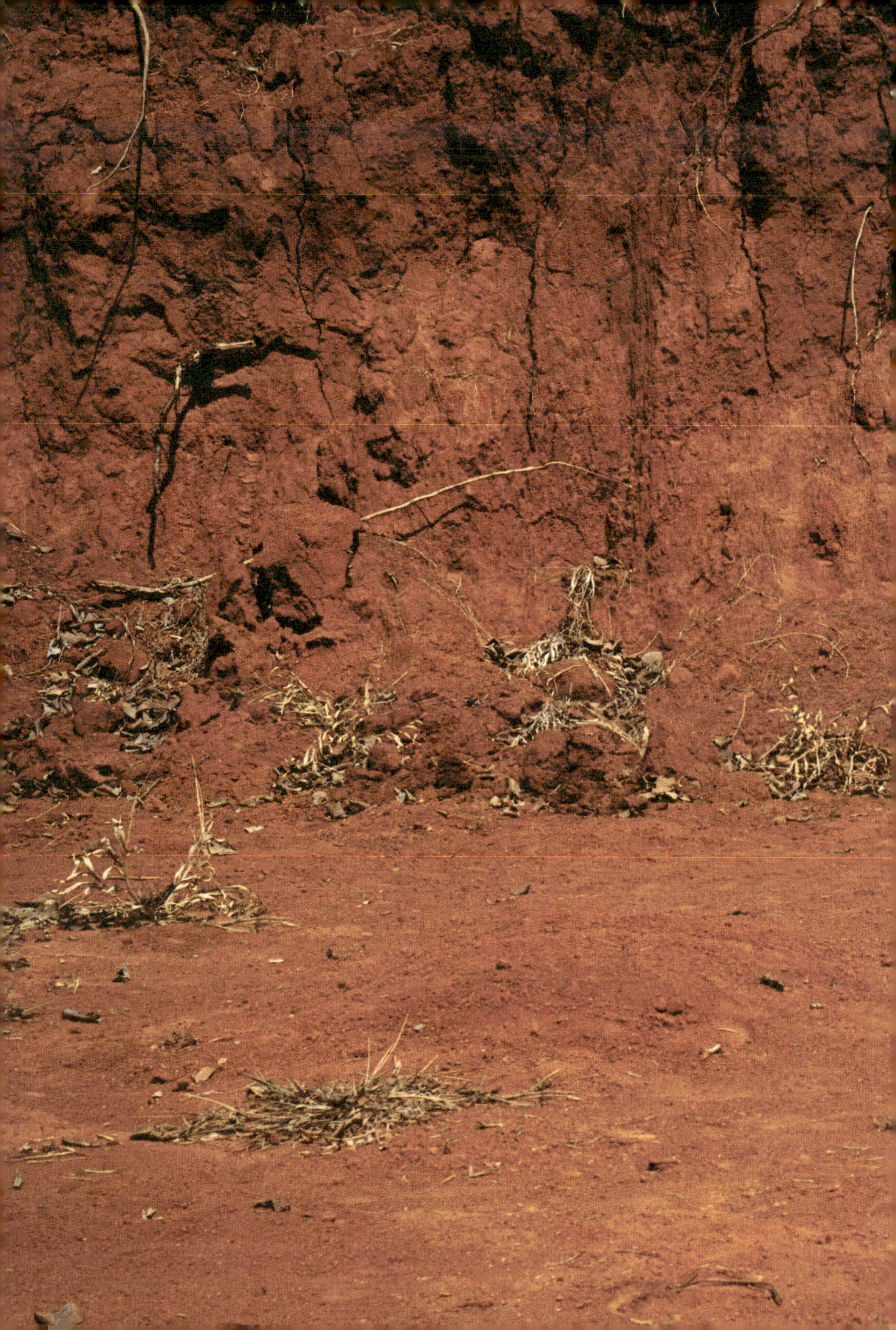

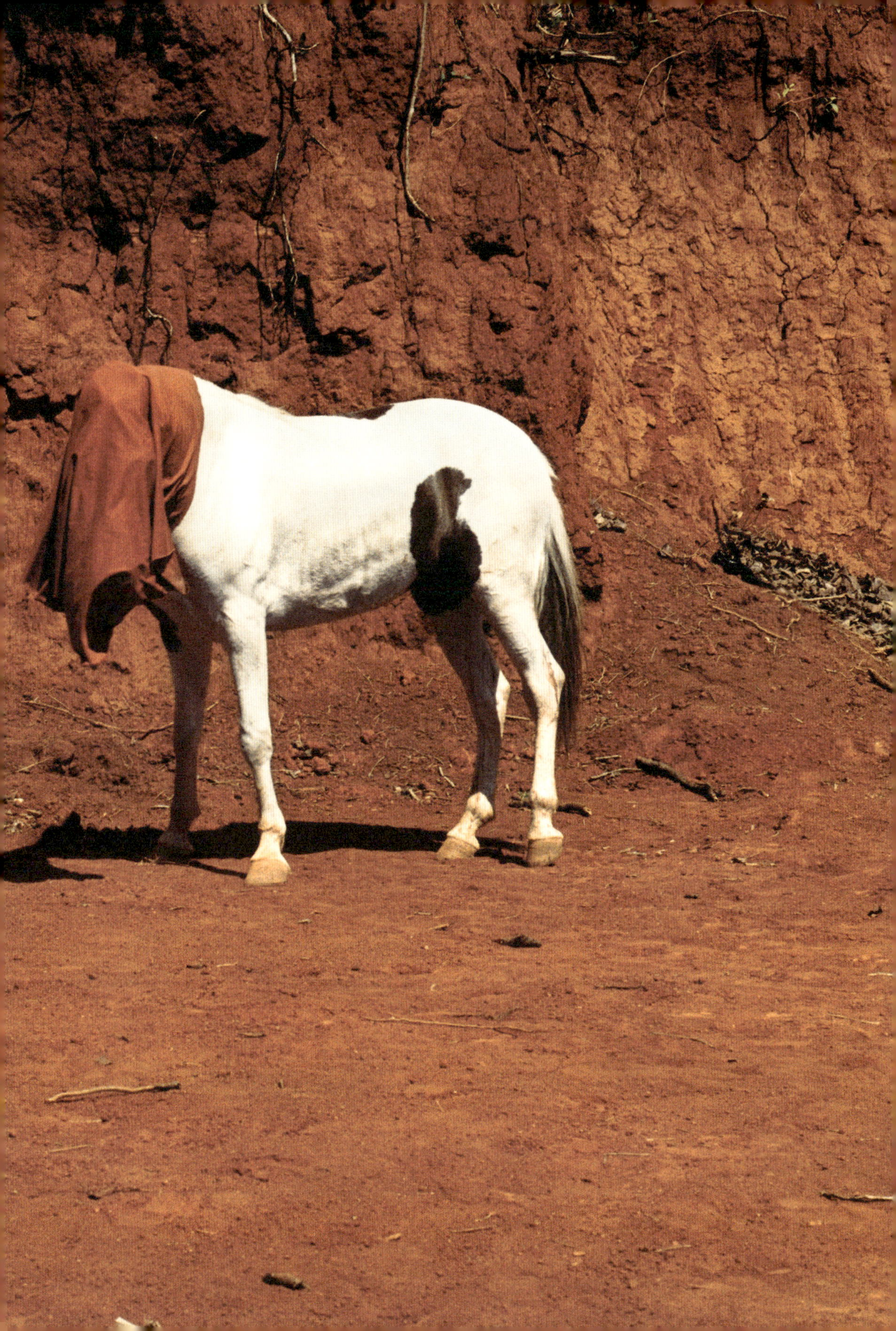

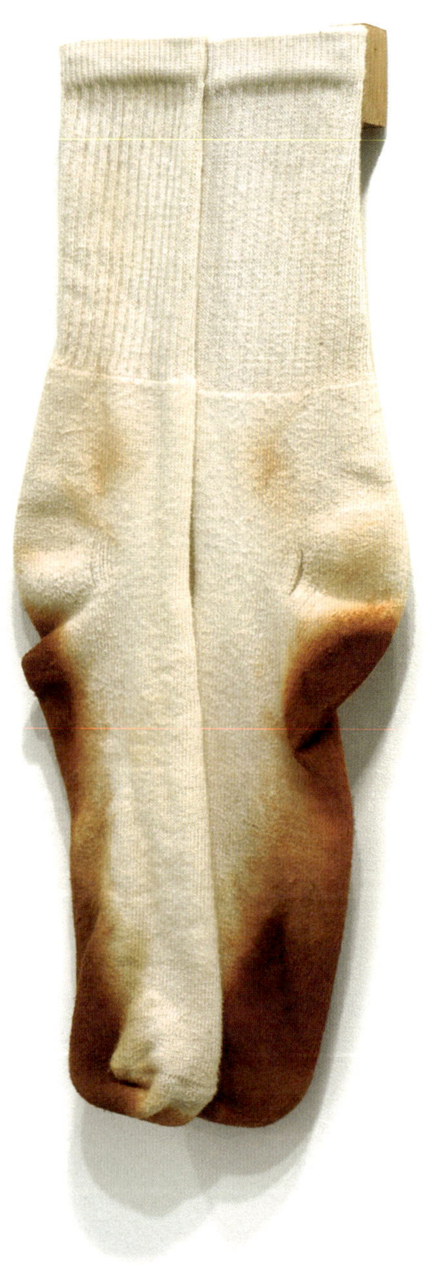

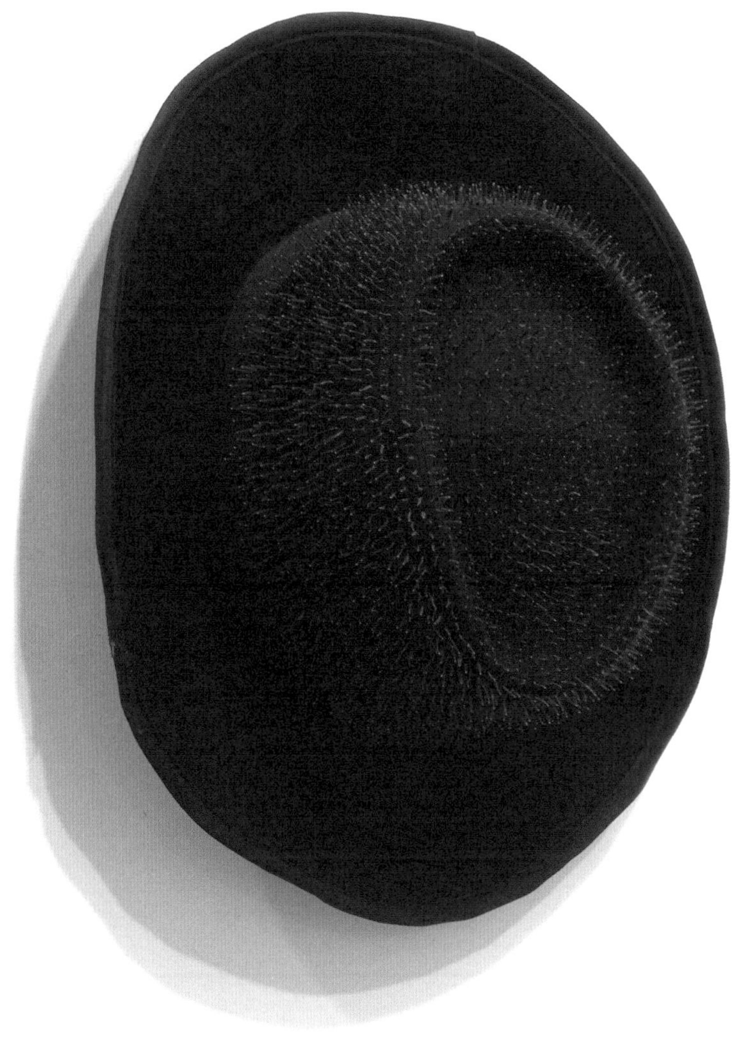

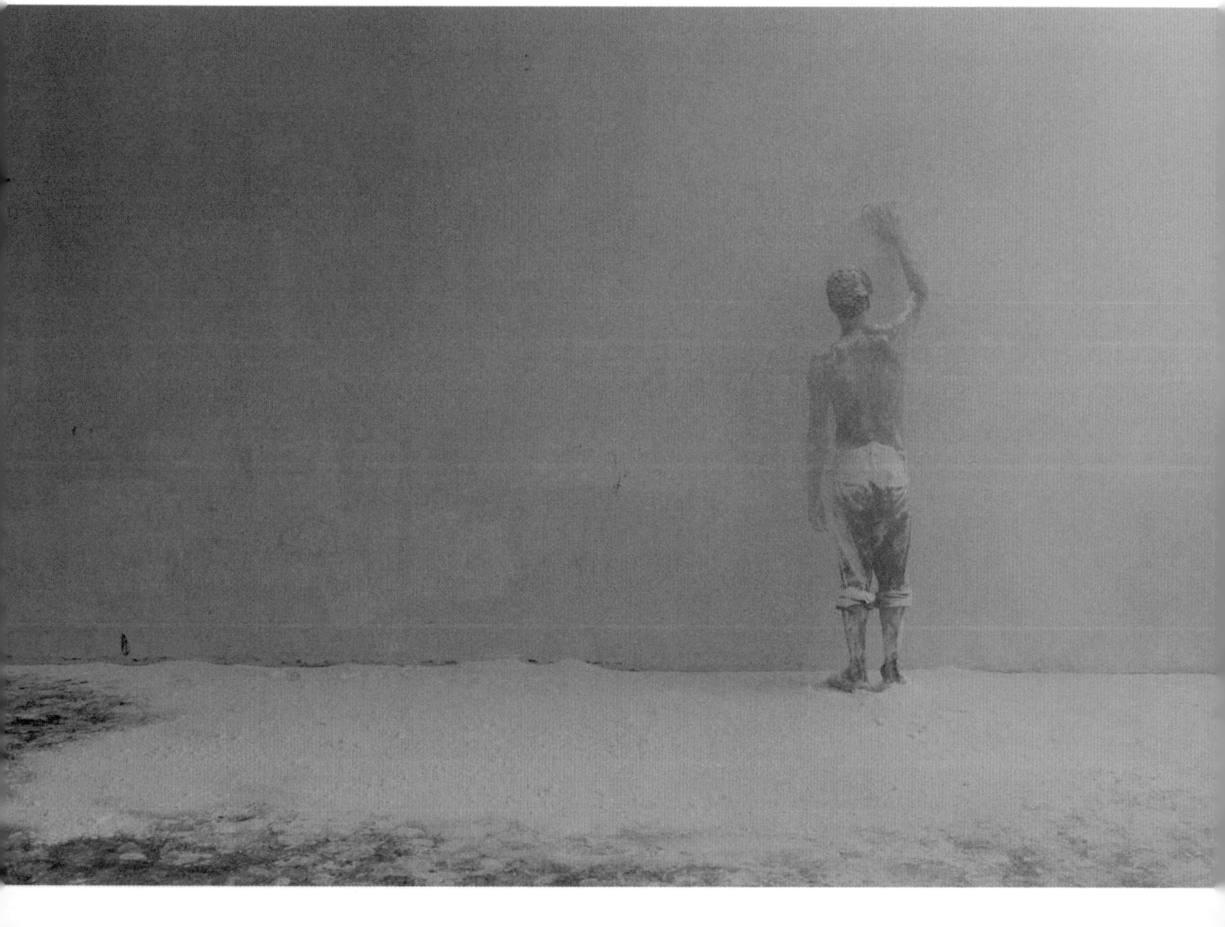

DISCÍPULO PRATICANTE (série **CONJUNÇÃO DE FATORES**)
2011

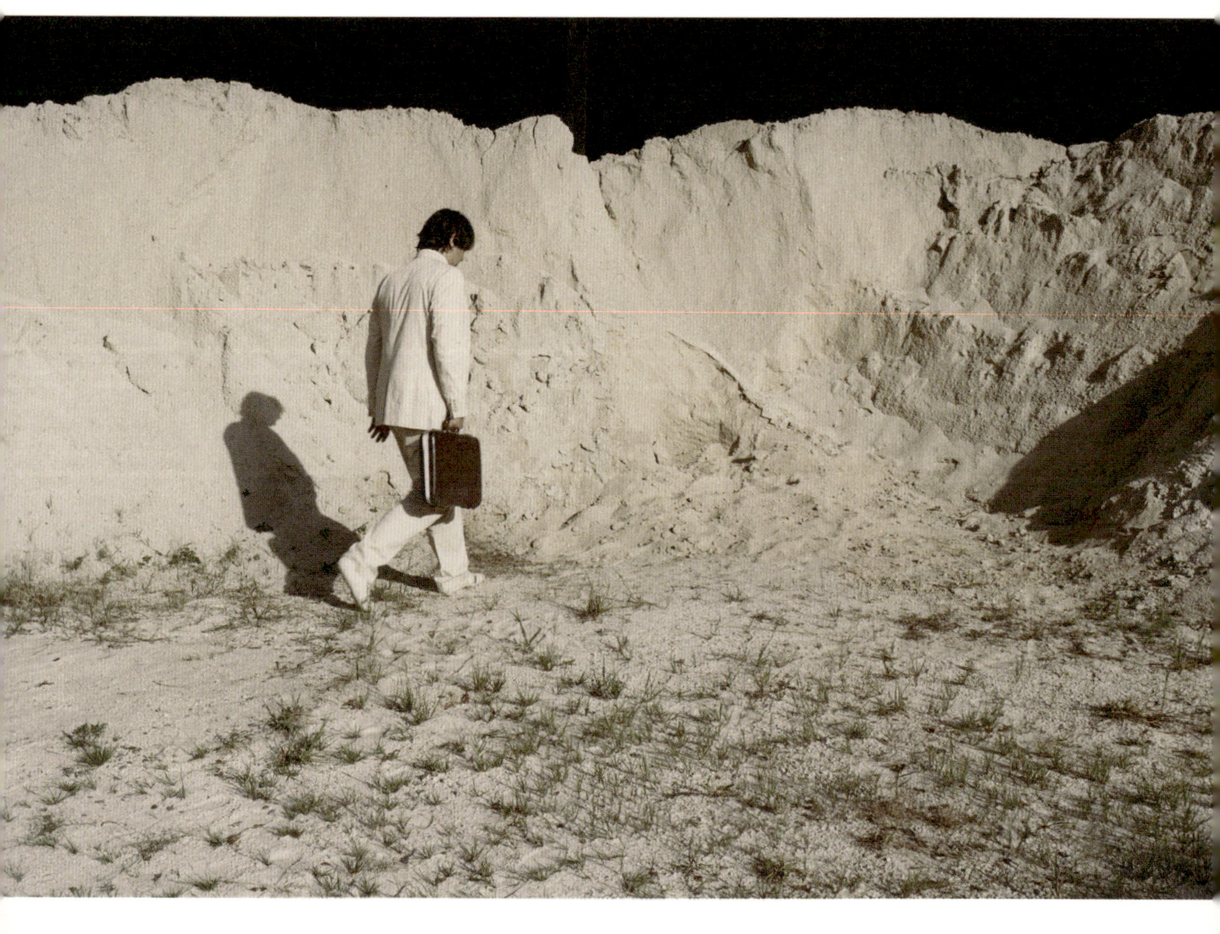

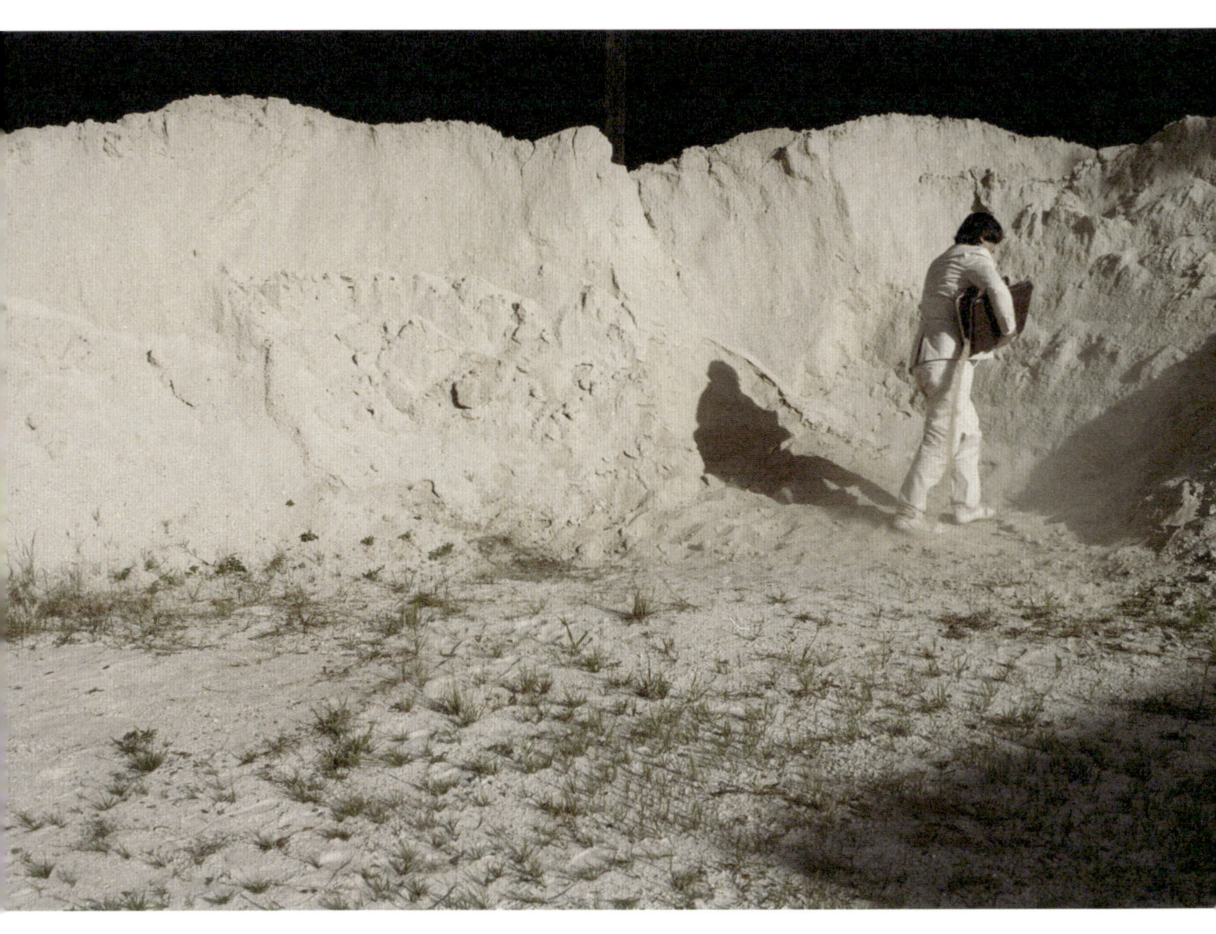

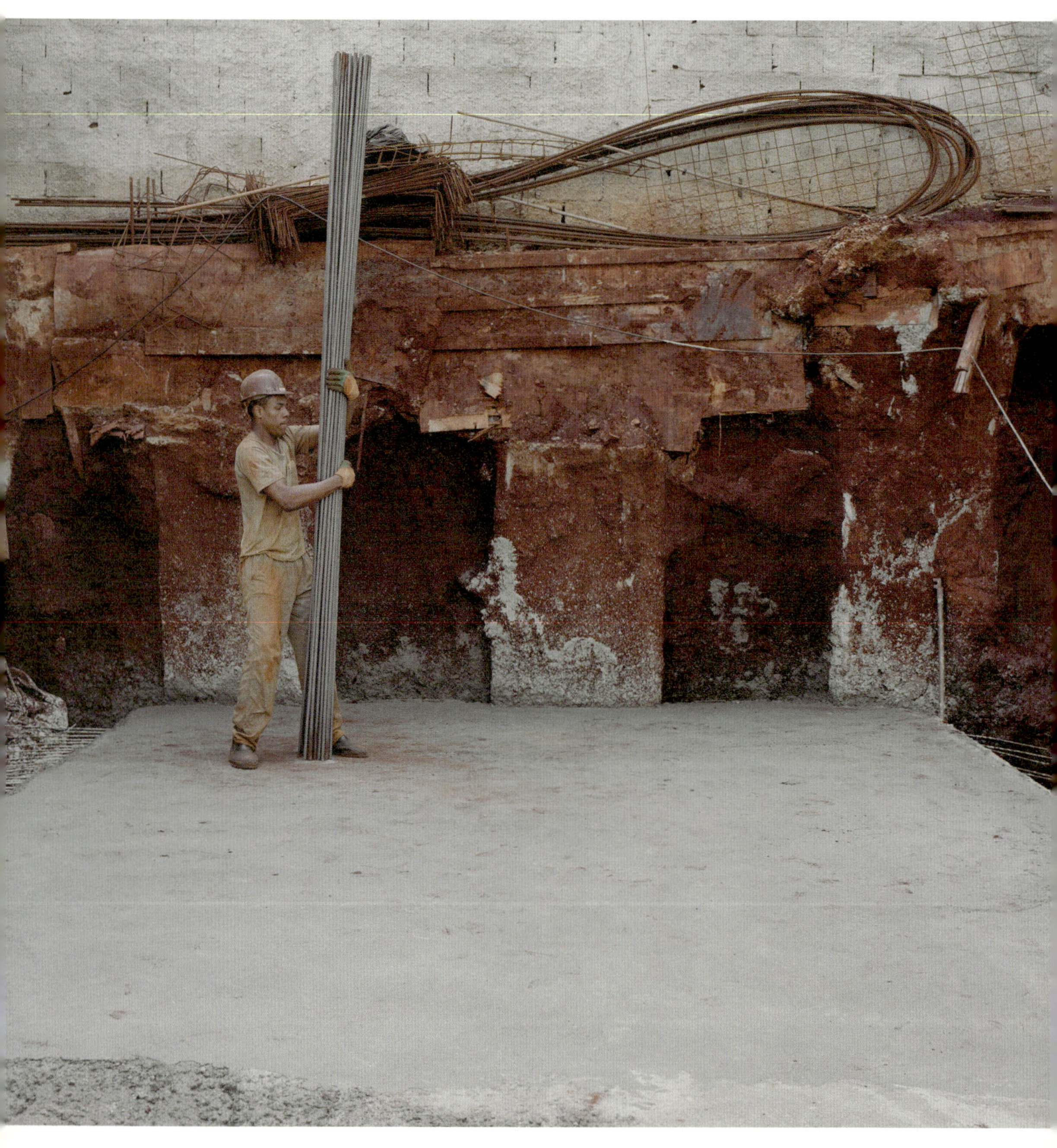

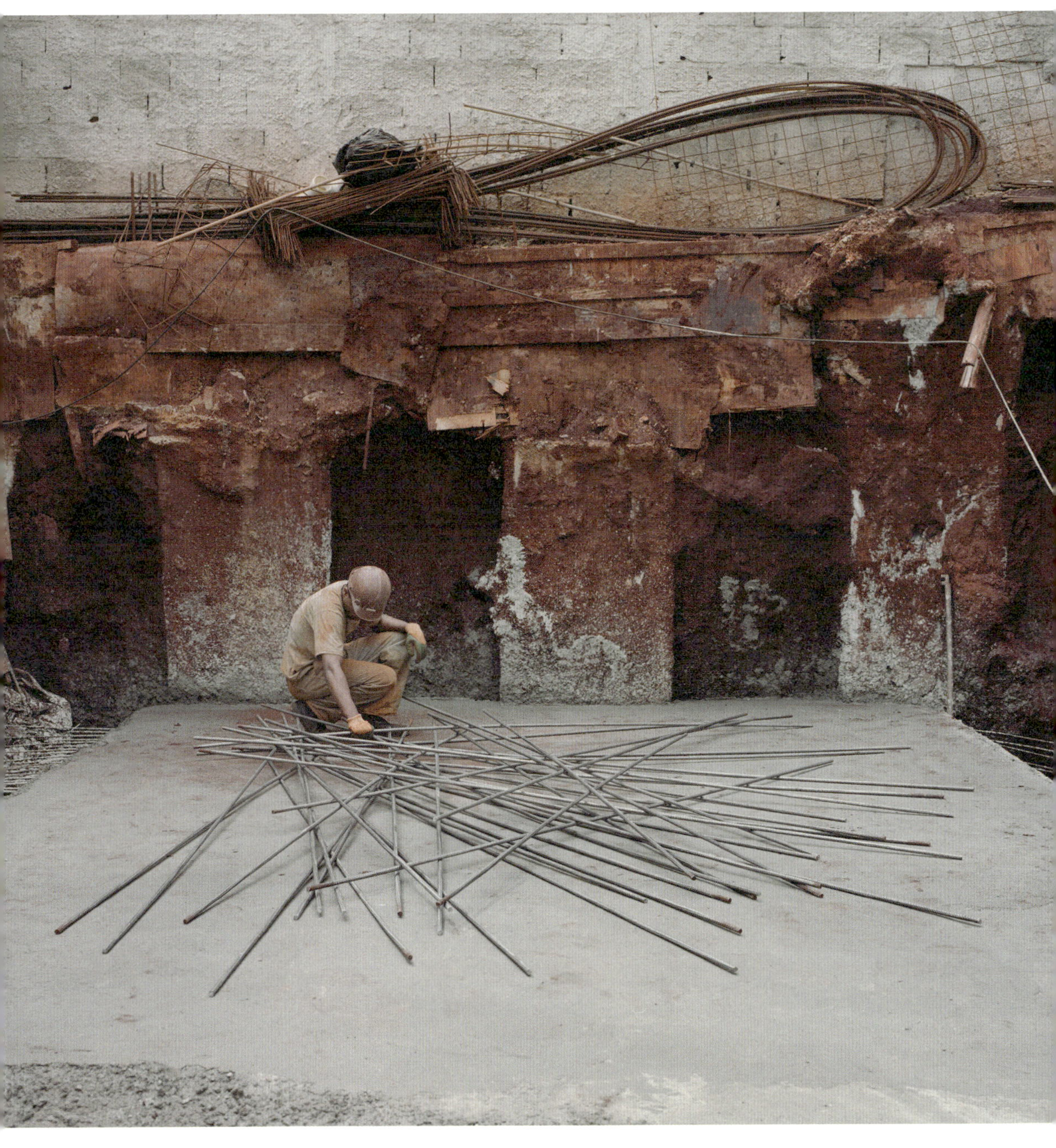

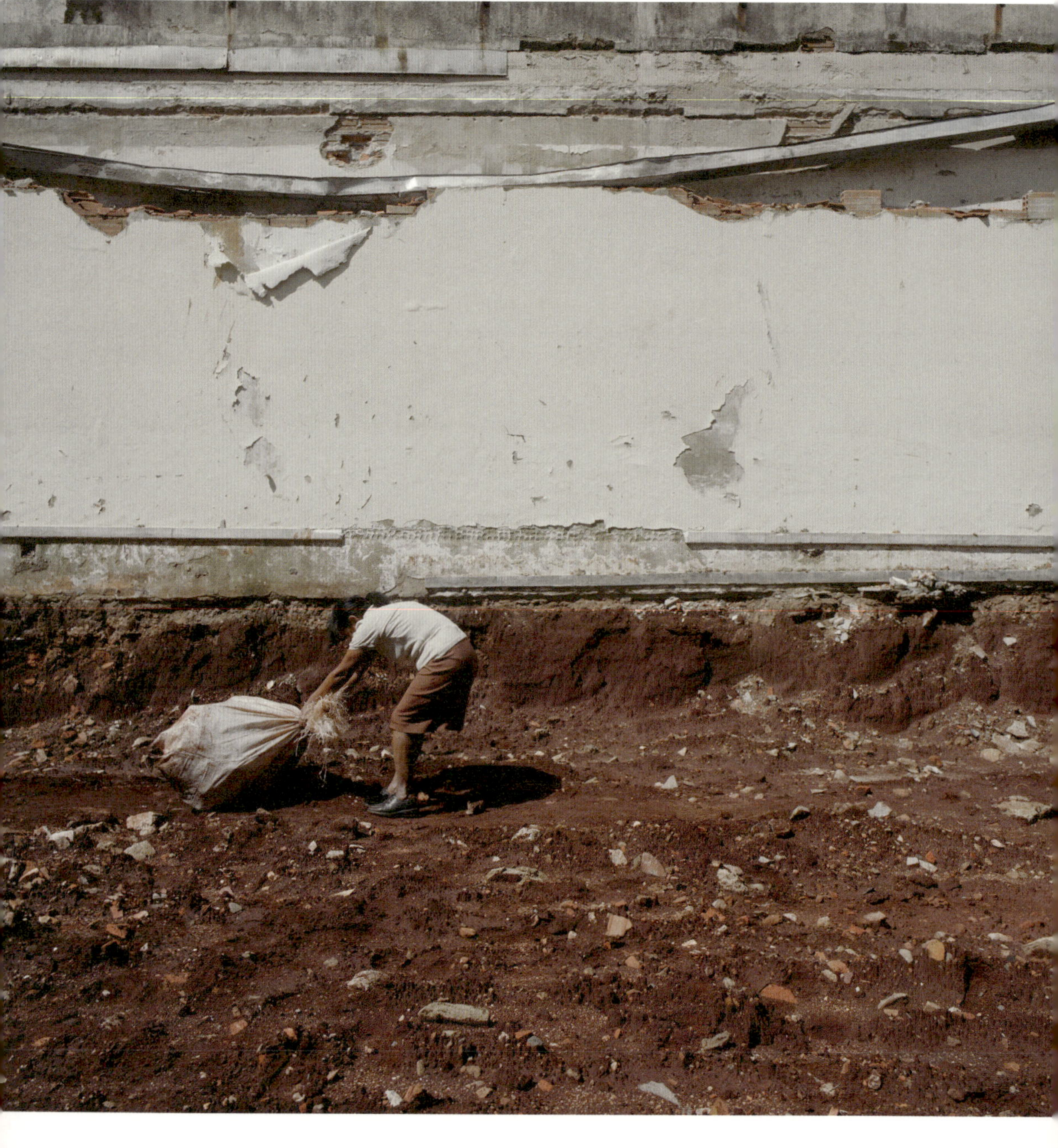

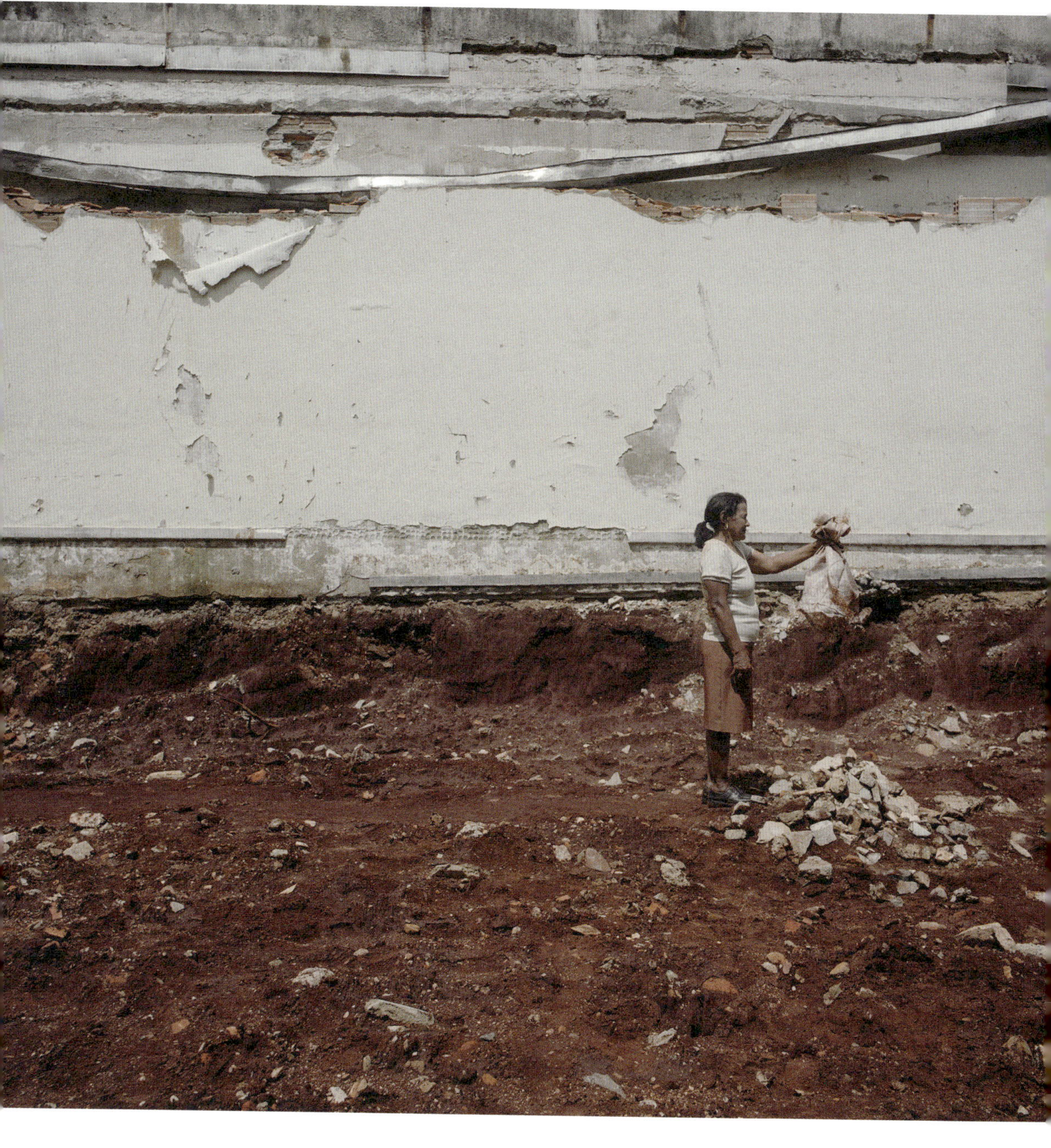

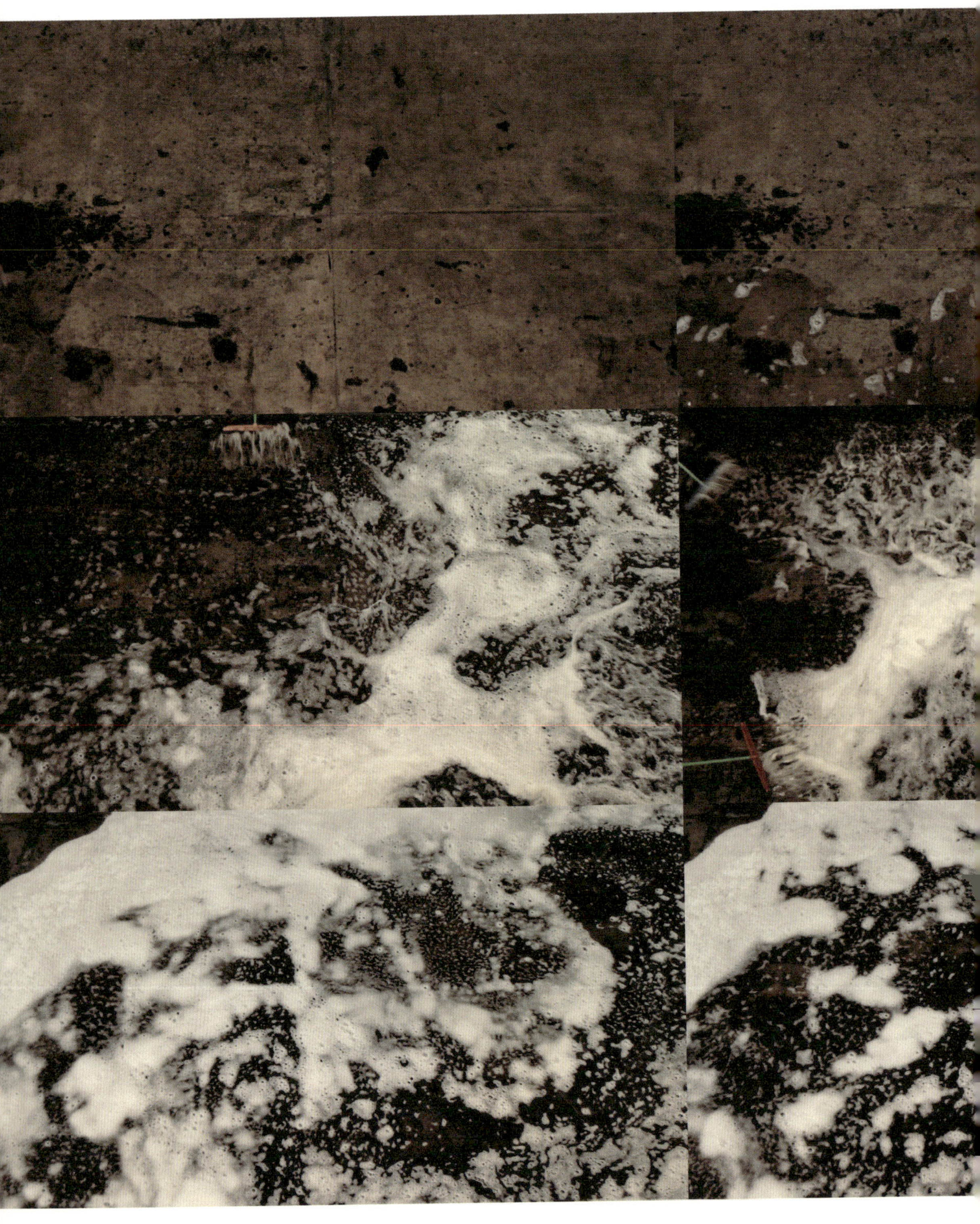

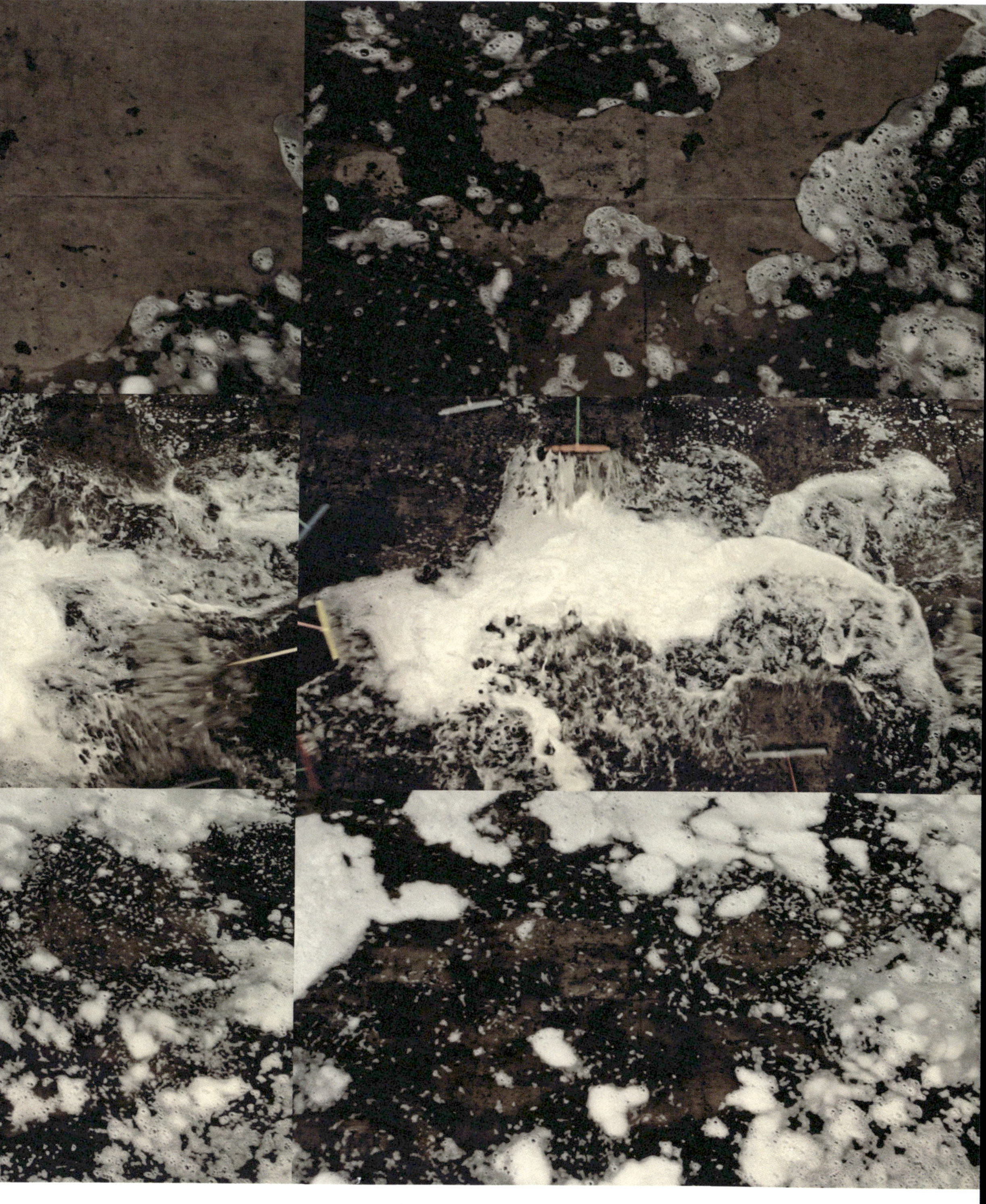

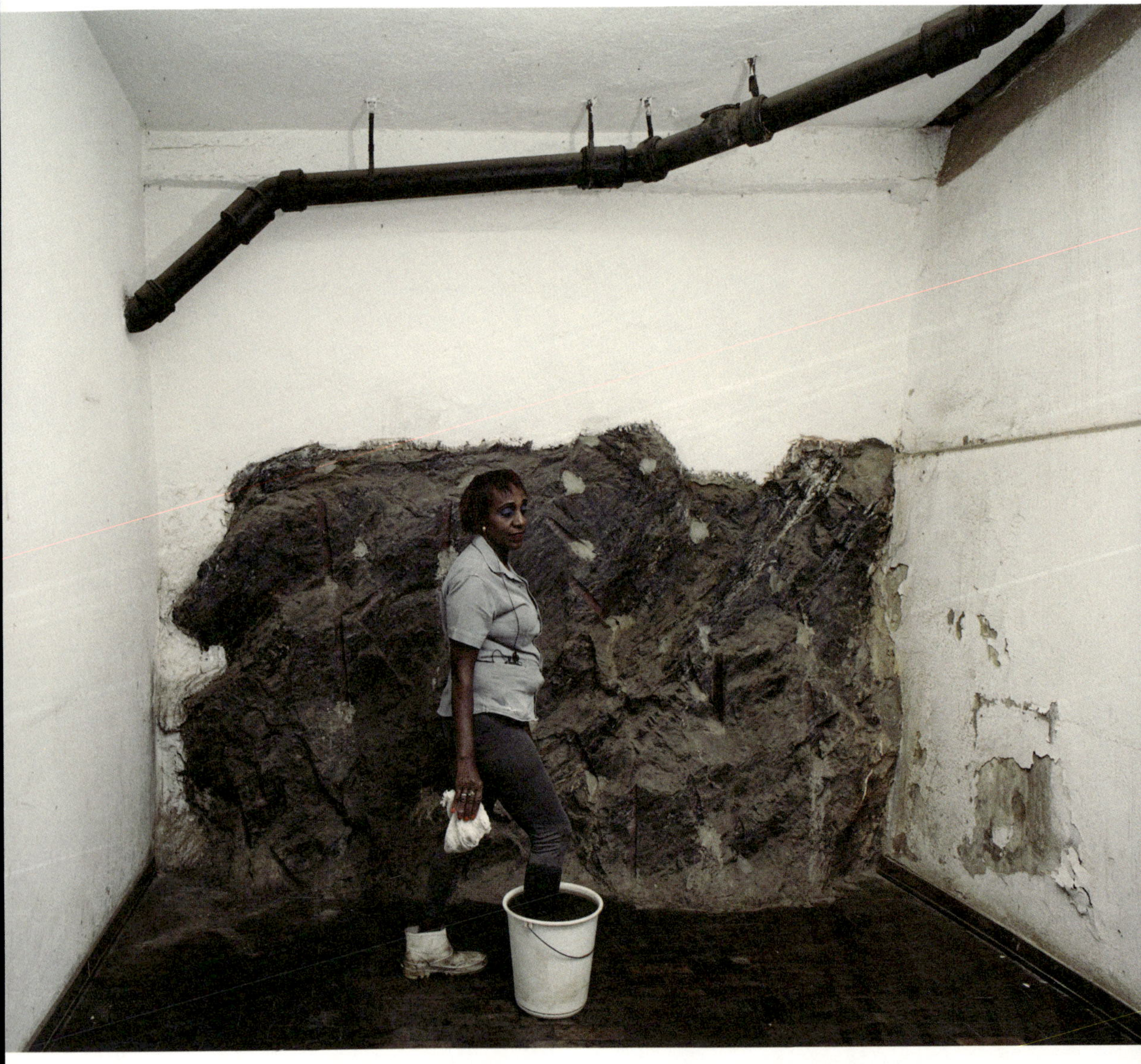

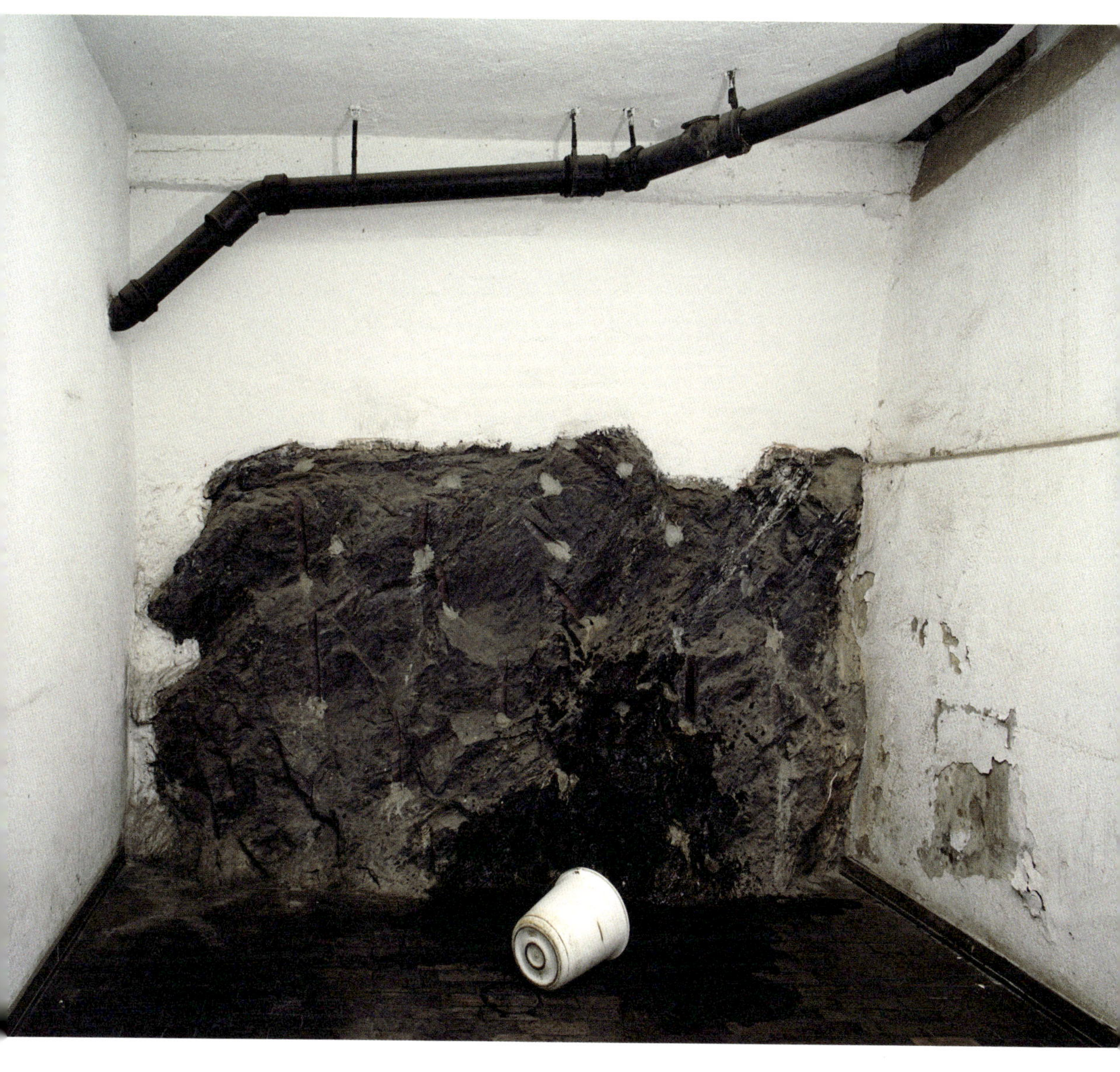

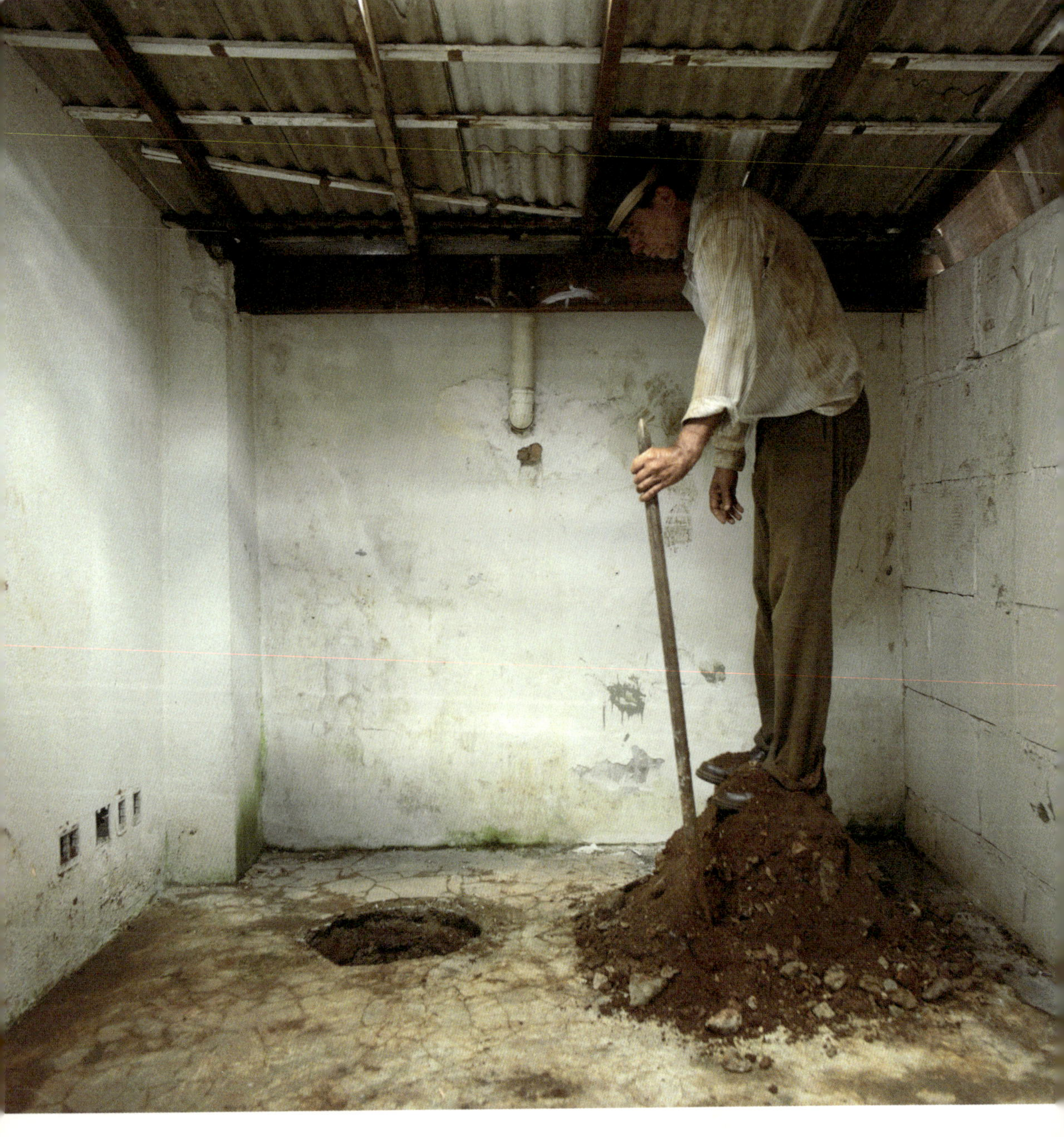

O DRAMATURGO (série CONJUNÇÃO DE FATORES)
2014

pp. 112-115
O CONTO FANTÁSTICO
2012

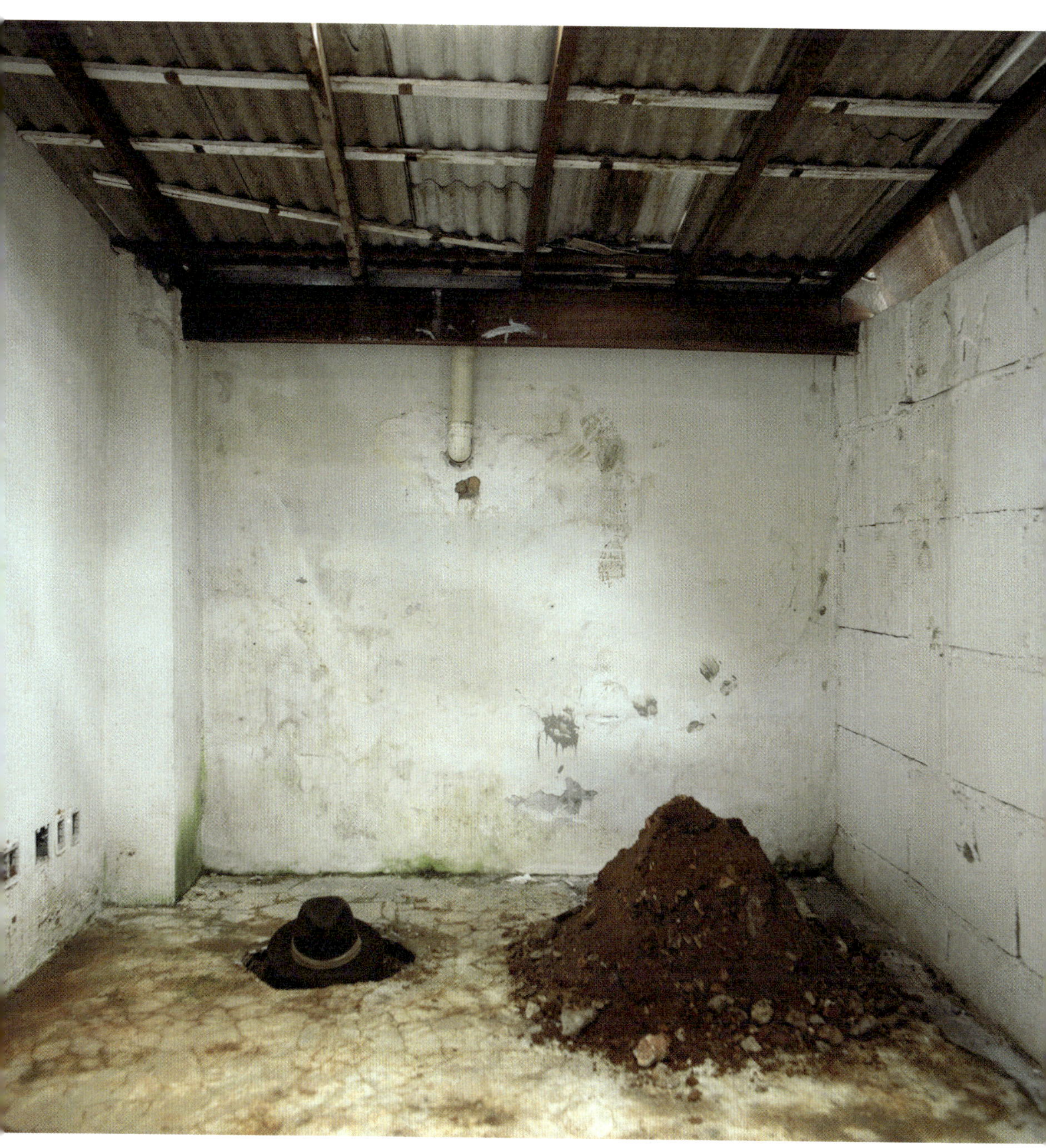

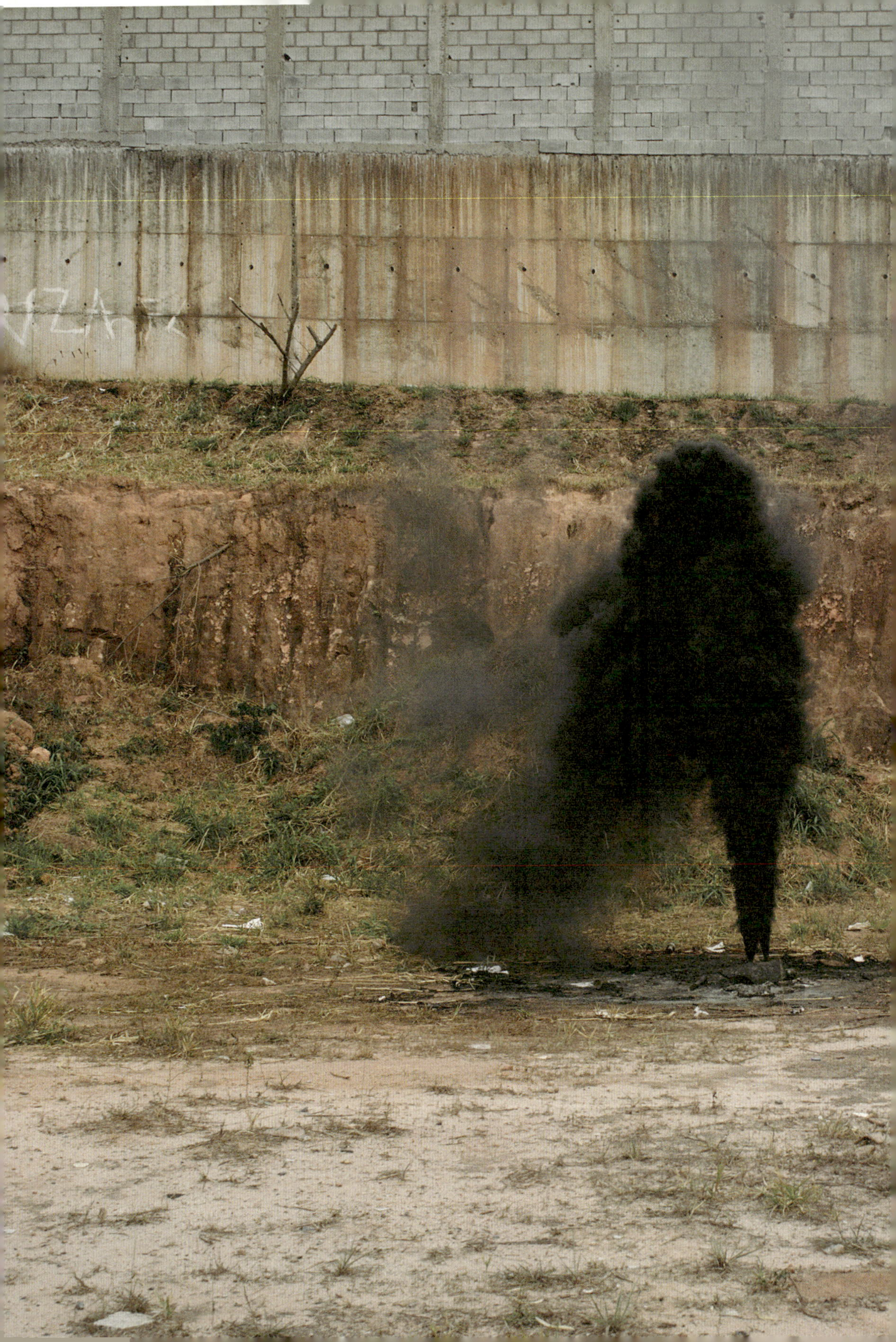

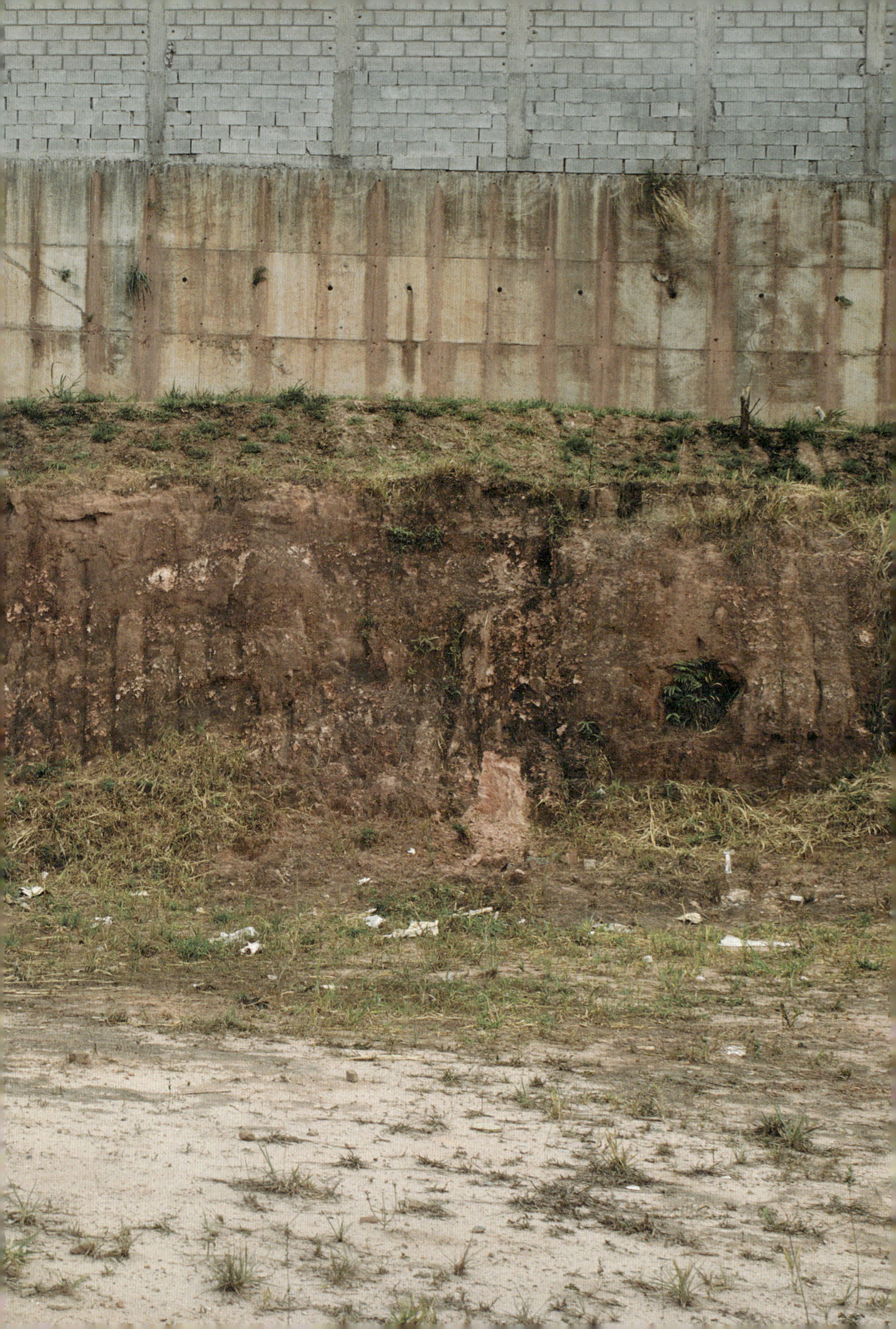

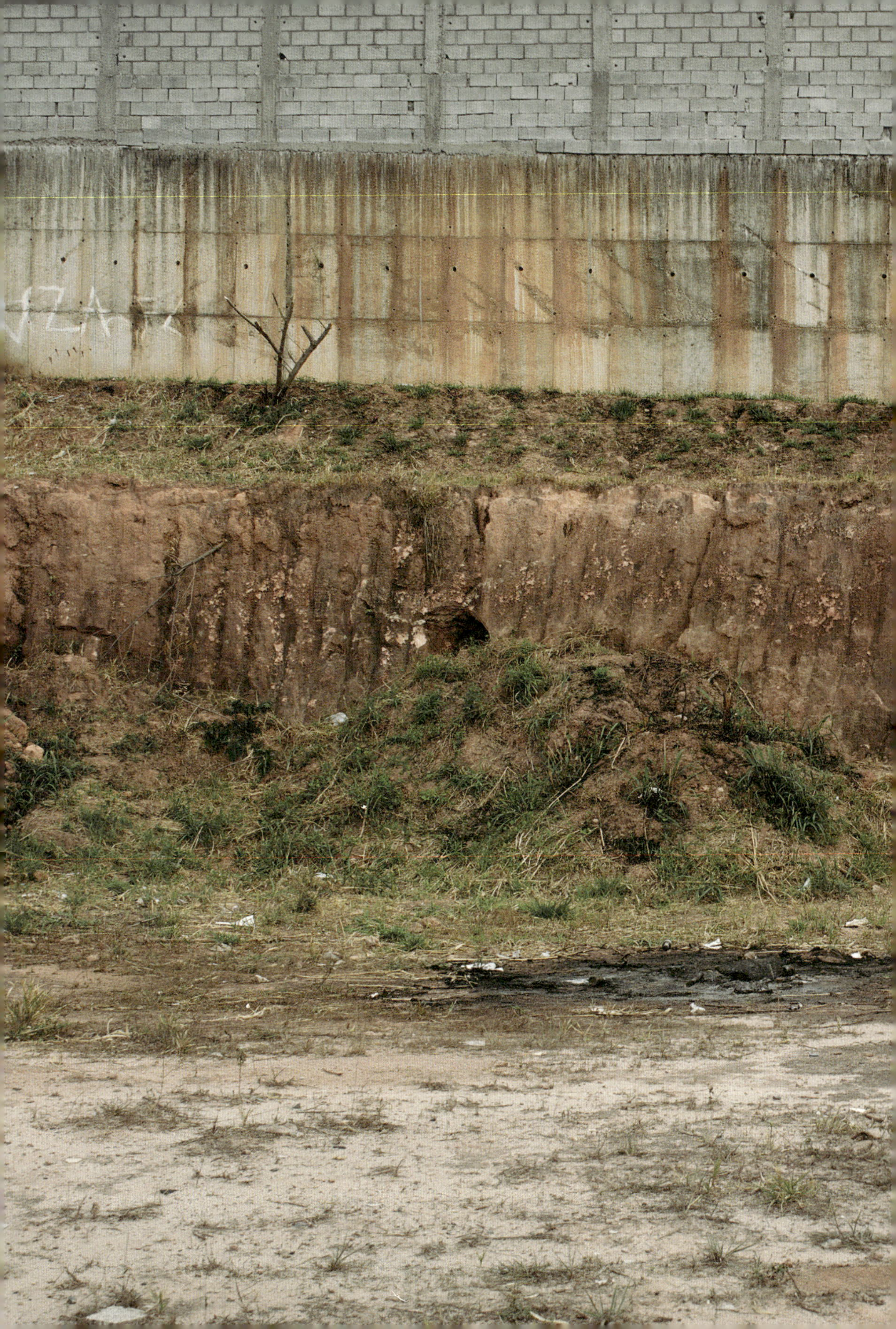

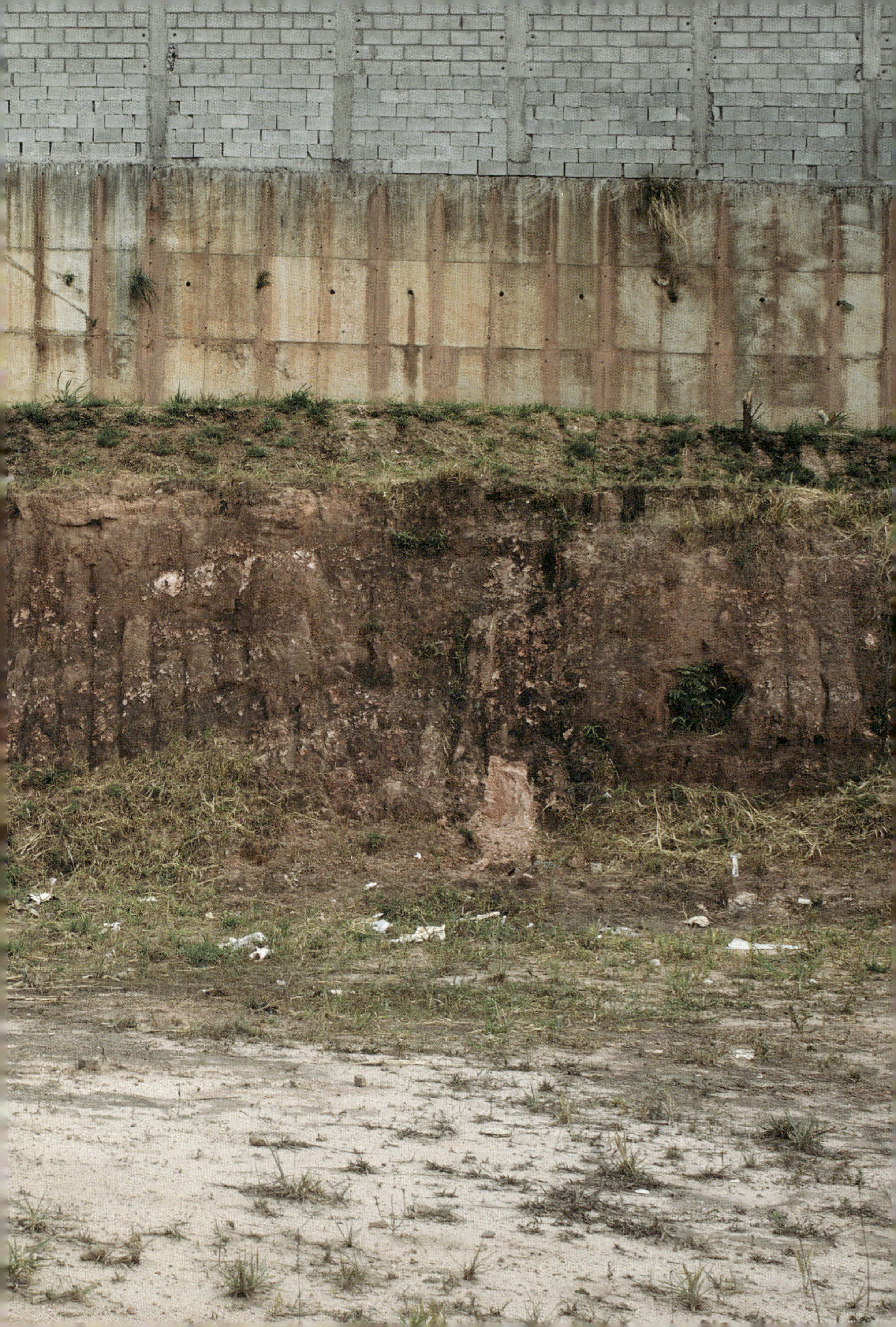

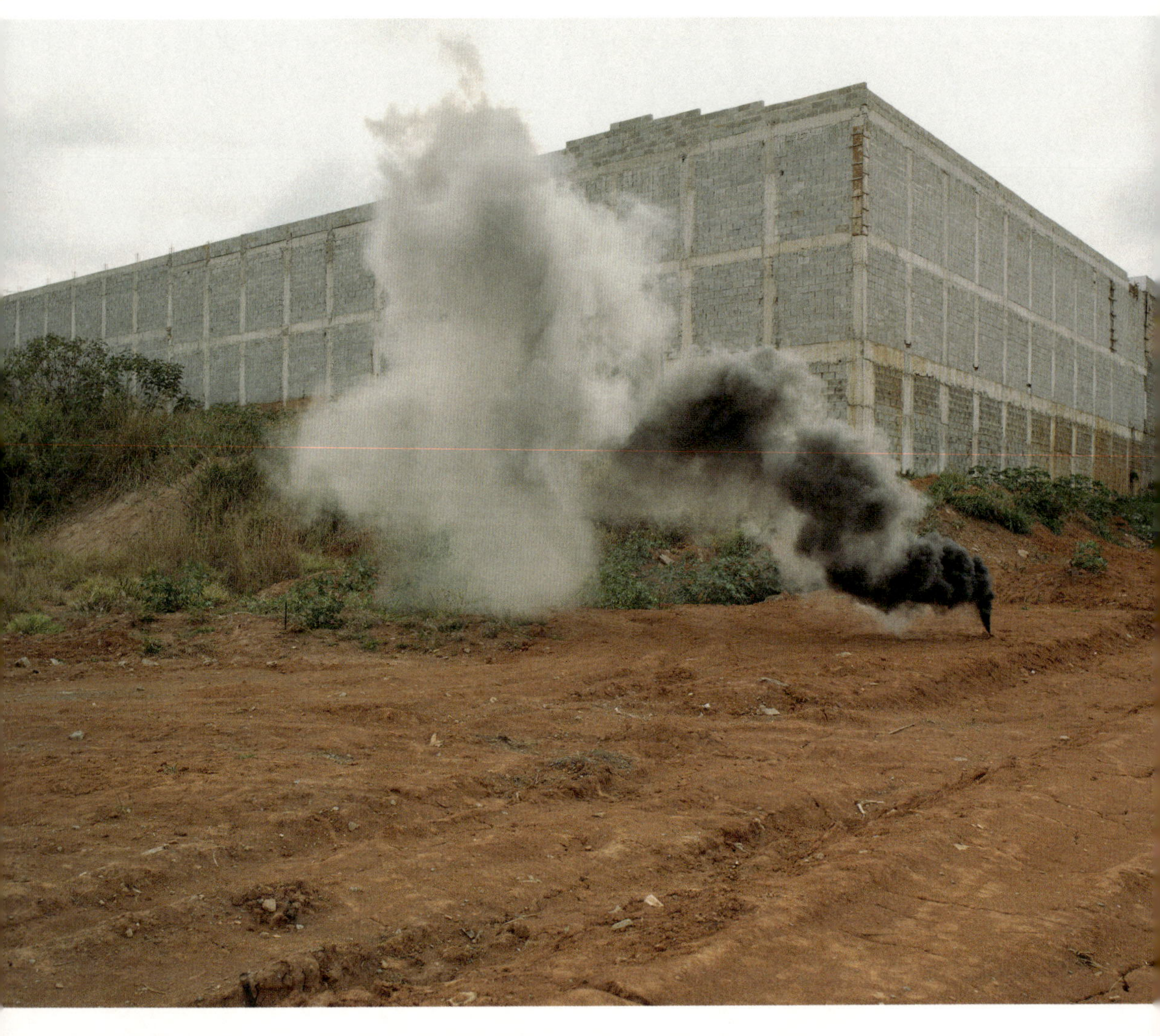

PLANO DE EVASÃO (BRANCO)
2012

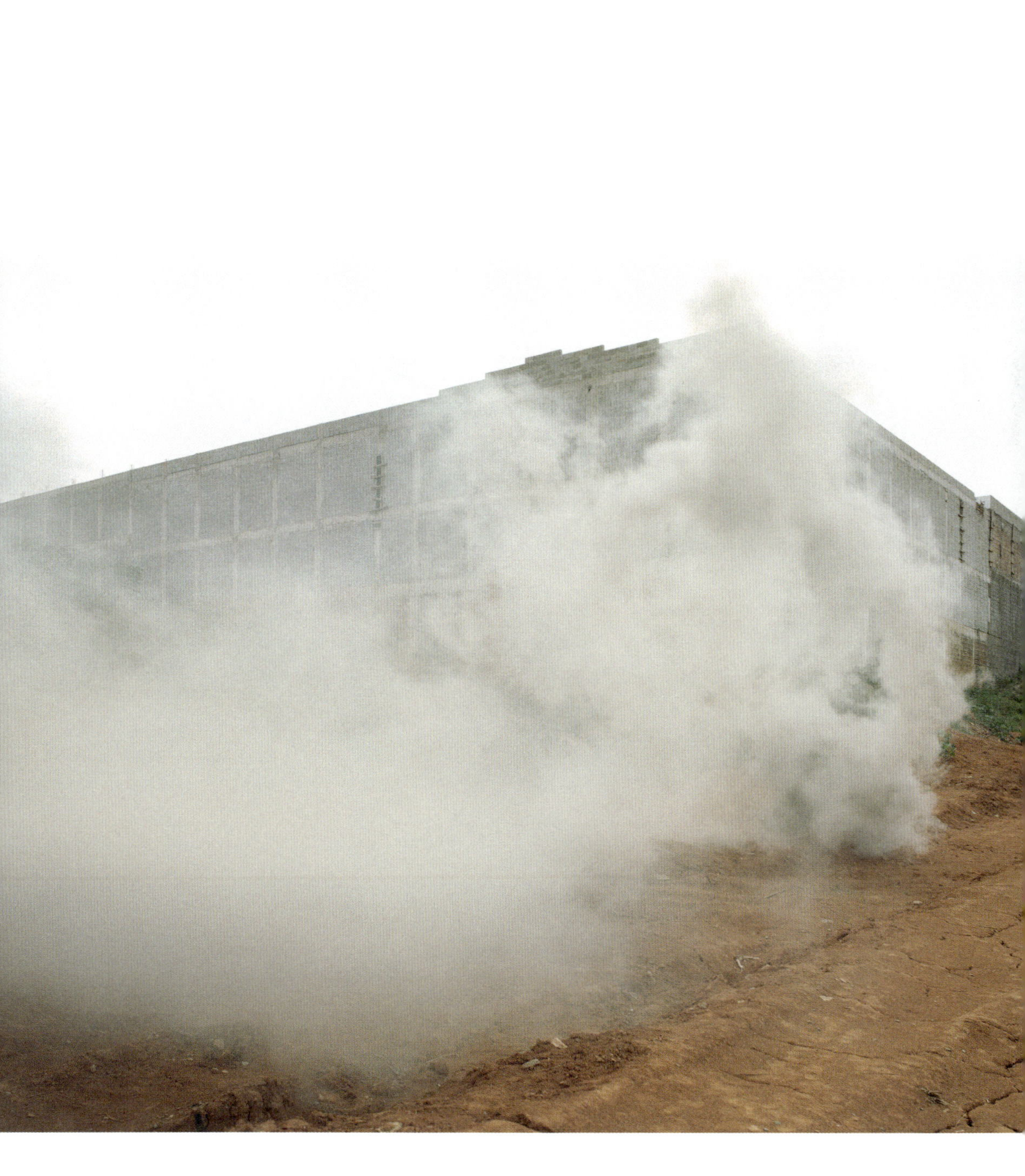

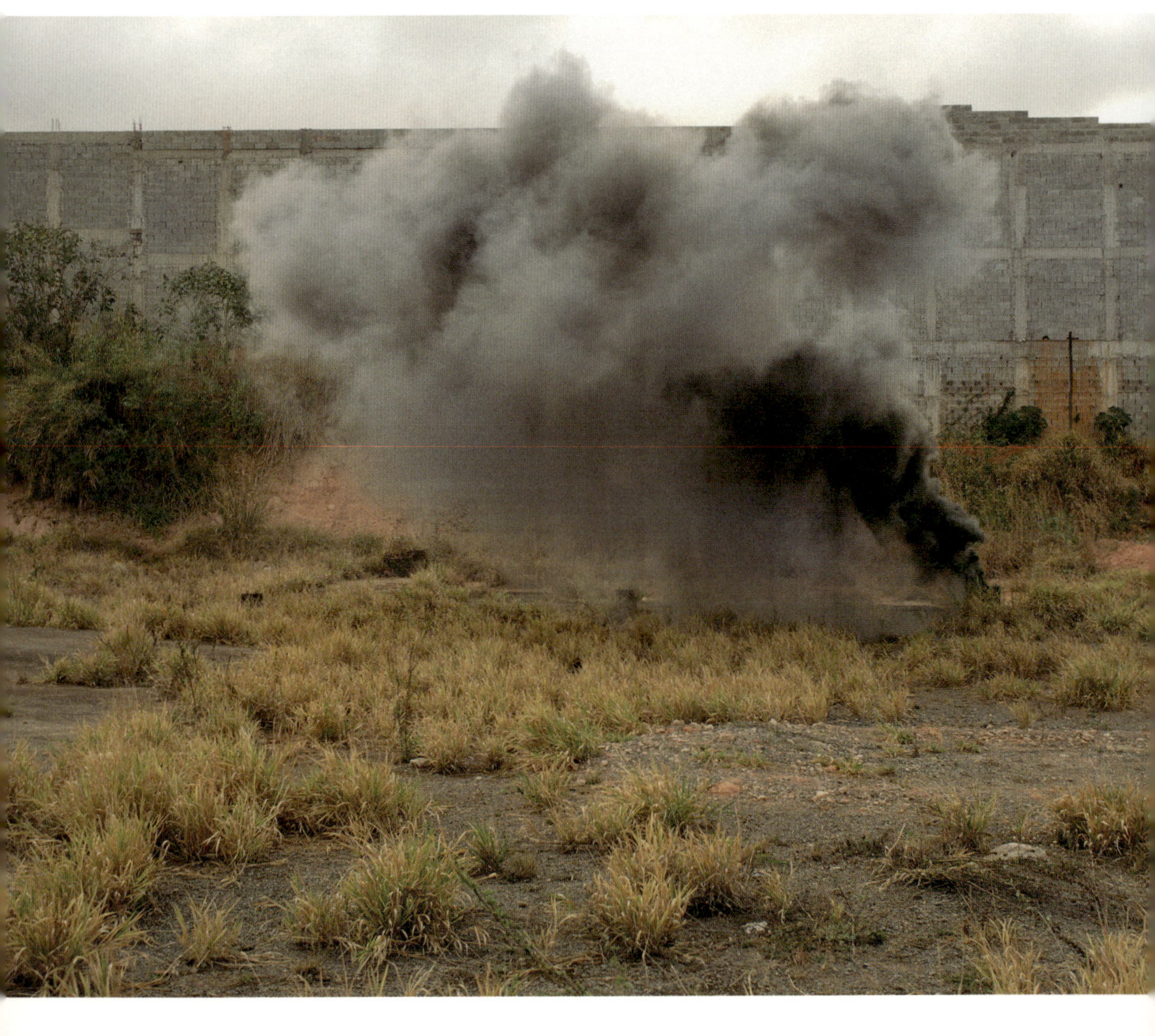

PLANO DE EVASÃO (CINZA)
2012

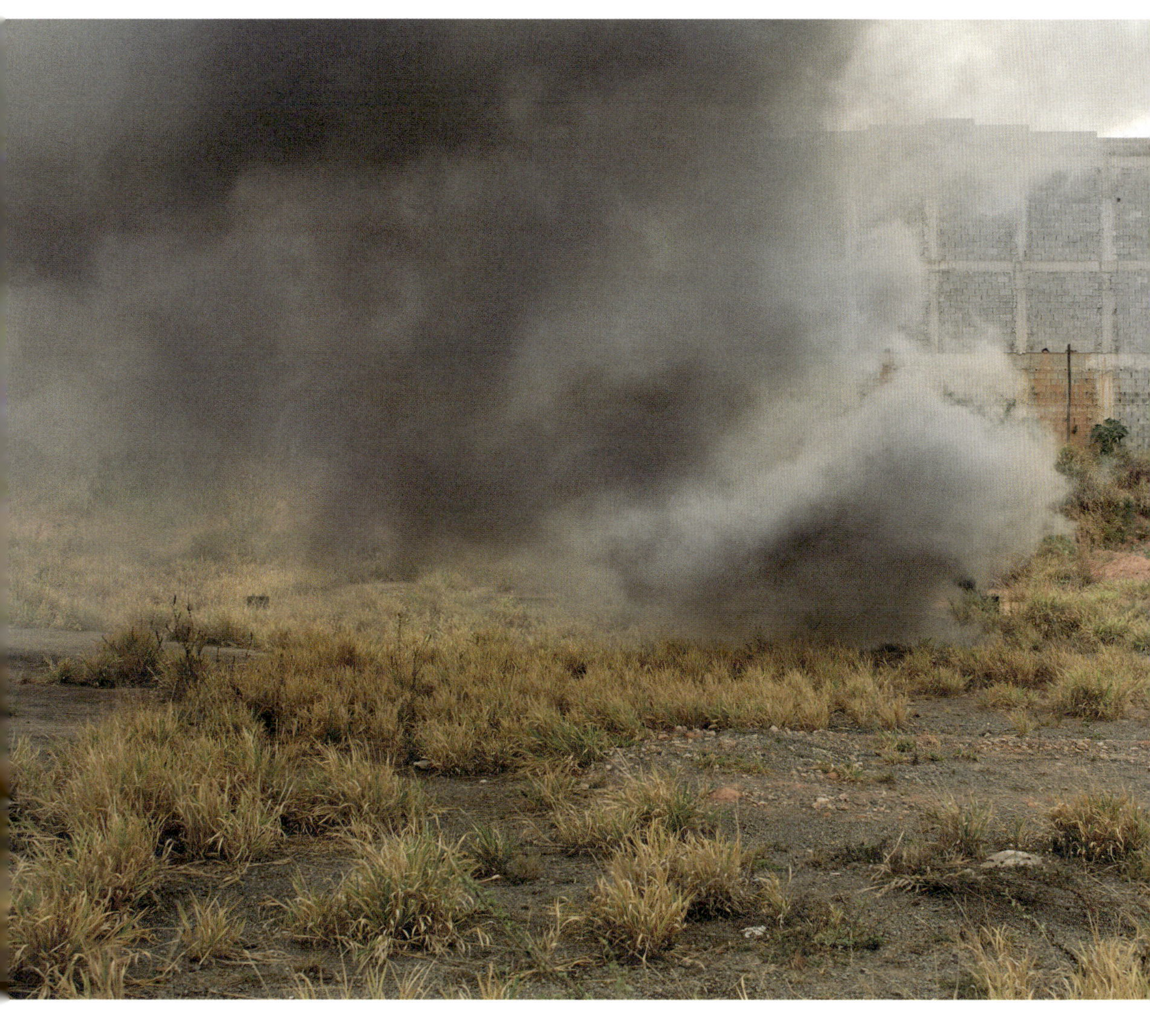

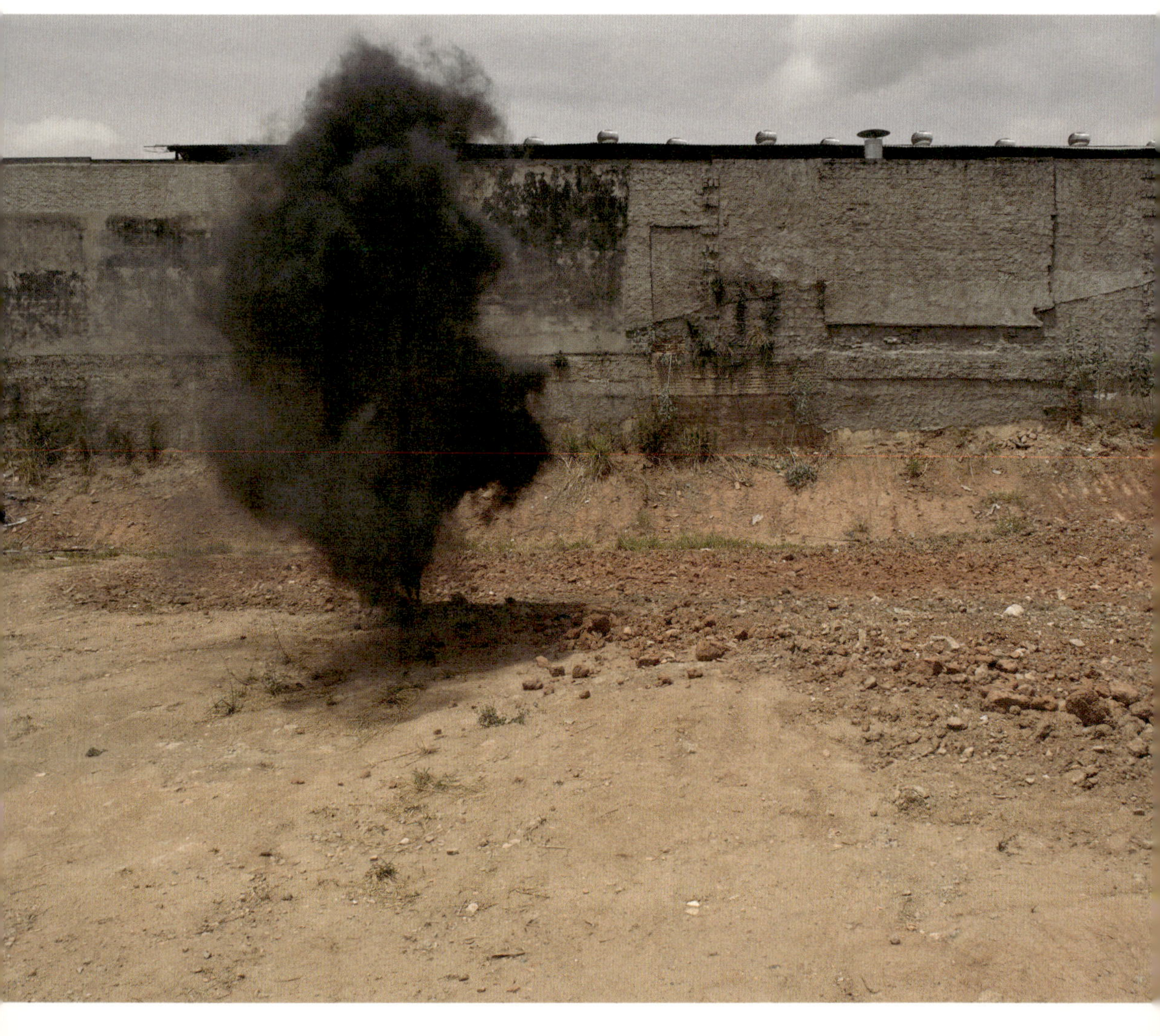

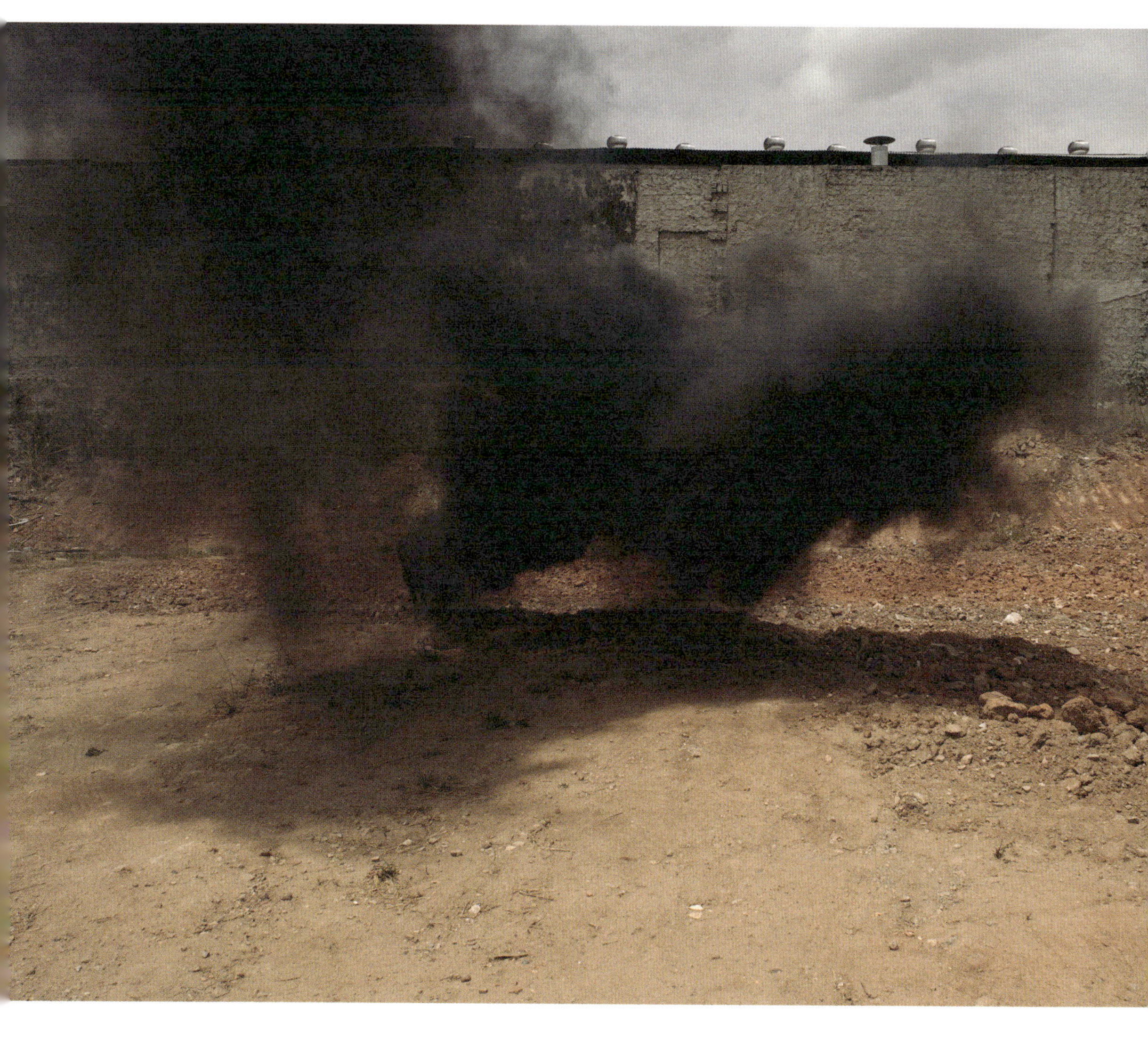

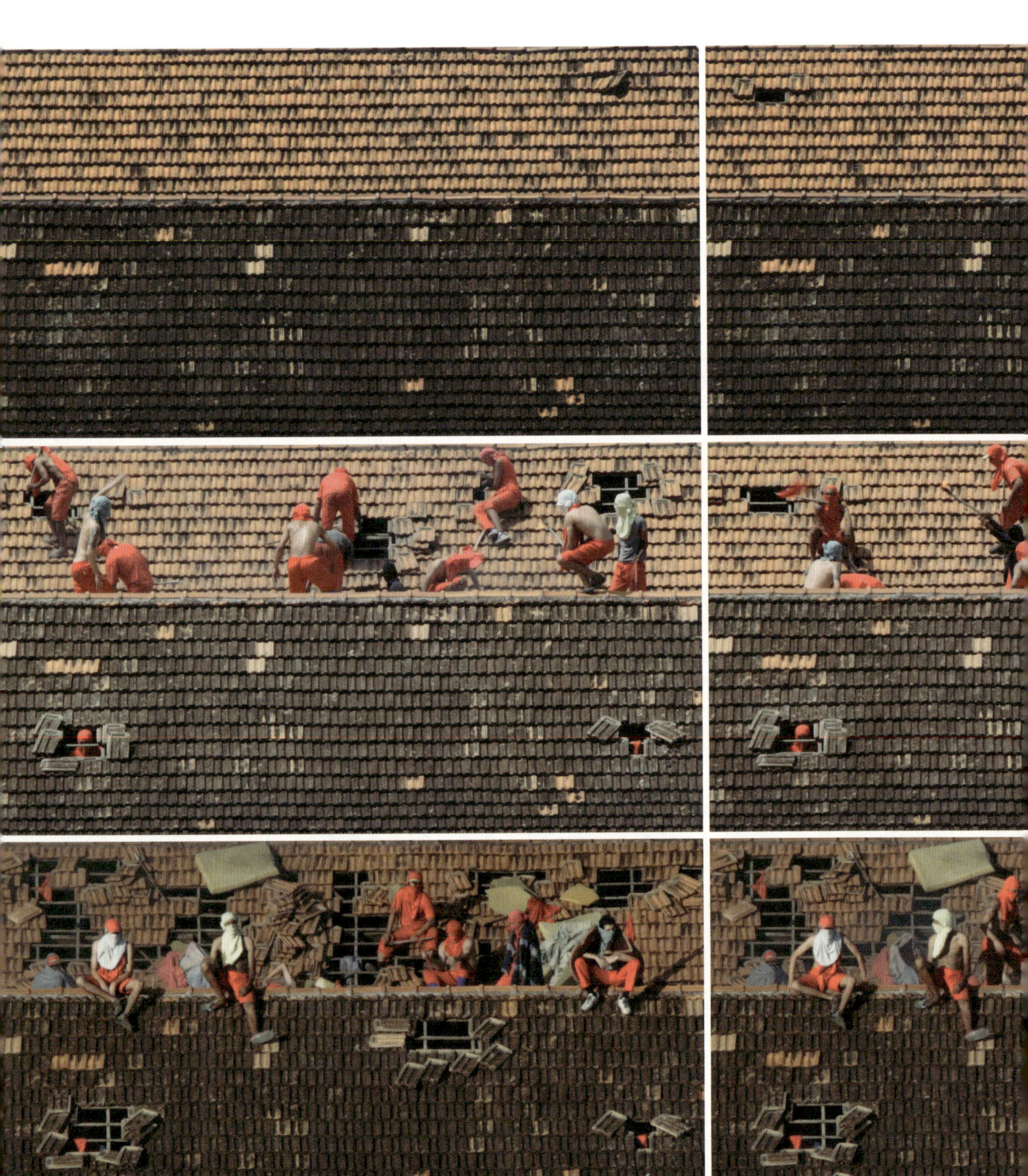

pp. 122-124
NAU
Cinthia Marcelle & Tiago Mata Machado
2017

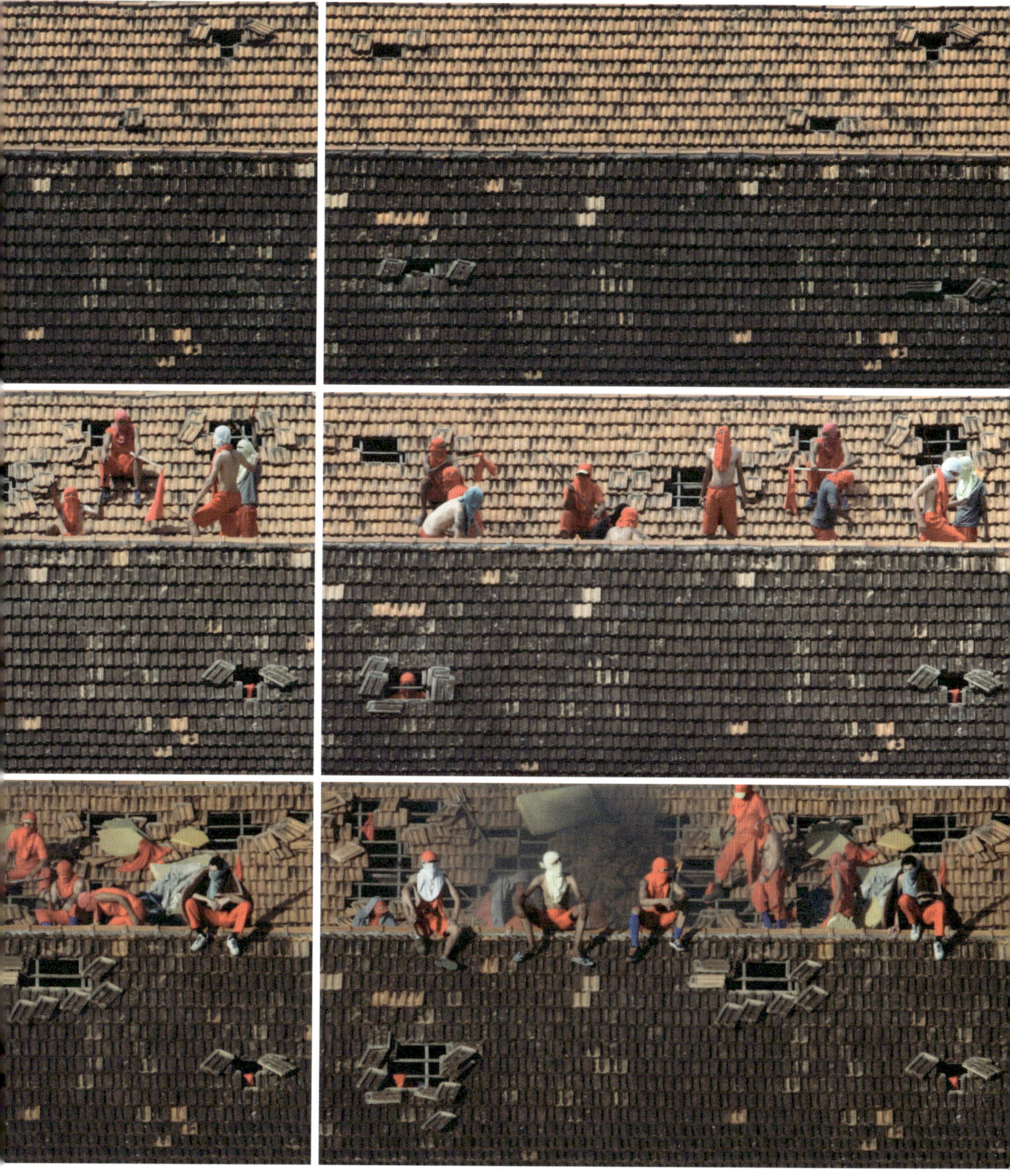

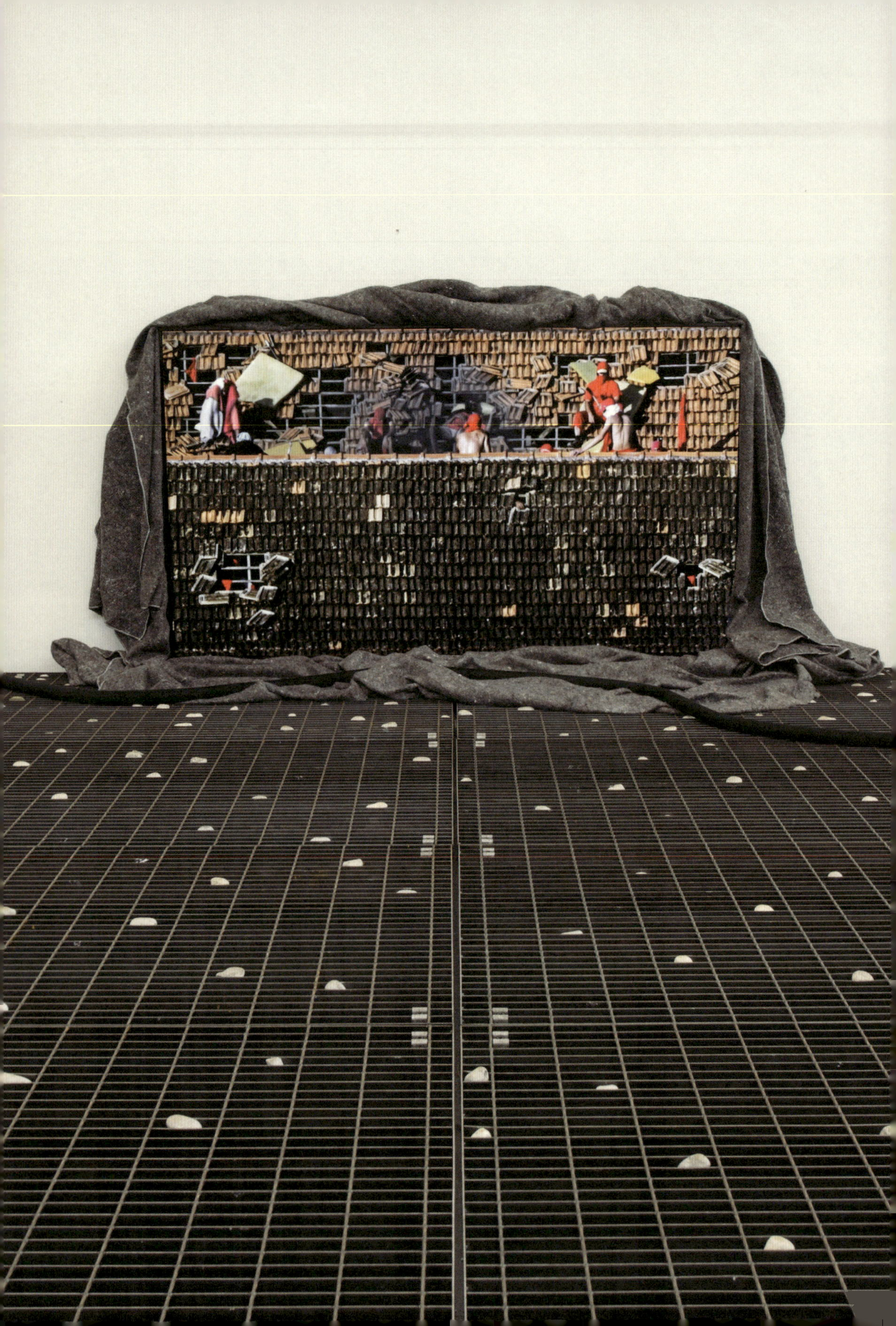

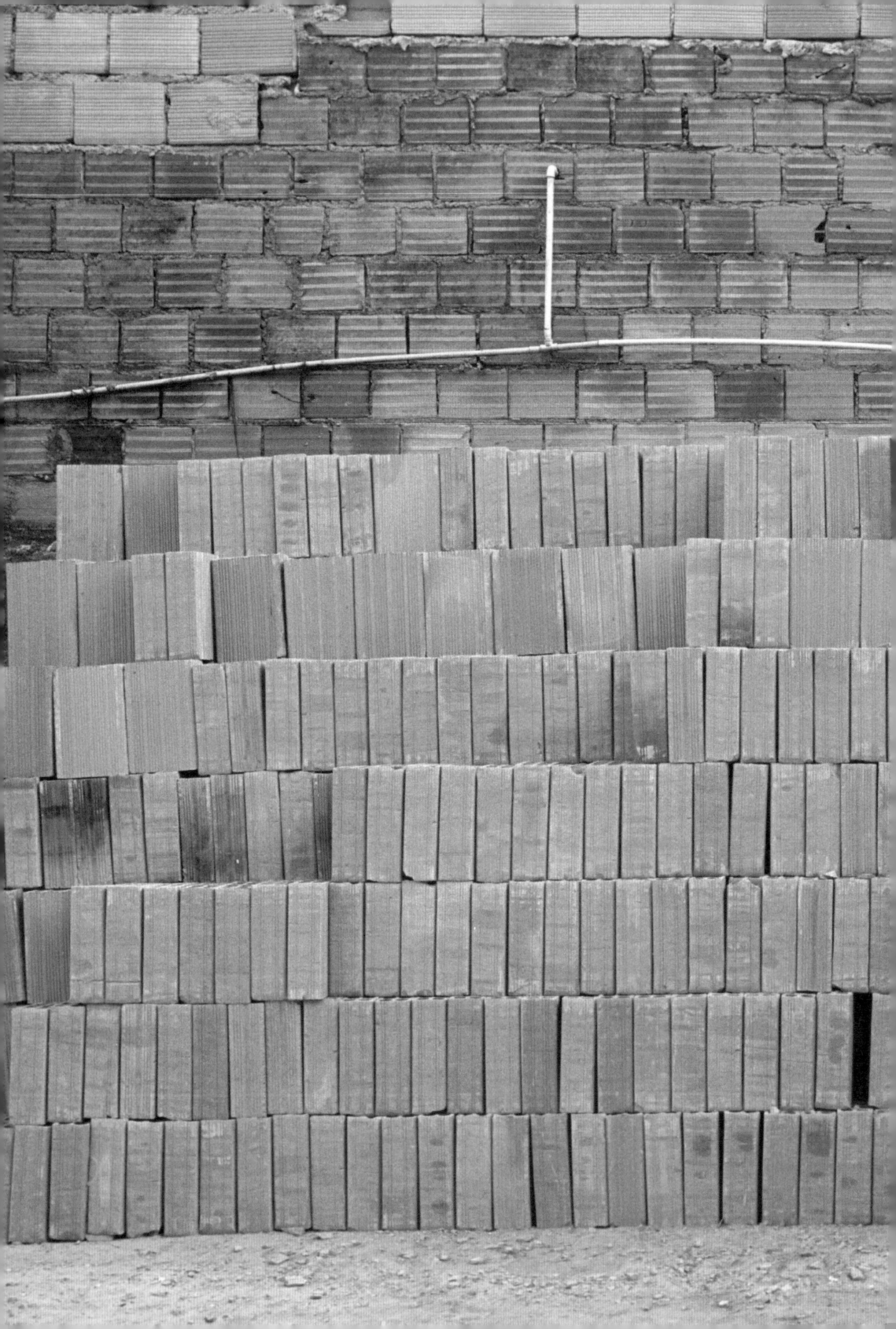

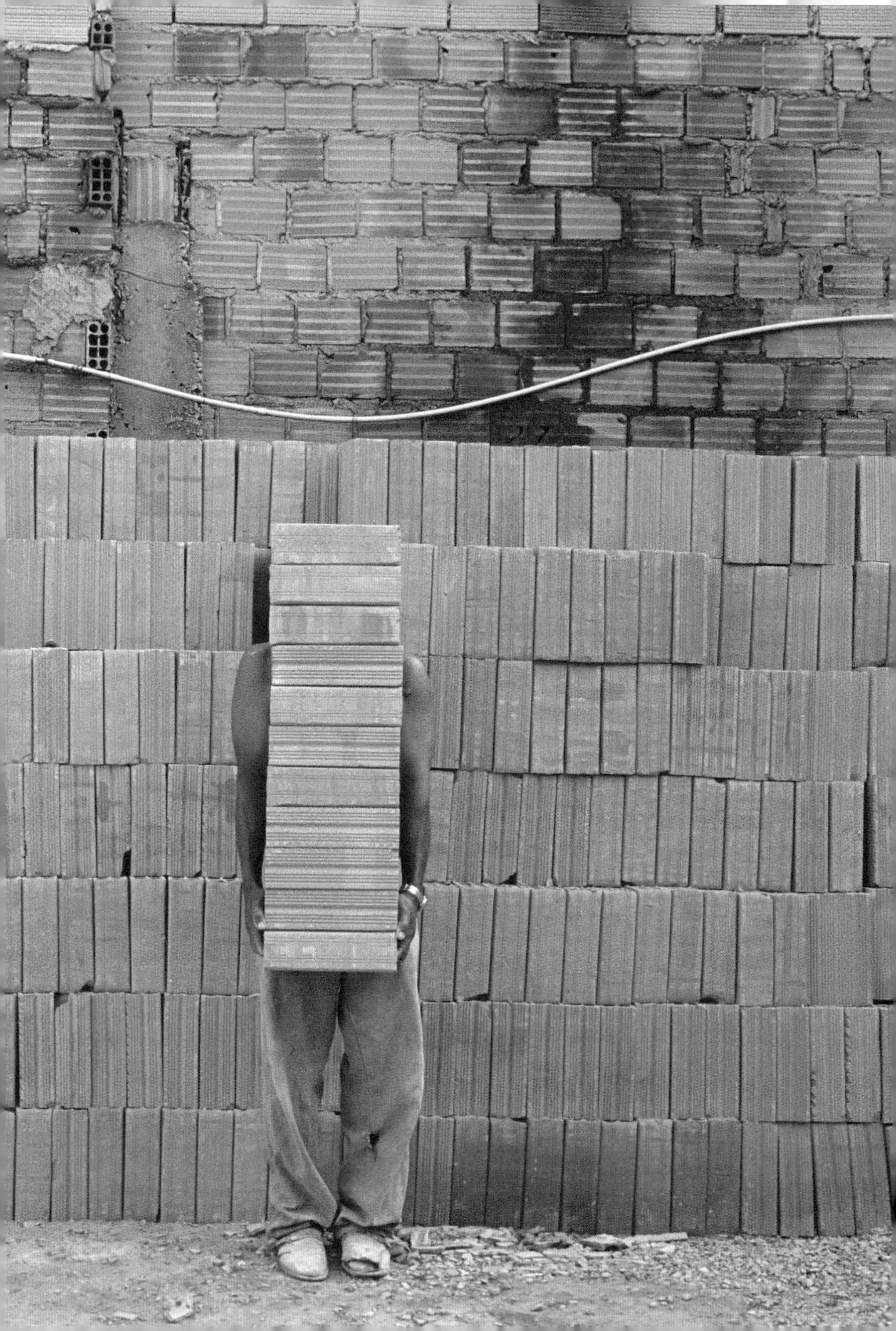

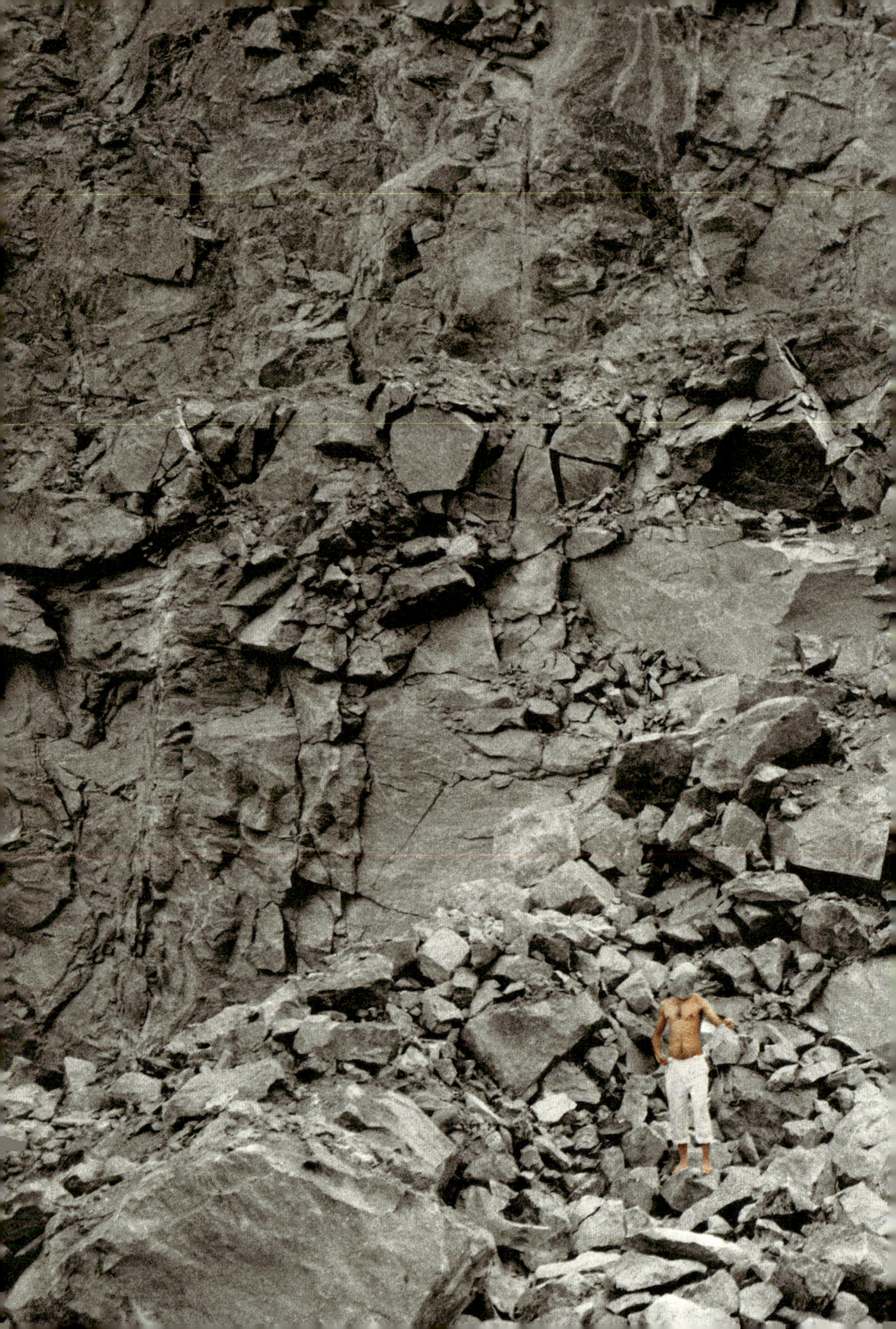

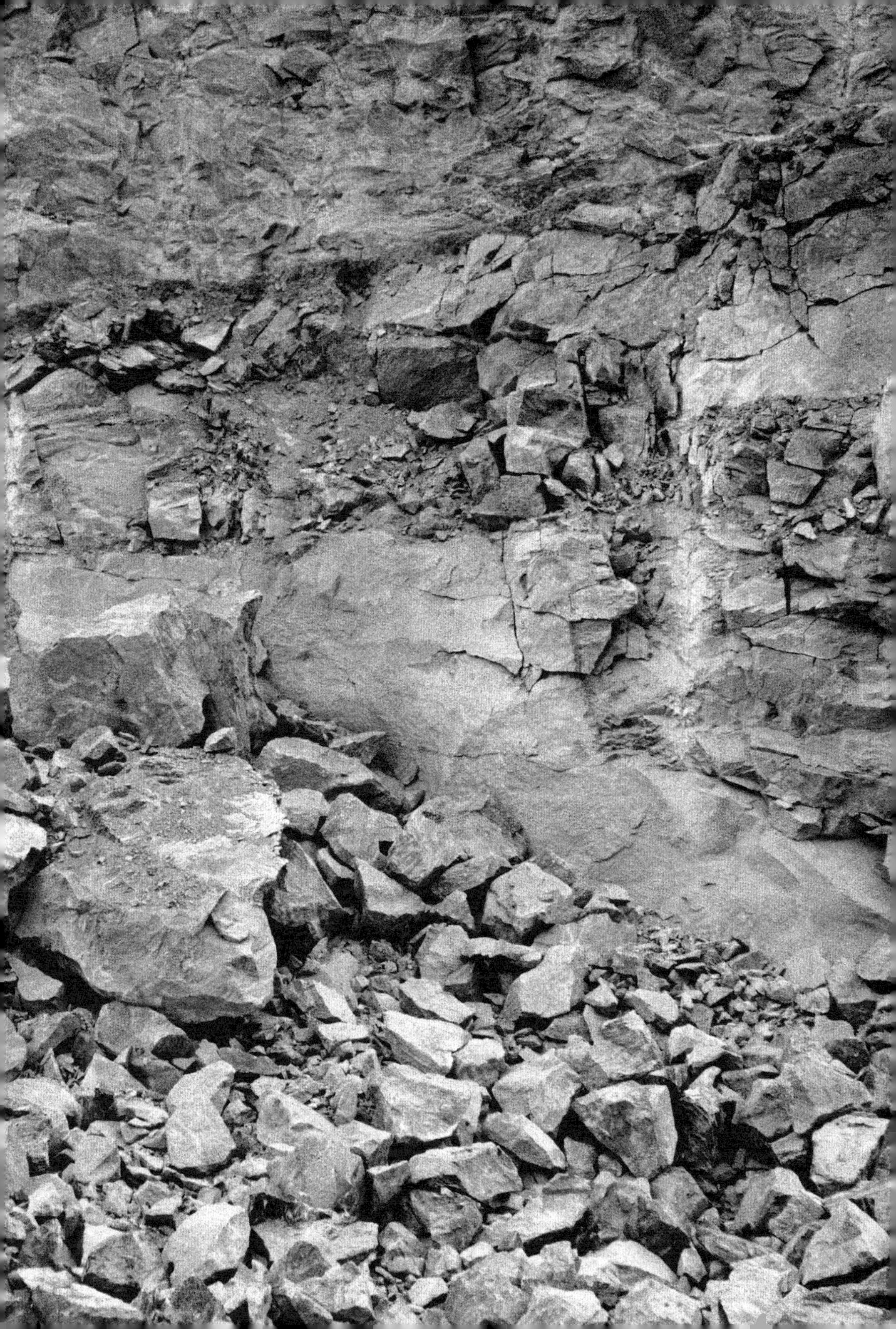

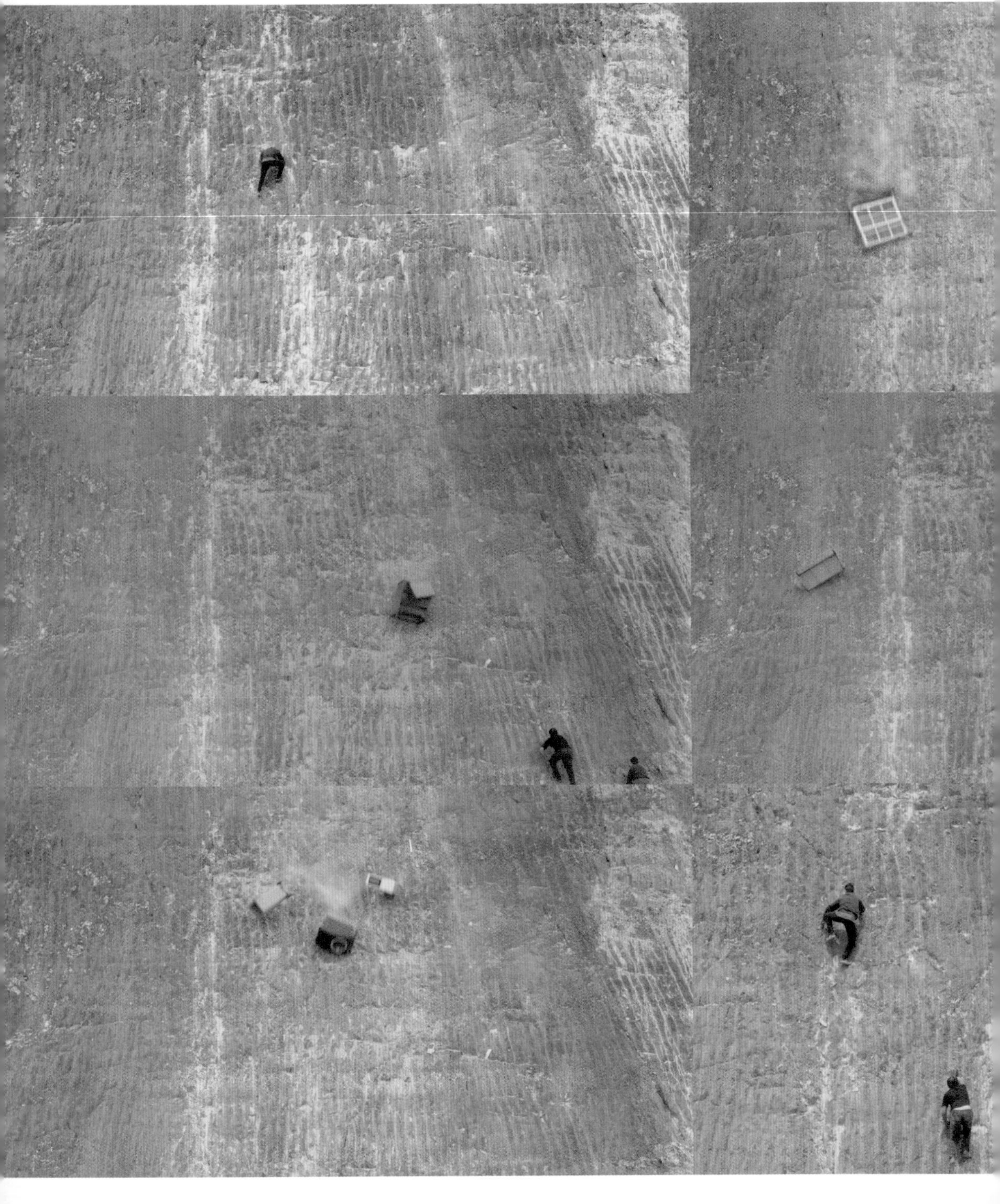

DÍVIDA (TRILOGIA DO CAPITAL)
Cinthia Marcelle & Tiago Mata Machado
2021

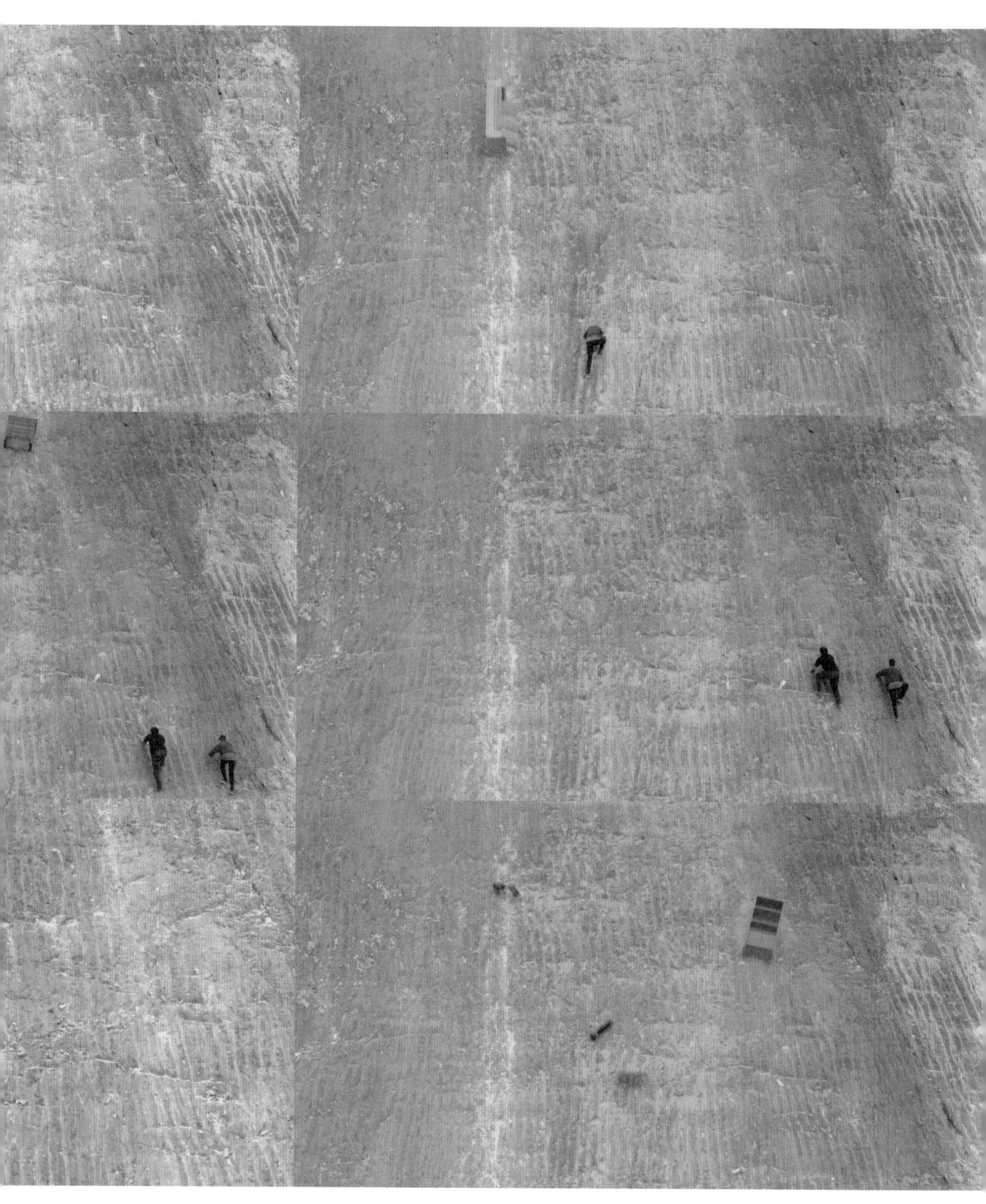

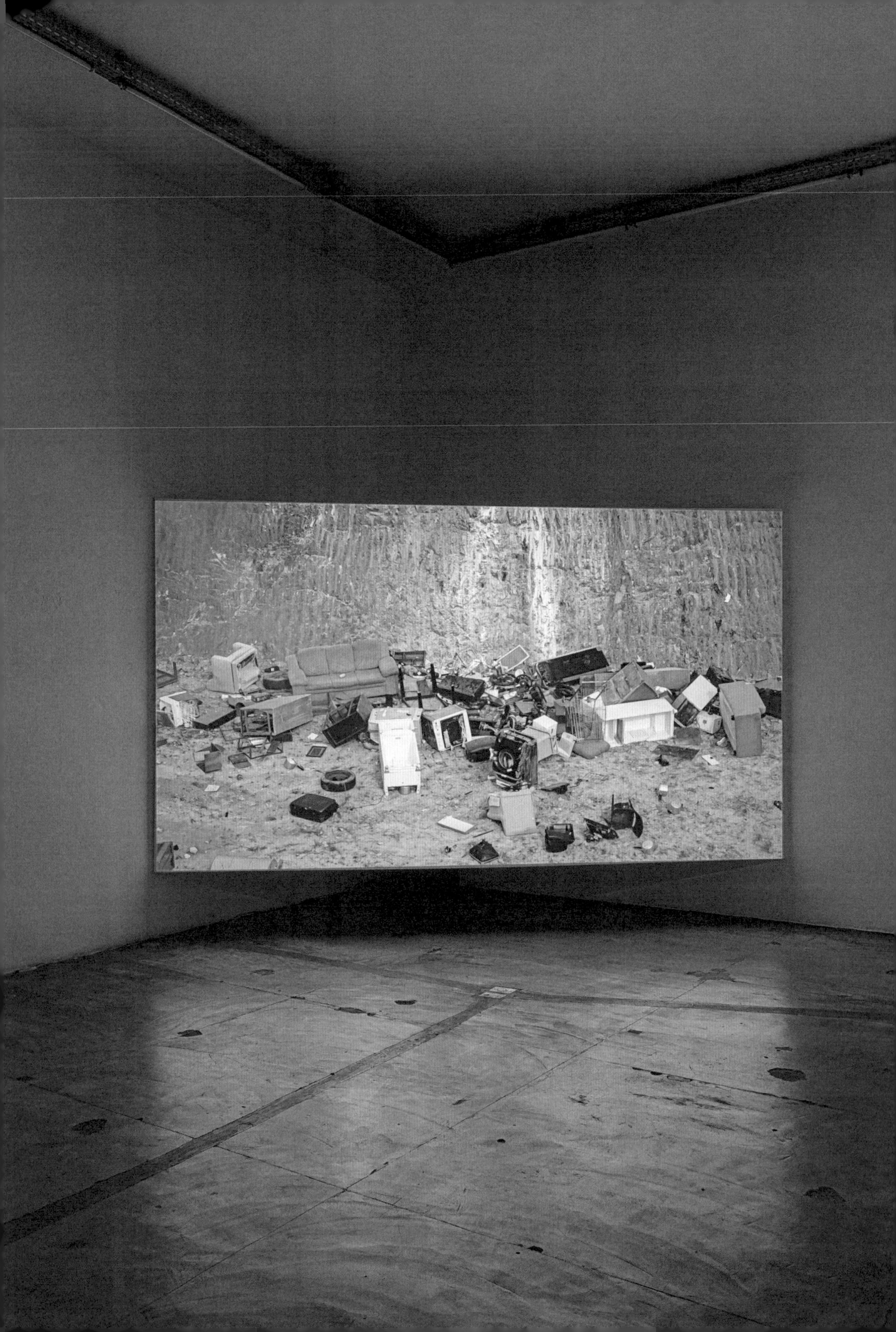

p. 92
CERCA MIRAGEM
VALLA ESPEJISMO
FENCE MIRAGE
2005 (2022)
Cerca de eucalipto y tierra | Eucalyptus fence and earth
150 x 120 x 50 cm
Fotografía de la obra | Photograph of the work: Pedro Motta
Producción | Production: Lluís Roqué (MACBA)

pp. 94-95
O CONVERSADOR
EL CONVERSADOR
THE CONVERSATIONALIST
2005 (2022)
Impresión por inyección de tinta sobre papel | Inkjet print on paper
50 x 75 cm
Fotografía | Photography: Cinthia Marcelle

pp. 96-97
RETIRANTES
RETIRANTES
RETREATANTS
2005
Tierra sobre calcetín, frutos de amorseco sobre sombrero | Earth on
sock, *Bidens pilosa* fruits on hat
35 x 15 x 3 cm yland 35 x 25 x 20 cm
Fotografía de la obra | Photograph of the work: Pedro Motta
Cortesía de la coleção moraes-barbosa (São Paulo) | Courtesy of
coleção moraes-barbosa (São Paulo)

pp. 128-129
GIGANTE DETRÁS
GIGANTE DETRÁS
BACKGROUND GIANT
2006 (2022)
Impresión por inyección de tinta sobre papel | Inkjet print on paper
60 x 85 cm
Fotografía | Photography: Cinthia Marcelle

pp. 86-89
TRILOGIA (FONTE 193, 475 VOLVER, CRUZADA)
TRILOGÍA (FUENTE 193, 475 VOLVER, CRUCE)
TRILOGY (FOUNTAIN 193, 475 TO COME TO, CROSSING)
2007-2010
3 vídeos | 3 videos

> pp. 86-87
> **FONTE 193**
> FUENTE 193
> *FOUNTAIN 193*
> 2007
> Vídeo, color, sonido | Video, colour, sound
> 5 min 40 s, en bucle | loop
>
> Este vídeo fue un encargo para IX Bienal de Arte
> Contemporáneo de Lyon: *The 00s – The History of a
> Decade that has not yet been named*, organizado por Hans
> Ulrich Obrist y Stephanie Moisdon, comisariado por Jochen
> Volz (2007). | This video was commissioned by the IX Lyon
> Biennale of Contemporary Art: *The 00s – The History of a
> Decade that has not yet been named*, organised by Hans
> Ulrich Obrist and Stephanie Moisdon, curated by Jochen
> Volz.
>
> Cámara, edición, diseño sonoro | Camera, editing, sound
> design: Bruno Vasconcelos
> Sonido directo, diseño sonoro | Direct sound, sound
> design: Pedro Aspahan
> Asistente de fotografía | Camera assistant: Bernard Belisário
> Producción | Production: Cinthia Marcelle

Bomberos | Firemen: Primeiro Sargento Quinoca, Segundo
Sargento Nascimento, Cabo Antônio de Paula Almeida,
Soldado Rogério Fernandes Barbosa, Cabo Rômulo Dias
Barbosa, Cabo Clesio Rodrigues Lopes

Agradecimientos | Thanks to: Departamento do Corpo de
Bombeiros de Belo Horizonte, Tenente Thiago Miranda,
Tenente Coronel Cleberson Pereira Santos, Major Clovis,
Bienal de Lyon 2007, Jochen Volz, Bernardo Paz, Tiago
Mata Machado, Wellington Luis Martins, Geraldo Magela
de Paulo, Marcelo Marçal, Sara Ramo.

> pp. 86-87
> **475 VOLVER**
> 475 VOLVER
> *TO COME TO*
> 2009
> Vídeo, color, sonido | Video, colour, sound
> 8 min 33 s, en bucle | loop
> Realización | Realisation: Katásia Filmes e cinemari
> Cámara | Camera: João Dumans yland Tiago Mata Machado
> Sonido directo | Direct sound: Pedro Veneroso
> Edición de imagen y sonido | Image and sound edition:
> Pedro Veneroso
> Producción | Production: Cinthia Marcelle
> Conductor | Driver: José Aloísio dos Santos
> Foto fija | Stills: Pedro Veneroso
> Equipo ITAMINAS | ITAMINAS Team: Luiz Fernando Almeida
> (Superintendente | Superintendent), Ranner Amaral Maia
> (Comunicación | Communication), Alencar José do Carmo
> (Técnico de seguridad | Security engineer), Ronaldo Ferreira
> Silva (Encargado de máquina | Machine manager)
>
> Agradecimientos | Thanks to: Rafael Barros, Luiz Fernando
> Almeida, Ranner Amaral Maia, José Aloísio dos Santos,
> Amaral, Alencar José do Carmo, Ronaldo Ferreira Silva,
> Mauro Santos, Sprovieri Gallery

> pp. 86-87
> **CRUZADA**
> CRUCE
> *CROSSING*
> 2010
> Vídeo, color, sonido | Video, colour, sound
> 8 min 36 s, en bucle | loop
> Realización | Realisation: Katásia Filmes e cinemari
> Dirección | Direction: Cinthia Marcelle
> & Tiago Mata Machado
> Cámara | Camera: Maurício Rezende
> Steadicam: Bernard Machado
> Asistente de cámara, operador de plataforma | Camera
> assistant, platform operator: André Machado
> Producción | Production: Clarice Lacerda
> Asistentes de producción | Production assistants: Arnaldo
> Fabbri Fabrício Marotta Laura Berbert Hortência Abreu Túlio
> Batitucci
> Operador de patrol | Patrol operator: Antônio Helio Water
> Camión | Lorry: Walter Santos
> Dirección musical | Music direction: Fernando Santos
> Sonido directo | Direct sound: Daniel Quintela Direct
> Asistente de sonido | Sound assistant: Rodrigo
> Diseño sonoro | Sound design: Milagros Vazquez
> Edición final del sonido | Sound finalising: Fernando Santos
> Cabelo
> Investigación musical | Musical research: Vilson Rodrigues
> de Oliveira
> Edición, color, acabados | Editing, colour, finalising:
> Maurício Rezende
> Foto fija | Stills: Gabriel Campos Thássia Alves André Machado
>
> Con la participación de | With the participation of: Celso
> Viana, Leandro Cruz Najar, Marcelo Ricardo dos Anjos,

Wesley Silva Moura (platillos | cymbal); Herli da Silva,
Ricardo Patrício Pereira (tambor | snare drum); Eli Mossat,
Geraldo Rodrigues (bombo | bass drum); Claudio Starlino,
Geraldo Manoel Pereira (trompeta | trumpet); Dácio Souza,
Fabiano Andrade Oliveira (trombones | trombone); Bruno
Dutra do Amaral, Elias da Costa (bombardino | euphonium);
Isaque Edson Macedo, Vilson Rodrigues (tuba)

Agradecimientos | Thanks to: Manoel Geraldo Pereira (Banda
Carlos Gomes), José Lima Costa (Filarmônica Primeiro de
Maio), Victor (INPAR), Tiago Teixeira (INPAR), Lúcio (INPAR),
Tiago Mata Machado, João Dumans, Ava Miranda, Márcia
Miranda, Mauro Santos, Sara Ramo, Letícia Araújo Gontijo,
Diego Lacerda, Eid Ribeiro, Samira Ávila (Valores de Minas),
Marina Arthuzzi (Valores de Minas), Eloá Mata (Valores de
Minas), Leda Quadros (SESC), Carla Honorato (Prefeitura de
Sabará), Marney, Daniel Queiroz, Elisa (Secretaria de Cultura
de Minas Gerais), Árvore em Preto e Branco, Construtora
INPAR, Valores de Minas, Escola Municipal Anísio Teixeira

pp. 88-89
Exposición *Trilogia* en Galpão Videobrasil (São Paulo, 2016) |
Exhibition *Trilogia*, in Galpão Videobrasil (São Paulo, 2016)
Fotografía | Photography: Everton Ballardini

pp. 66-71
**ARTE CONTEMPORÂNEA, POLÍTICAS INSTITUCIONAIS,
PRÁTICAS CURATORIAIS (série OPINIÃO³)***
ARTE CONTEMPORÁNEO, POLÍTICAS INSTITUCIONALES,
PRÁCTICAS CURATORIALES (serie OPINIÓN³)
*CONTEMPORARY ART, INSTITUTIONAL POLITICS, CURATORIAL
PRACTICES (OPINION series³)*
2009
Bolígrafo Bic sobre papel | Bic pen on paper
6 dibujos | 6 drawings: 19 x 25,5 x 2 cm clu | each
Cortesía de la artista | Courtesy of the artist
* Esta obra no está en la exposición. | This work is not in the exhibition.

pp. 126-127
O SÁBIO
EL SABIO
THE WISE MAN
2009 (2022)
Impresión por inyección de tinta sobre papel | Inkjet print on paper
80 x 120 cm
Fotografía | Photography: Pedro Motta
Con la participación de | With the participation of: Luiz Pereira

pp. 98-99
DISCÍPULO PRATICANTE (série CONJUNÇÃO DE FATORES)
DISCÍPULO PRACTICANTE (serie CONJUNCIÓN DE FACTORES)
PRACTICING DISCIPLE (CONJUNCTION OF FACTORS series)
2011
Impresión por inyección de tinta sobre papel | Inkjet print on paper
2 fotografías | 2 photographs: 70 x 103,5 cm clu | each
Fotografía | Photography: Pedro Motta
Producción | Production: Clarice Lacerda
Con la participación de | With the participation of: Marcos Lacerda
Cortesía | Courtesy: Collegium | Colección Adrastus

pp. 100-101
O COLECIONADOR (série CONJUNÇÃO DE FATORES)
EL COLECCIONISTA (serie CONJUNCIÓN DE FACTORES)
THE COLLECTOR (CONJUNCTION OF FACTORS series)
2011 (2022)
Impresión por inyección de tinta sobre papel | Inkjet print on paper
2 fotografías | 2 photographs: 70 x 103,5 cm clu | each
Fotografía | Photography: Pedro Motta
Producción | Production: Clarice Lacerda

Con la participación de | With the participation of: Rodrigo Morici
Cortesía | Courtesy: Collegium | Colección Adrastus

pp. 102-103
O COSMOPOLITA (série CONJUNÇÃO DE FATORES)
EL COSMOPOLITA (serie CONJUNCIÓN DE FACTORES)
THE COSMOPOLITE (CONJUNCTION OF FACTORS series)
2011 (2022)
Impresión por inyección de tinta sobre papel | Inkjet print on paper
2 fotografías | 2 photographs: 103,5 x 103,5 cm clu | each
Fotografía | Photography: Pedro David
Producción | Production: Clarice Lacerda
Con la participación de | With the participation of: Bruno Magalhães

pp. 104-105
A HERDEIRA (série CONJUNÇÃO DE FATORES)
LA HEREDERA (serie CONJUNCIÓN DE FACTORES)
THE HEIRESS (CONJUNCTION OF FACTORS series)
2011 (2022)
Impresión por inyección de tinta sobre papel | Inkjet print on paper
2 fotografías | 2 photographs: 103,5 x 103,5 cm clu | each
Fotografía | Photography: Pedro David
Producción | Production: Clarice Lacerda
Con la participación de | With the participation of: Maria Jacinta

pp. 106-107
LEITMOTIV
2011
Vídeo, color, sonido | Video, colour, sound
4 min 16 s, en bucle | loop
Realización | Realisation: Katásia Filmes, 88, cinemari
Dirección | Direction: Cinthia Marcelle
& Tiago Mata Machado
Cámara | Camera: Bernard Machado
Producción | Production: Aline X
Asistente de producción | Production assistant: Silvia Oliveira
Sonido directo y diseño sonoro | Direct sound and sound design:
Fernando Mendes
Edición y acabados | Editing and finalising: Fernando Mendes
Foto fija | Stills: Pedro Veneroso
Conductores | Drivers: Cid Martins Leite, Sérgio Sebastião da Silva
Eléctrico y maquinaria | Electrical and machinery: Márcio Gleison
de Oliveira

Con la participación de | With the participation of: Ana Queiroz,
André Correa da Silva, Beatriz Gomes Pereira, Cleonice Aparecida
Alves, Dalmo Carvalho de Souza, Frederico Freitas da Silvia, Ian
Dolabella, Magno Carvalho de Souza, Manuel Andrade, Marcio
Jorge de Melo, Maria Helena Costa Fernandes, Natalia Souza dos
Anjos, Pablo Gustavo Pereira, Rafael Henrique da Silva Pereira,
Sirlene Magalhães Ferreira, Vitor Gabriel Mirando, William Veloso da
Silva, Wanderson Carlos Oliveira

Agradecimientos | Thanks to: Inês Rabelo (104 Centro Cultural),
Victor Dias

pp. 112-115
O CONTO FANTÁSTICO
EL CUENTO FANTÁSTICO
THE FANTASTIC TALE
2012 (2022)
Impresión por inyección de tinta sobre papel | Inkjet print on paper
2 fotografías | 2 photographs: 80 x 100 cm clu | each
Fotografía | Photography: André Hauck
Producción | Production: Letícia Weiduschadt, Marcelo XY

p. 116-121
PLANO DE EVASÃO
PLAN DE EVASIÓN
PLAN OF EVASION
2012 (2022)

Impresión por inyección de tinta sobre papel I Inkjet print on paper
6 fotografías I 6 photographs: 80 x 100 cm c|u I each
Fotografía I Photography: André Hauck
Producción I Production: Letícia Weiduschadt, Marcelo XY

pp. 116-117
PLANO DE EVASÃO (BRANCO)
Humo blanco I White smoke

pp. 118-119
PLANO DE EVASÃO (CINZA)
Humo gris I Grey smoke

pp. 120-121
PLANO DE EVASÃO (PRETO)
Humo negro I Black smoke

pp. 108-109
A TEMPESTADE (série *CONJUNÇÃO DE FATORES*)
LA TORMENTA (serie CONJUNCIÓN DE FACTORES)
THE TEMPEST (CONJUNCTION OF FACTORS series)
2014 (2022)
Impresión por inyección de tinta sobre papel I Inkjet print on paper
2 fotografías I 2 photographs: 100 cm x 120 cm c/u I each
Fotografía I Photography: André Hauck
Producción I Production: Marcelo XY
Con la participación de I With the participation of: Beatriz da Silva

pp. 110-111
O DRAMATURGO (série *CONJUNÇÃO DE FATORES*)
EL DRAMATURGO (serie CONJUNCIÓN DE FACTORES)
THE PLAYWRIGHT (CONJUNCTION OF FACTORS series)
2014 (2022)
Impresión por inyección de tinta sobre papel I Inkjet print on paper
2 fotografías I 2 photographs: 103,5 x 103,5 cm c|u I each
Fotografía I Photography: André Hauck
Producción I Production: Marcelo XY
Con la participación de I With the participation of: Eid Ribeiro

pp. 122-124
Cinthia Marcelle & Tiago Mata Machado
NAU
NAU
NOW
2017
Vídeo, color, sonido I Video, colour, sound
43 min 50 s, en bucle I loop

Este vídeo fue un encargo de la Fundação Bienal de São Paulo como
parte del proyecto *Chão de Caça*, comisariado por Jochen Volz (2017)
y expuesto en el Pabellón de Brasil de la 57a Bienal de Venecia. I This
video was commissioned by the Fundação Bienal de São Paulo as
part of the project *Chão de Caça*, curated by Jochen Volz (2017) and
exhibited at the Brazil Pavilion of the 57th Venice Biennale.

Realización I Realisation: Katásia Filmes e cinemari
Producción ejecutiva I Executive production and production:
Débora de Oliveira yland Marina Sandim
Producción de arte y vestuario I Art production and costumes:
Marina Sandim
Dirección de fotografía I Direction of photography: Matheus Rocha
Sonido directo I Direct sound: Bruno Vasconcelos
Diseño sonoro I Sound design: Pedro Durães
Montaje y corrección de color I Editing and colour correction: João
Gabriel Riveres
Finalización de imagen I Image finalising: Sem Rumo - Projetos
Audiovisuais
Logger: Giordano Lima
Regidor I Stagehand: Diego Dantas
Plató I Set: Virgínia Pitzer
Making of: Comum
Techador I Roofer: Gilson dos Santos da Silva

Ayudante del techador I Roofer assistant: Carlos Henrique Ribeiro
Socorrista I Lifeguard: Otávio Bretz
Catering: Tia Consul's refeições
Con la participación de I With the participation of: Ana Carolina da
Silva Santos, Anildo Rodrigues da Silva, Blendo Gabriel de Castro,
Bruno Gabriel de Castro, Dassa Araújo Oliveto, Felipe Soares,
Israel Jonathas Moreira Barbosa, Márcio Jorge A. C de Melo, Paulo
Roberto de Araújo, Rodrigo de Oliveira, Rômulo Alves da Silva,
Ronaldo, Flávio Guimarães Murta, Ronivon dos Santos, Rozinaldo
Warlei Santos

Agradecimientos I Thanks to: Aline Xavier, Beto Magalhães,
Cinevídeo, Clélia Lemos, Crisálida Livraria, Elisabeth Macedo,
Geraldo Teixeira, Geo Geraes, João Gabriel Riveres, Leni de Oliveira
Pinto, Leonardo Ayres, Luisa Horta, Maria Aparecida de Oliveira,
Oséias Ferraz, Ralph Antunes, Ronaldo Batista da Conceição,
Rozinaldo Warlei Santos, Sebo Isquisito

p. 124
Exposición *Chão de Caça*, Pabellón de Brasil de la 57a Bienal de
Venecia 2017 I Exhibition *Chão de Caça*, Brazil Pavilion of the 57th
Venice Biennale.
Fotografía I Photography: Ricardo Tosetto

pp. 90-91
VERDADE OU DESAFIO
VERDAD O DESAFÍO
TRUTH OR DARE
2018
Vídeo, color, sonido I Video, colour, sound
6 min, en bucle I loop

Este vídeo fue un encargo de MAO (Modern Art Oxford, 2018) como
parte del proyecto *A Família em Desordem: Truth or Dare*, comisariado
por Stephanie Straine con el apoyo de Galeria Vermelho I This video
was commissioned by the MAO (Modern Art Oxford, 2018) as part
of the project *A Família em Desordem: Truth or Dare*, curated by
Stephanie Straine with the support of Galeria Vermelho.

Cámara I Camera: Cinthia Marcelle
Animación, tratamiento de imagen y edición final I Animation, image
treatment and finalising: Pedro Veneroso
Diseño sonoro I Sound design: Pedro Durães

Agradecimientos I Thanks to: Gabi Ngcobo, Rodrigo Franco, Esther
Mahlangu, Musa Mahlangu, Stephanie Straine

pp. 27-43
A FAMÍLIA EM DESORDEM
LA FAMILIA EN DESORDEN
THE FAMILY IN DISORDER
2018 (2022)

Carretes de cordón y cuerda, cajas de cerillas, granadas, trozos de
tela, rollos de plástico, rollos de papel kraft, ladrillos, cintas adhesivas,
velcro, cajas de tizas, piedras, barriles, tierras, cintas plateadas,
cuerdas, bloques de notas, plumas de gallina, listones, alfombras I
Rope roll, matchboxes, smoke grenades, bolts of cloth, roll of plastic
sheeting, roll of brown paper, bricks, masking tape, Velcro, box of
chalk, stone, metal barrels, topsoil, gaffer tape, rope, notebooks,
chicken feathers, wooden batten, carpet

Este proyecto fue un encargo del MAO (Modern Art Oxford,
2018) como parte del proyecto *A Família em Desordem: Truth or
Dare*, comisariado por Stephanie Straine. El diseño expositivo
fue desarrollado en colaboración con VÃO (Anna Juni, Enk te
Winkel, Gustavo Delonero), con la producción de Scot Blynth. I
This project was commissioned by the MAO (Modern Art Oxford,
2018) as part of the project *A Família em Desordem: Truth or Dare*,
curated by Stephanie Straine. The exhibition design was carried
out in collaboration with VÃO (Anna Juni, Enk te Winkel, Gustavo
Delonero), and produced by Scot Blynth.

pp. 27-37
(sala del desorden I disorder room)
Con la participación de I With the participation of: Aline
Tima, Aaron Head, Chris Jackson, Kamila Janska, Andy
Owen, Seb Thomas
Fotografía de la obra I Photograph of the work: Ian_Wallman
(p. 27)
Fotografía de la obra I Photograph of the work: Ben Westoby
(p. 28-31, 34-37)
Fotografía de la obra I Photograph of the work: Cinthia
Marcelle (p. 32-33)

pp. 38-43
(sala del orden I order room)
Fotografía de la obra I Photograph of the work: Ben Westoby

pp. 65, 72-80
NO AR (versão A MORTA)
ON AIR (versión A MORTA)
2019
Instalación multimedia (sonido, luz, web) I Multimedia installation
(sound, light, web)

Este proyecto fue un encargo del del CCA Wattis Institute (San
Francisco, 2019) con la colaboración de aarea.co (Livia Benedetti,
Marcela Vieira), comisariado por Kim Nguyen. El diseño expositivo
fue desarrollado en colaboración con VÃO (Anna Juni, Enk te
Winkel, Gustavo Delonero). I This project was commissioned by
CCA Wattis Institute (San Francisco, 2019), with the collaboration
of aarea.co (Livia Benedetti, Marcela Vieira), curated by Kim
Nguyen. The exhibition design was developed in collaboration with
VÃO (Anna Juni, Enk te Winkel, Gustavo Delonero).

Fotografía de la obra I Photograph of the work: Johnna Arnold
Diseño gráfico (sitio web) I Graphic design (website): Clarice G
Lacerda
Programación del software (sitio e instalación) I Software
programming (site and installation): Adriano Ferrari
Coordinación de producción (instalación) I Production coordination
(installation): Calen Barca-Hall

pp. 11, 15 & 19
JÁ VISTO
YA VISTO
DÉJÀ VU
2019 (2022)
Pila de monedas, vaso de cristal, estantería I Pile of coins, crystal
cup, shelving
23 x 60 x 20 cm
Fotografía de la obra I Photograph of the work: Edouard Fraipont
Producción I Production: Hellena Kuasne, Mauro Amorim I Lluís
Roqué (MACBA)

p. 11
**SEM TÍTULO (LACRAIA, INVERTIDO, ALI BABÁ) série
JÁ VISTO**
Sin título (ciempés, invertido, Ali Babá), serie *Ya visto*
Untitled (centipede, inverted, Ali Baba), *Déjà vu* series

p. 15
**SEM TÍTULO (INVERTIDO, ALI BABÁ, LACRAIA) série
JÁ VISTO**
Sin título (invertido, Ali Baba, ciempés), serie *Ya visto*
Untitled (inverted, Ali Baba, centipede), *Déjà vu* series

p. 19
**SEM TÍTULO (ALI BABÁ, LACRAIA, INVERTIDO) série
JÁ VISTO**
Sin título (Ali Baba, ciempés, invertido), serie *Ya visto*
Untitled (Ali Baba, centipede, inverted), *Déjà vu* series

pp. 24-25
O ACUMULADOR (série CONJUNÇÃO DE FATORES)
EL ACUMULADOR (serie CONJUNCIÓN DE FACTORES)
THE ACCUMULATOR (CONJUNCTION OF FACTORS series)
2019 (2022)
Impresión por inyección de tinta sobre papel I Inkjet print on paper
2 fotografías I 2 photographs: 100 x 128 cm clu I each
Fotografía I Photography: André Hauck
Con la participación de I With the participation of: Mauro Santos

Esta fotografía fue un encargo de SFMOMA (San Francisco) con
motivo de la exposición *Soft Power*, comisariada por Eungie Jo
(2019). I This photograph was commissioned by SFMOMA (San
Francisco) on the occasion of the exhibition *Soft Power*, curated by
Eungie Jo (2019).

p. 139
SEM TÍTULO (ESPELHO, ESPELHO SEU)
SIN TÍTULO (ESPEJO, ESPEJO SUYO)
UNTITLED (MIRROR, YOUR MIRROR)
2020 (2022)
Impresión por inyección de tinta sobre papel I Inkjet print on paper
34 x 23,5 x 4,5 cm
Fotografía I Photography: Cinthia Marcelle

Esta fotografía fue un encargo del Clube de Fotografia do
MAM, comisariado por Eder Chiodetto (São Paulo, 2020). I This
photograph was commissioned by the Clube de Fotografia do
MAM, curated by Eder Chiodetto (São Paulo, 2020).

pp. 130-132
Cinthia Marcelle & Tiago Mata Machado
DÍVIDA (TRILOGIA DO CAPITAL)
DEUDA (TRILOGÍA DEL CAPITAL)
DEBT (TRILOGY OF CAPITAL)
2021
Vídeo, color, sonido I Video, colour, sound
12 min 50 s, en bucle I loop
Realización I Realisation: Katásia Filmes, cinemari, Galeria Vermelho
Producción I Production: Odara Carvalho
Fotografía I Photography: Bruno Risas
Sonido directo I Direct sound: Guilherme Shinji
Montaje I Editing: Tiago Mata Machado
Efectos I Effects: Gabriela Luiza
Color I Colour: Felipe Manoel
Edición final de sonido I Sound finalising: Victor Quintanilha
Edición final de imagen I Image finalising: Humberto Mundim
Escaladores I Climbers: Diogo Granato, Eric Rubin
Producción de objetos I Object production: Camila Puga
Asistentes de producción de objetos I Production of objects
assistants: Filipe Kaleb, Jonas Sipoli, Davi Puga, Ismael Leal
Regidores I Stagehands: Bruninho Fernandes, Luccas Marcondes
Conductores I Drivers: Murilo Barbatano, Carlos Gama
Foto fija I stills: Eduarda Viana

Agradecimientos I Thanks to: Ava Miranda Mata Machado, Bráulio
Varella, Casarão550, Ecoassist, Ecopalace, Jean Wainer, Maite
Chasseraux, Paula Picarelli, Secretaria de Cultura de Pirapora do Bom
Jesus, Alexandre Cruz, Vitor Santos
Apoyo I Support: Monstercam

p. 132
Exposición *Cinthia Marcelle & Tiago Mata Machado* en
la galería Vermelho (São Paulo, 2021) I Exhibition *Cinthia
Marcelle & Tiago Mata Machado*, at Galeria Vermelho (São
Paulo, 2021)
Fotografía de la obra I Photograph of the work: Filipe
Berndt

Si no se indica lo contrario todas las obras son cortesía de la artista.
Unless otherwise indicated all the works are courtesy of the artist.

CINTHIA MARCELLE (1974, Belo Horizonte)

Vive y trabaja en São Paulo (Brasil). Su obra se ha expuesto individualmente en el Wattis Institute de San Francisco (2019), la Casa do Bandeirante de São Paulo (2018), la Modern Art Oxford (2018), el Logan Center Exhibitions de la Universidad de Chicago (2017), el MoMA PS1 (2016) y en la Secession de Viena (2014). Representó a Brasil en la 57 Bienal de Venecia (2017), donde obtuvo una Mención Especial. Sus obras se han incluido en numerosas bienales y exposiciones colectivas, entre ellas Desert X, Coachella Valley (2019); SOFT POWER, Museum of Modern Art de San Francisco (2019); 10 Berlin Biennale of Contemporary Art, Berlín (2018); 11 y 12 Sharjah Biennial, Sarja (2013 y 2015); 6 y 9 Bienal do Mercosul, Porto Alegre (2007 y 2013); 13 Istanbul Biennial, Estambul (2013); 5 Auckland Triennial, Auckland (2013); *The Ungovernables*. New Museum Triennial, Nueva York (2012); 29 Bienal de São Paulo, São Paulo (2010); Bienal de Lyon (2007), y Bienal de La Habana (2006). Marcelle ha recibido además el TrAIN/UAL Gasworks Residency Award, en 2009; el International Prize for Performance de la Galleria Civica di Arte Contemporanea de Trento, en 2006, y el Future Generation Art Prize inaugural, en 2010.

Su obra se conserva en las colecciones de varios museos, incluyendo el Museo de Arte Moderno de Nueva York; San Francisco Museum of Modern Art; The Fund of Contemporary Art, San Francisco; Tate Modern, Londres; la Pinchuk Art Foundation de Kiev, la Pinacoteca do Estado de São Paulo, el Museu de Arte de São Paulo, el Museu de Arte Moderna de São Paulo, el Museu de Arte Moderna de Bahía y el Instituto Inhotim de Brumadinho.

She lives and works in São Paulo (Brazil). Solo exhibitions of her work have taken place at The Wattis Institute, San Francisco (2019); Casa do Bandeirante, São Paulo (2018); Modern Art Oxford (2018), Logan Center Exhibitions, University of Chicago (2017); MoMA PS1 (2016), and Secession, Vienna (2014). She represented Brazil at the 57th Venice Biennale (2017), winning a Special Mention. Her work has been included in significant group exhibitions and biennials including Desert X, Coachella Valley (2019); *SOFT POWER*, San Francisco Museum of Modern Art (2019); 10 th Berlin Biennale of Contemporary Art, Berlin (2018); Sharjah Biennial 11 and 12, Sharjah (2013 and 2015); 6 and 9 Bienal do Mercosul, Porto Alegre (2007 and (2013); 13 Istanbul Biennial, Istanbul (2013); 5 Auckland Triennial, Auckland (2013); *The Ungovernables*. New Museum Triennial, New York (2012); 29 Bienal de São Paulo, São Paulo (2010); Biennale de Lyon, Lyon (2007), and Bienal de Havana (2006). Marcelle was awarded the TrAIN/UAL Gasworks Residency Award in 2009; the Galleria Civica di Arte Contemporanea di Trento's International Prize for Performance in 2006, and the inaugural Future Generation Art Prize in 2010.

Her work is held in the collections of museums including The Museum of Modern Art, New York; San Francisco Museum of Modern Art; The Fund of Contemporary Art, San Francisco; Tate Modern, London; the Pinchuk Art Foundation, Kyiv; the Pinacoteca do Estado de São Paulo; the Museu de Arte de São Paulo, the Museu de Arte Moderna de São Paulo, the Museu de Arte Moderna da Bahia and the Instituto Inhotim, Brumadinho.

SEM TÍTULO (ESPELHO, ESPELHO SEU)
2020

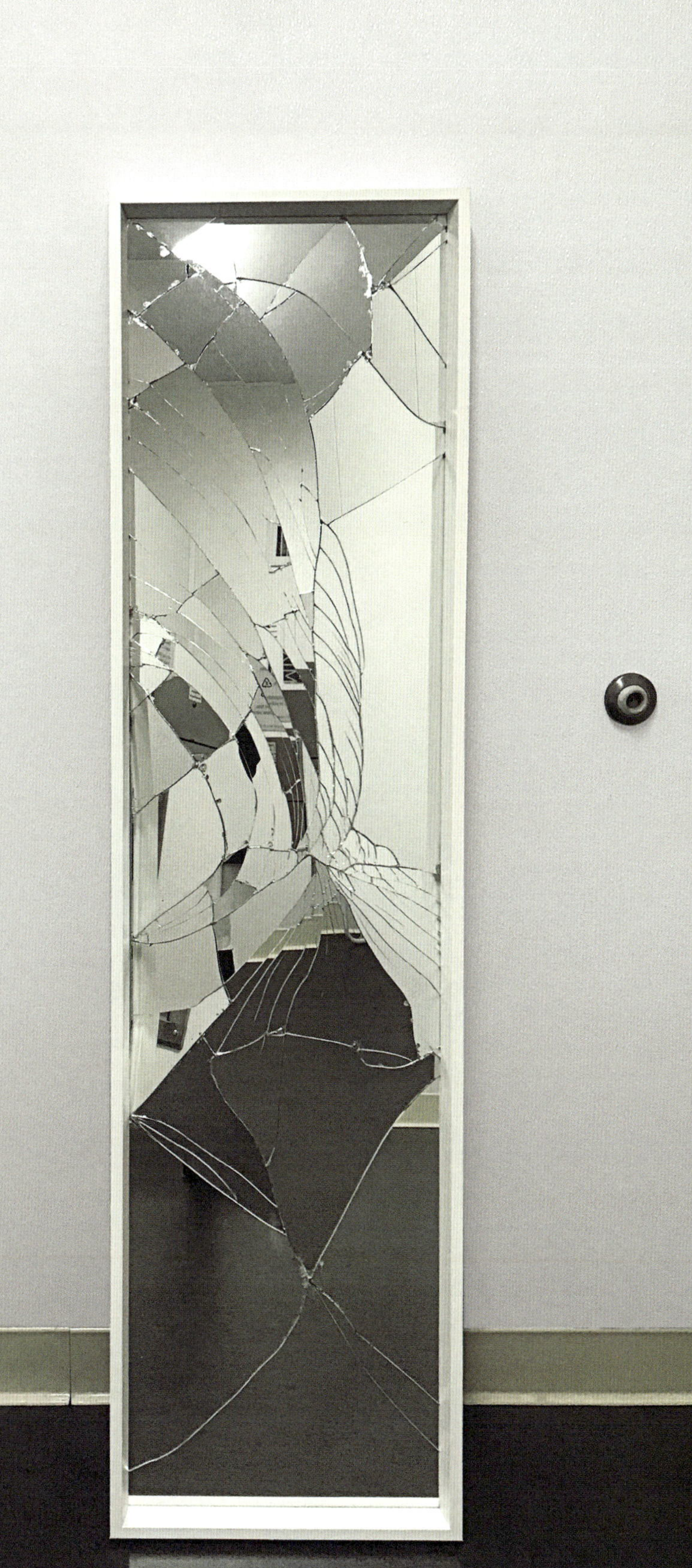

Este catálogo se publica con motivo de la exposición
Cinthia Marcelle. Una conjunción de factores que se presenta en el
MACBA Museu d'Art Contemporani de Barcelona del 15 de julio
de 2022 al 8 de enero de 2023. |
This catalogue has been published on the occasion of the exhibition
Cinthia Marcelle: A Conjunction of Factors presented at the
MACBA Museu d'Art Contemporani de Barcelona
from 15 July 2022 to 8 January 2023.

Comisaria | Curator
Isobel Whitelegg

EXPOSICIÓN | EXHIBITION

Curadora adjunta | Assistant Curator
Berta Cervantes

**Asistente de la artista (montaje de la exposición) | Artist
assistant (mounting of the exhibition)**
Aline Tima

Registro | Registrar
Guim Català

Conservación y restauración | Conservation and Restoration
Alejandro Castro
Lluís Roqué

Arquitectura | Architecture
Núria Oliver con la colaboración de | with the collaboration of
María Barrantes
VÃO (Anna Juni, Enk te Winkel, Gustavo Delonero)

Audiovisuales | Audiovisual
Miquel Giner
Joan Sureda
Albert Toda
Con la colaboración de | with the collaboration of Paula Borràs

PUBLICACIÓN | CATALOGUE

Coordinación y edición | Coordination and Editing
Ester Capdevila
Clàudia Faus
Clara Plasencia

Coordinación gráfica | Photo Management
Gemma Planell con la colaboración de | with the collaboration of
Sarah Coronado

Diseño gráfico | Graphic Design
Estela Robles

Traducción | Translations
Sue Brownbridge (inglés | English)
Inga Pellisa (castellano | Spanish)

Corrección | Copyediting
Sue Brownbridge (inglés | English)
Ester Capdevila (castellano | Spanish)

Fotomecánica | Pre-printing
Prisma

Impresión | Printing
Serper

Papel | Paper
Arena Smooth Extra White 350 g, Arena Natural Rough 120 g,
Pop'Set Clorofila 120 g, Freelife Vellum White 120 g

© de esta edición | of this edition: MACBA Museu d'Art
Contemporani de Barcelona, 2022
© del texto | of the text: la autora | the author, 2022; BY-NC-ND,
2022
© de las obras | of the works: los autores | the authors
© de las fotografías | of the photographs: los autores | the authors

ISBN Turner: 978-84-18895-68-5
ISBN MACBA: 978-84-17593-23-0
DL: B 11402-2022
Imagen de la cubierta | Cover image: *Noite*, 1999
Distribución | Distribution: a cargo de Turner | in charge of Turner
www.turnerlibros.com

Agradecimientos | Acknowledgements
John Austin
Francisco Cestero
Miguel Chaia
Gilberto Chateaubriand
Aina Gimeno
Javier Lumbreras
Luis Paulo Montenegro
Stefania Pelusi
Catherine Petitgas
Santiago Ramos

Aarea.co (Livia Benedetti, Marcela Vieira)
Coleção Augusto Teixeira de Freitas, Lisboa
Coleção Moraes-Barbosa, São Paulo
Collection SFMOMA, The Fund of Contemporary Art, San Francisco
MSU Broad Art Museum, East Lansing, MI
Galeria Luisa Strina, São Paulo
Galeria Vermelho, São Paulo
Instituto Inhotim, Brumadinho
IPEAFRO - Instituto de Pesquisa e Estudos Afro-Brasileiros
The Museum of Modern Art, Nueva York | New York
Museu de Arte de São Paulo
Museu de Arte Moderna de São Paulo
Museu de Arte Moderna da Bahia
Victor Pinchuk Foundation, Kyiv
Pinacoteca de São Paulo
Silvia Cintra+Box4, Rio de Janeiro
Sprovieri Gallery, Londres | London

Agradecimientos de la artista | Acknowledgements by the artist
Akio Aoki, Livia Benedetti, Marina Buendia, Tanya Barson, julian
blake aka rosa laura, Sylvia Borba, Eduardo Brandão, Amanda
Carneiro, Diran Castro, Berta Cervantes, Aimé Césaire (in memoriam),
Juliana Cintra, Manauara Clandestina, Elvira Dyangani Ose, Adriano
Ferrari, Eliana Finkelstein, Rodrigo Gabriel Franco Rubio, Flávia
França, Marcos Gallon, Hellena Kuasne, All Ice, Anna Juni, Elisa
Larkin Nascimento, Gabriela Luíza, Neusa Lopes dos Santos,
Tiago Mata Machado, Alecrim Marques, Jean Meeran, Ava
Miranda Mata Machado, Márcia Miranda, Abdias do Nascimento
(in memoriam), Virginia Novaes da Mata Machado (in memoriam),
Isabella Rjeille, Matuzza Sankofa, Mauro Santos, Matheus dos
Santos Souza, Niccolò Sprovieri, Luisa Strina, Aline Tima, Marcela
Vieira, Isobel Whitelegg.

También a los participantes de *Família em desordem* (Xavier Carbonell,
Lucas Cardinale, Judit Díez, Laura Fridman, Maria González, Francesc
Moré, Maria Pedró), Galeria Luisa Strina, Galeria Vermelho, al
equipo MACBA y a todas las personas que han participado en el
proceso y han sido cómplices de tantas vivencias y experimentos.

And also to the participants of *Família em desordem* (Xavier
Carbonell, Lucas Cardinale, Judit Díez, Laura Fridman, Maria
González, Francesc Moré, Maria Pedró), Galeria Luisa Strina,
Galeria Vermelho, the staff at the MACBA and all the persons who
have participated in my process and have accompanied me in so
many experiences and experiments.

Con el apoyo de | With the support of

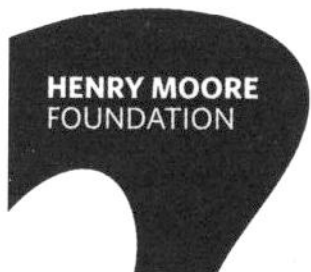